汉语中级听力教程
Chinese Intermediate Listening Course
中国語中級ヒアリングテキスト

下册 Part II

课文 Text

潘兆明 主编

潘兆明 杨德峰
李红印 刘元满 编著

北京大学出版社

目 录

第一课 1
  甲 我最大的爱好——钓鱼 1
  乙 放长线钓大鱼 5

第二课 10
  甲 老有所乐 10
  乙 老年人的再婚 13

第三课 17
  甲 人情大世界 17
  乙 这事能怪我吗？ 21

第四课 26
  甲 云南之行 26
  乙 辨真识假器 29

第五课 33
  甲 花钱买满意 33
  乙 真让人担心 36

第六课 40
  甲 广告六则 40
  乙 女人与广告 45

第七课 50
  甲 铁路运输与自然灾害 50

乙　那边儿闹水灾了 …………………… 53
第八课 ……………………………………… 56
　　甲　小动作，大学问 …………………… 56
　　乙　他们的声音太大了 ………………… 60
第九课 ……………………………………… 65
　　甲　简短新闻五则 ……………………… 65
　　乙　飞来的灾难 ………………………… 69
第十课 ……………………………………… 74
　　甲　我和茶 ……………………………… 74
　　乙　这下我就放心了 …………………… 78
第十一课 …………………………………… 83
　　甲　从宇宙看长城 ……………………… 83
　　乙　不到长城非好汉 …………………… 87
第十二课 …………………………………… 92
　　甲　人民币上的风景名胜 ……………… 92
　　乙　我想自由几天 ……………………… 94
第十三课 …………………………………… 99
　　甲　同名现象的解决办法 ……………… 99
　　乙　起名儿 ……………………………… 102
第十四课 …………………………………… 106
　　甲　中国的"小太阳" …………………… 106
　　乙　现在的孩子呀! ……………………… 110
第十五课 …………………………………… 115
　　甲　报道三则 …………………………… 115
　　乙　罐头的出路 ………………………… 118

第十六课 122
- 甲 减肥新招 122
- 乙 到海边去 126

第十七课 129
- 甲 喝酒请到内蒙去 129
- 乙 我也有同感 133

第十八课 138
- 甲 中国古代饮食博览馆 138
- 乙 饮食与健康 143

第十九课 148
- 甲 相声杂谈 148
- 乙 相声：打电话 152

第二十课 163
- 甲 体育新闻五则 163
- 乙 行吗?! 167

第二十一课 172
- 甲 他犯了什么罪？......172
- 乙 为什么给他判刑？......176

第二十二课 180
- 甲 台湾歌星齐秦采访节选（上）......180
- 乙 台湾歌星齐秦采访节选（下）......183

第二十三课 188
- 甲 这是真的吗？......188
- 乙 怎么办？......191

3

第二十四课 …… 196
　甲　原来如此 …… 196
　乙　爱情对白 …… 200

第 一 课

甲　我最大的爱好——钓鱼

①我从小就爱钓鱼,五十多个春秋过去了,头发慢慢变白,钓鱼的兴趣却一点也没有减退。这不,上个月我还参加了天津市举办的钓鱼比赛,成绩不错,六十分钟里我钓上了五条,最后得了块银牌。

②上周六,我带着三个年轻人到一个水库去钓鱼。三个年轻人都是新手,要向我学习,因此在开始钓鱼之前我把有关的要领给他们讲了一遍,还做了表演,然后,我就很自信地对他们说:"今天我一定要给你们露一手,看我是怎么钓到大鱼的!"可是说来也怪,一个多小时过去了,我那四根钓竿的鱼漂一个也没动,接着,又刮起了三、四级的东南风,这可把我急死了,心里想,这不是让我在年轻人面前出丑嘛!

③下午三点,忽然听到附近有人钓到了鱼,我们跑去一看,真的,一位老农用一根旧竹竿钓上了一条一公斤左右的鲢鱼。看到这种情况,我有点不好意思,又觉得奇怪,人家用一般的竹竿能钓上鱼,我用这么好的钓竿为什么就钓不上呢?想到这里,我马上回去,换了一个新地方,又换了新的饵料,然后坐下来耐心地等着大鱼上钩。

④钓竿放下不到十分钟,鱼漂就动了起来,凭我多年

的经验,我知道这一定是鲢鱼在吃饵料。于是我马上把竹竿往上一提,好家伙!这么重,就像块大石头一样,紧接着尼龙线被猛地向深水处拉去。我马上意识到一条大鱼上钩了,于是就赶快放线。过了十多分钟才看到一条足有二尺多长的鲢鱼浮出了水面。眼看上了钩的鱼就要到手了,我和三个年轻人都非常高兴,可没想到,这条大鱼十分狡猾,趁我不注意,突然向远处深水中窜去。然而我并没有惊慌,而是很有把握地跟它周旋。最后,经过三、四个回合的搏斗,这条约有3.6公斤重的大鲢鱼终于被我从水中钓了上来。

⑤到下午六时左右,我又钓到两条2.5公斤重的鲢鱼,这样,我一共钓到了三条大鱼,收获不小,然而,我觉得今天最大的收获还是没有在三个钓鱼新手面前丢面子。

(根据刘步先的"东南风下钓白鲢"一文改写)

练 习

一、听一遍全文,简单回答下列问题:
　　1. 课文中的"我"有多大年纪了?
　　2. 课文中提到了几个人?
　　3. 课文中有几个人钓到了鱼?
二、听一遍第一、二、三段,选择正确答案:
　　1. "我"在钓鱼比赛中用了多长时间钓上了五条鱼?
　　　　a. 五十分钟　　b. 一小时
　　　　c. 六十多分钟　　d. 一个多小时

2. 上周六"我"去哪儿钓鱼了？
   a．池边　　b．湖边
   c．水库　　d．河里
3. "我"用多少钓竿钓鱼？
   a．一根　　b．三根
   c．两根　　d．四根
4. "我"钓鱼时很着急，这是因为：
   a．今天的鱼很少
   b．刮风了
   c．听到别人钓上了鱼
5. 第一个钓上鱼的人是干什么的？
   a．渔民　　b．农民
   c．工人　　d．老师

三、再听一遍第一、二、三段，判断正误：
   1．"我"在钓鱼比赛中钓到了五条大鱼，获得了第一名。
   2．和"我"一起去钓鱼的三个人以前经常钓鱼。
   3．"我"在开始钓鱼之前觉得一定能很快钓到鱼。
   4．看到别人钓上鱼，"我"觉得一点也不奇怪。

四、听一遍第四、五两段，简单回答下列问题：
   1．"我"最后一共钓到几条大鱼？
   2．"我"钓到的第一条大鱼有多重？
   3．"我"是不是很容易地就钓到了第一条大鱼？

五、再听两遍第四、五段，选择正确答案：
   1．"我"为什么知道鱼漂动就一定是鲢鱼在吃饵料？

a. "我"看到了水里的鱼

　　　b. "我"钓鱼多年，感觉到了

　　　c. 旁边的年轻人告诉了他

　2. "我"感到今天最大的收获是什么？

　　　a. 钓到了三条鲢鱼

　　　b. 钓到了两条2.5公斤重的大鱼

　　　c. 没有在年轻人面前出丑

　　　d. 增加了钓大鱼的新的经验

六、根据第四、五两段的内容，填空并朗读：

　1. 我马上<u>意识</u>到一条大鱼上钩了。

　2. 这条大鱼十分<u>狡猾</u>。

　3. 然而我并没有<u>惊慌</u>，而是很有<u>把握</u>地跟它周旋。

　4. 经过三、四个<u>回合</u>的搏斗，这条鲢鱼终于被我钓上来了。

七、再听一遍全文，用自己的话讲一讲"我"钓第一条大鱼的经过。

八、听句子，选择正确答案：

　1. "他在戏曲舞台上度过了一个又一个春秋"这句话是什么意思？

　　　a. 他在戏曲舞台上度过了两个春天和秋天

　　　b. 他在戏曲舞台上度过了一年又一年

　　　c. 他在戏曲舞台上度过了一个春天，又度过了一个秋天

　2. 张教练说："踢足球要注意动作要领。"问张教练说要注意什么？

a．动作的需要
　　b．动作的重要
　　c．动作的要点
　3．"这一次小王在大家面前可出了大丑了"这句话是什么意思？
　　a．小王这一次在大家面前穿的衣服不好看
　　b．小王这一次在大家面前出了很大的错误
　　c．小王这一次在大家面前丢了很大的面子

乙　放长线钓大鱼

老钱：老蔡，你说这鱼是不是也欺负新手呀？都一个多小时了，我这儿一点动静也没有，你看我是不是该换个地方啦？

老蔡：嗳，你别着急嘛。钓鱼哪有你这样性急的！初学者就爱犯这种毛病。钓鱼跟体育比赛一样，是人和鱼的比赛，看谁更有耐心；谁有耐心，谁就能赢！你老着急，动不动就换地方，那鱼还不得全吓跑了哇！

老钱：以前没钓鱼那会儿，觉得钓鱼挺好玩儿的，可亲自钓一钓才知道，老钓不上鱼也挺没意思的；特别是看到人家一条接着一条地钓上来更是气不打一处来。你瞧瞧，你瞧瞧，正说着呢你又钓上一条，真让我眼红！

老蔡：老钱，不是跟你说了嘛！别着急，要沉住气；我钓上的这几条算什么呀，都是些小的，待会儿你一定能钓上条大的。

老钱：好了，好了，听你的，耐心等着。不瞒你说，老蔡，最近我们家特别不顺，干什么都不顺。这不，上个月我爱人去广州出差，回来时给我买了双皮鞋，说是真牛皮的，可没穿俩星期就坏了，你说气人不气人。

老蔡：是吗？现在冒牌货可不少哇，你爱人怎么不小心点呢！哎，不过话又说回来了，现在买东西上当受骗的又岂止你爱人一个呢！

老钱：说的也是呀！老蔡，我就不懂，现在人们的智力水平在一天天提高，谁也不比谁傻多少，可为什么会上当受骗呢？有人明知有些东西不能买，可还要买，心甘情愿上人家的当。

老蔡：这就叫……科学上怎么说来着，叫……噢，对了，叫购物心理。买东西有买东西的心理，咱们人类最大的弱点就是经不起诱惑、爱占小便宜。打个比方说吧，这人就跟这河里的鱼一样，一心想白吃东西，结果，一吃就上钩，一上钩就上当，最后，后悔也来不及了！

老钱：好！妙！你比喻得真贴切！有些人确实跟河里的鱼没什么两样，要不，怎么会有放长线钓大鱼的说法呢。

老蔡：正是！（惊呼）嗳，嗳，快起竿！老钱，你的鱼漂动了好几下了，快，肯定是条大的。

老钱：哎，来了！来了！

练 习

一、听全文，简单回答下列问题：
1. 谁先钓上第一条鱼？是老钱还是老蔡？
2. 谁家最近有麻烦？
3. 最后有一条鱼咬谁的钩了？

二、再听两遍全文，选择正确答案：
1. 谁不太会钓鱼？
   a. 老钱　　b. 老蔡　　c. 不知道
2. 第一次学钓鱼的人最容易犯什么毛病？
   a. 生气　　b. 性急　　c. 惊慌
3. 老钱为什么眼红？
   a. 看到人家钓上一条鱼
   b. 看到老蔡又钓上一条鱼
   c. 看到人家钓鱼很容易
   d. 看到老蔡没有钓上
4. 上个月老钱的爱人在家不在家？
   a. 在　　b. 不在　　c. 没有说
5. 老钱的爱人给老钱买了双皮鞋，老钱为什么还生气？
   a. 皮鞋不是新的
   b. 皮鞋太小，穿不上
   c. 皮鞋不是真皮的，而且质量很差
   d. 皮鞋太贵了
6. 老钱不明白什么事儿，所以问老蔡？

a. 怎么才能钓上鱼
   b. 人们的智力水平为什么一天天提高
   c. 谁可能更傻
   d. 为什么有人会愿意上当
 7. 老蔡认为人类的最大弱点是下面哪几个？
   a. 受不了诱惑　　b. 白吃东西
   c. 跟鱼一样　　　d. 爱占小便宜

三、根据对话内容，选择正确答案：

 1. 老钱说："我这儿一点动静也没有"，这句话在这里的意思是：
   a. 老钱坐在那儿一动不动，等着鱼上钩
   b. 没有鱼咬老钱的钩
   c. 老钱附近的水里没有声音
   d. 周围钓鱼的人很少，很安静
 2. 老蔡说，钓鱼时老换地方会有什么结果？
   a. 鱼都吓跑了　　b. 鱼都跑来了
   c. 鱼都咬钩了
 3. 老蔡钓上鱼后，老钱很眼红，于是老蔡对老钱说了一句什么话？
   a. 等一会儿再钓条大的
   b. 要沉住气
   c. 别眼红
 4. 老钱说："不瞒你说"，这句话是什么意思？
   a. 实话告诉你
   b. 不骗你的话
   c. 不是说你

d．不对你说
　5．"现在上当受骗的人又岂止你爱人一个"这句话的意思是：
　　　a．现在上当受骗的只有你爱人一个
　　　b．现在上当受骗的就是你爱人一个吗
　　　c．现在上当受骗的不止你爱人一个
　6．老钱说："谁也不比谁傻多少"，这句话的意思是：
　　　a．谁都不聪明
　　　b．不知道谁傻
　　　c．大家都不笨
四、根据对话内容填空并朗读：
　1．你说这鱼是不是也<u>欺负</u>新手呀？
　2．最近我们家特别<u>不顺</u>。
　3．现在<u>冒牌</u>货可不少哇。
　4．你<u>比喻</u>得真贴切。
五、再听一遍全文，回答下列问题：
　1．老蔡和老钱在聊天儿时用了两个比喻，第一个比喻是什么？第二个比喻又是什么？
　2．讲一讲老蔡是如何解释人们总是上当受骗的原因的。

第 二 课

甲 老有所乐

①不少人到了老年,尤其是退休以后,往往产生一种失落感、寂寞感,总觉得无所事事,缺少生活乐趣。时间长了,就会影响身体健康。

②俗话说"老有所乐",如果根据自己的健康条件和爱好,参加一些有利于身心健康的活动,像养鸟、养花啦,钓鱼、打太极拳啦,或者到户外散散步啦,从中寻找一些乐趣。这样做,既可以锻炼身体,又可以调节情绪,丰富生活。

③在北京玉渊潭公园东门的花坛附近,就有一个由老年人自发搞起来的娱乐场所,每天上午这里可热闹了,有跳交谊舞的,有扭秧歌的,还有唱戏的,真可以说是老年人的天地。

④有一个地方人们正在津津有味地唱着京剧。他们有男有女,不少是各单位离退休的干部,也有工人,年龄都在六十岁以上。这些人都是爱唱爱拉爱听的戏迷,每天早上不约而同都在八九点钟左右到这儿,锻炼身体,拉拉唱唱。这些老人中会戏的确实不少,有的人甚至可以反串两个角色。有的过去学过,有的是退休以后通过录音,或者跟人开始从头学,进步也很大。在这里彼此之间切磋技

艺的机会是比较多的。

⑤他们离退休后的共同感觉，就是干一些家务之余就再没什么事可做。家里孩子上学的上学，工作的工作，老人就很寂寞烦躁。别人可以在家学学书法，练练绘画，但对戏迷来说，不可能在家里放开嗓子大声唱，因为会影响邻居。这样他们就凑起来，自发地搞起这么一个老有所乐的地方。这里空气好，没有干扰，空间也比较大。大家见面都很高兴，打打太极拳，切磋切磋技艺，聊聊形势，谈谈家常，交流交流生活经验，又能交些新朋友，给自己带来很多新的生活内容。

⑥有些老人患有慢性病，到这儿喊喊嗓子，活动活动腿脚，呼吸呼吸新鲜空气，结果发现食欲大增。有的慢性病经过几年的锻炼，居然大有好转。

⑦老人离开原来的工作环境后就需要另外寻找精神寄托，从中获得人生乐趣。每天到这儿来成了这些老人必不可少的生活内容。

⑧现在不仅玉渊潭公园如此，别的公园里老人们的活动也越来越热闹了。

（中央人民广播电台综合节目1992年3月广播稿）

练 习

一、听课文第一、二段，回答下列问题：
 1. 人到老年以后，常会产生什么样的感觉？
 2. 老年人适宜参加什么活动？
 3. 参加这些活动有什么好处？

4. 文章主要是针对哪些老人而谈的？
二、听课文第四、五、六段，回答下列问题：
　　1. 文中举了什么地方的例子？
　　2. 人们在这里做什么？
　　3. 唱京剧的主要是些什么人？
　　4. 戏迷可以分哪几种？
　　5. 戏迷们什么时候到这儿来？
　　6. 戏迷们来这儿的目的是什么？
　　7. 他们离退休以后主要做什么？
　　8. 他们为什么不在家唱？
　　9. 为什么他们喜欢这个地方？
　　10. 大家在一起做什么？
　　11. 有些老人的慢性病是怎样好转的？
三、听最后两段，回答：老人们为什么每天要到这里来？
四、根据课文内容，判断正误：
　　1. 退休以后人的健康情况就变坏了。
　　2. 在这儿聚集的都是老人。
　　3. 老人们都是先送孩子上学后再到这儿来的。
　　4. 他们的京剧唱得都非常好。
　　5. 这些老人有时也学学书法、练练绘画。
　　6. 这个地方是他们自己搞起来的。
　　7. 所有老人的慢性病都慢慢好转了。
　　8. 许多公园里都有这样的活动。
五、在你们国家，老年人的生活有什么特点？

乙 老年人的再婚

男：最近一些年来，老年人的再婚问题得到了人们的关心和社会的支持，一些大城市还成立了老年人婚姻介绍所，但是从调查的结果看，老年人再婚还存在着不少障碍，特别是女性，障碍就更大了。

女：据有的介绍所统计，前来登记的老年人中男女性别比例是10∶1，男的多女的少，而这些女性几乎100％要求保密，一部分还要求对子女保密。虽说老年人再婚得到社会的支持，可实际上大多数还是在秘密中进行的。造成这种现象的原因是千百年来的旧习俗和旧观念。

男：再婚，在人们眼里有不幸的含义。夫妻和睦、相伴终生自然是人们都向往的，但不可能人人都如愿以偿。天灾人祸会造成丧偶，感情不和也会使夫妻离异，为了弥补这一人生缺憾，再结百年之好应当是很自然的事。

女：对。在我国封建时代前期，也并不把再婚看成是有失体面的事，但宋代以后，封建礼教对妇女的束缚就越来越多，越来越严重了。女人即使饿死也不能再嫁，而男人娶三四个妻子也合情合理，所以自古以来所谓"再婚难"，主要是指妇女再婚难。

男：老年人再婚不仅在社会上受到强大的压力，家里儿女这一关也不好过，不少儿女对父母的再婚很反感。

女：是啊！古代人对老年人再婚不理解，现代人呢？据婚姻介绍所的调查发现，在前来登记的老年人当中，绝大多数是背着子女而来的。有的年轻人认为人老了，吃饱穿暖就行了，还琢磨什么呢！不仅不支持，甚至加以阻拦。所以目前老年人再婚难中，小城市比大城市难，农村就更难了。

男：其实老年人再婚，不仅是由于生活上需要照顾，也是他们感情上的需要。由于中国人长期以来把两性的问题看成是不可告人的事，所以即使是要求再婚的老年人，也绝不谈及爱情，否则就会被看作老不正经了，这真是对老年人心理的扭曲啊！

女：没有爱的人会觉得孤独，而失去爱的人就在孤独之上又增添了痛苦。作儿女的如果再阻拦老年人的再婚，就会给老年人本来孤独寂寞的心里更添几分愁云。作儿女的如果知道老年人也有自己的感情生活，就应该积极支持他们再婚。

（中央人民广播电台综合节目1992年3月广播稿）

练 习

一、根据对话内容，回答下列问题：
  1. 什么地方成立了婚姻介绍所？
  2. 登记的男女比例如何？
  3. 女性来登记时常提出什么要求？
  4. 她们为什么提出这种要求？
  5. 在婚姻生活中，人们有什么愿望？
  6. 哪些原因会使人失去配偶？

7. 中国封建时代前期对再婚怎么看？
8. 宋代以后对再婚怎么看？
9. 老人再婚会遇到什么障碍？
10. 有些年轻人为什么对老年人再婚表示反感？
11. "再婚难"在什么地方最严重？
12. 要求再婚的老年人为什么往往不谈"爱情"二字？
13. 作儿女的反对老人再婚，会造成什么后果？

二、根据对话内容，判断正误：
1. 最近老年人再婚越来越难。
2. 女性到婚姻介绍所登记时一般由儿女陪同。
3. 不少人认为再婚是多余的事。
4. 男主持人认为再婚是很正常的。
5. 女主持人认为"再婚难"，主要是针对女性而言的。
6. 儿女们对父母的再婚都持反对态度。
7. 到婚姻介绍所登记的人都没有告诉儿女。
8. 中国人不愿意正面谈及爱情问题。
9. 女主持人希望年轻人理解老年人的感情需要。

三、从对话中找出与下面意思相对应的语句：
1. 夫妇相亲相爱共同生活到老。
2. 实现了愿望。
3. 不能让别人知道。
4. 自然的灾害和人为的灾难。
5. 结婚。

四、根据对话内容填空：
1. 老年人的再婚问题得到了人们的关心和社会的支

<u>持</u>。
2. 儿女这一<u>关</u>也不好过。
3. 不仅不支持,甚至加以<u>阻拦</u>。
4. 这真是对老年人心理的<u>扭曲</u>啊!

第 三 课

甲　人情大世界

①人情,对中国人来说,就像是一个迷宫,一旦走进去,就很难走出来。

②在中国的"人情大世界"里,有说不清的礼:孩子诞生有出生礼;长到30天,有满月礼,到了结婚年龄又有娶亲礼、入赘礼、嫁女礼;60岁后逢"十"必有寿礼;两眼一闭去见上帝时,还要收最后一回丧葬礼。每类礼仪中又都不断派生出新的项目。就拿农村中的娶亲礼来说吧,从男女双方认识,到男女双方结为夫妇,男方就有送不完的礼:男女双方确定关系后,女方第一次到男方家里去,男方父母就得给见面礼;女方在男方家里过春节,男方父母要给她压岁钱;定亲的时候,男方要送给女方家衣服、布料等,作为定亲礼;女方家同意后,结婚之前,男方还要送给女方家一大笔彩礼。

③"礼轻情义重"的观念在人们的心中已发生了变化。原来人们认为关系不错的朋友、同事,送点小礼物就可以了,可是,现在越是关系不一般的越要多送。过去孩子满月,一般送点小玩具就可以,但现在大多要送童车、毛毯之类的礼物。

④红白喜事的礼价也一涨再涨,已从过去的2至5

元，增加到 20 元到数百元。包办婚姻中的彩礼也急涨了十多倍，个别地区高达五六千元，全国每年用于丧葬的费用竟达 35 亿。

⑤人情是个巨大而又沉重的雪球，被不想推而又不知不觉推动它的人们滚得越来越大，推它的人却感到越来越累。

⑥四川开江县的李明和吴丽华结婚时，亲朋好友来了一百多，他俩感到十分光彩。此后，凡是参加过婚礼的人家有什么丧葬嫁娶的事，他们必去一一还礼。当时人家出 5 元就说得过去，可现在，拿 10 元也不显多，这样不到一年，他们开始入不敷出。于是，他们就借债随礼。在不到一年的时间内，他们因随礼借了 1200 元的债，弄得天天有人来讨债，全家人整天不得安宁。夫妻俩本来感情还不错，这么一来，开始是互相埋怨，接着是吵嘴打架，到后来，彼此觉得这样生活下去实在没有意思，就离婚了。就这样，一个好好的家庭就被"人情"毁灭了。

⑦既然人情礼对并不十分富裕的中国人来说，是一个沉重的负担，为什么人们还死抱住它不放呢？这和中国一些传统的旧习俗、旧思想很有关系。比如，有的人认为不送礼，面子难看，关系难处；有的人认为送礼可以显示自己富有，同时也显示自己大方；还有人认为自己送出去的礼、放出去的人情终究会收回来等等。这些大概就是人情背后的秘密吧。

练 习

一、听第一遍，回答下列问题：
　　1. 课文中谈到哪些人情问题？
　　2. 作者对人情是什么态度？
二、听第二遍，判断正误：
　　1. 中国有多少礼节不太清楚。
　　2. 过去，关系不错的朋友、同事，送点小礼物就可以。
　　3. 现在孩子满月，一般送些小玩具。
　　4. 作者认为中国人并不想搞各种人情，但是没有办法。
　　5. 作者认为中国的人情与旧习俗、旧思想有关系。
三、听第二段，选择正确答案：
　　1. 课文中谈到哪些礼？
　　　　a. 出生礼、满月礼、入赘礼、娶亲礼、嫁女礼
　　　　b. 出生礼、满月礼、入赘礼、娶亲礼、嫁女礼、寿礼
　　　　c. 出生礼、满月礼、入赘礼、娶亲礼、嫁女礼、寿礼、丧葬礼
　　2. 娶亲礼包括哪些礼？
　　　　a. 见面礼、定亲礼、压岁钱、彩礼
　　　　b. 见面礼、定亲礼、压岁钱、彩礼、衣服
　　　　c. 见面礼、定亲礼、压岁钱、彩礼、布料
　　3. 男女双方确定关系以后，女方第一次到男方家里去，男方父母得给女方什么？

a．见面礼　　b．压岁钱　　c．衣服

　4．女方在男方家里过春节，男方父母应该给女方什么？

　　a．衣服　　b．压岁钱　　c．布料

四、听第二段，回答下列问题：

　1．什么叫满月礼？

　2．什么叫寿礼？

　3．丧葬礼指什么？

　4．定亲礼指什么？

五、听第四段，选择正确答案：

　1．过去红白喜事的礼价为多少？

　　a．2元　　b．25元

　　c．2元到5元

　2．现在红白喜事的礼价为多少？

　　a．25元　　b．20元或者几百元

　　c．最少20元，最多几百元

　3．彩礼高达五六千元的地区多不多？

　　a．很多　　b．有一些　　c．很少

六、听第六段，回答下列问题：

　1．李明、吴丽华结婚时情况怎么样？

　2．为什么一年后，他们开始入不敷出？

　3．他们全家人为什么整天不得安宁？

　4．他们为什么要离婚？

七、听第六段，复述课文。

八、听第七段，归纳要点：

中国人情背后的秘密是：

① _____
② _____
③ _____

乙　这事能怪我吗？

女：小王，下班都快一刻钟了，你怎么还不急着走哇？
男：在办公室里呆着还舒服一点，一回到家里我就心烦。
女：怎么啦？又跟你爱人闹别扭啦？嗨，你也真是的，两个人过日子哪有不磕磕碰碰的呢！
男：这事不由得你不生气，为这事，她跟我闹了好几回，你说，光闹有什么用，能解决问题吗？
女：你说了半天，倒是什么事呀？
男：嗨，还不是钱呗。说出来不怕让你笑话。
女：钱，钱怎么啦，又不让你给你家里寄钱啦。
男：哪儿呀。这两年亲戚朋友结婚的都赶到一块了，结婚后的一点积蓄花光了不说，弄得上月盼着下月的。光上个月，我们俩就凑了四个份子，这不，这个月还有三件等着呢！
女：这么说，你们还真够呛！上个月，我比你们还惨，我弟和我堂弟都结婚，一下子就花了我好几百，弄得现在手头还紧巴巴的。不过，我觉得吧，一般的朋友倒不一定非得那么讲究，意思意思就行了。
男：话虽这么说，但做起来难呐！你想呀，我们结婚的时候，人家送二十元钱的礼物给我们，等到人家结婚的时候,还能再送人家二十元钱的礼物吗?别人不说,自己也觉得拿不出手呀。

女:倒也是。照你这么说,这个月你要送多少钱的礼呀?

男:你想吧,两个好朋友,一个是我爱人的表弟,照现在的行情,少说也得一百六。

女:一百六?你们俩的工资才多少呀!怪不得你爱人要跟你急呢。

男:跟我急有什么用呢?难道说我就愿意这么做吗?

女:可也是,不过,我觉得你呆在这儿也不是办法,还是回去大家好好合计合计。哟,都五点半了,家里还等着做饭呢,我们一起走吧。

男:你先走吧,我再在这儿呆一会儿。

女:那我就先走了。

练 习

一、听第一遍,选择正确答案:
 1. 谈话的男女是什么关系?
    a. 夫妻　　b. 同事　　c. 师生
 2. 谈话发生在什么地方?
    a. 办公室　　b. 家里　　c. 路上
 3. 男的情绪怎么样?
    a. 不好　　b. 一般　　c. 很好
 4. 他们谈话谈到几点?
    a. 五点　　b. 五点半　　c. 不清楚
 5. 女的最后为什么要走?

a．有人在等她　　b．要去吃饭
　　　c．要回去做饭
　6．男的和女的一起走了吗？
　　　a．女的先走了　　b．男的先走了
　　　c．一起走了

二、听第二遍，判断正误：
　1．女的不知道男的为什么跟妻子吵架。
　2．男的不知道钱在哪儿。
　3．男的说话，女的笑话他。
　4．男的这个月最少要送160元钱的礼。
　5．女的认为妻子跟男的吵架是应该的。
　6．男的不想送礼，但没办法。
　7．女的认为男的不回家不好。

三、听第三遍，选择正确答案：
　1．女的认为夫妻之间有矛盾正常不正常？
　　　a．正常　　b．不正常　　c．没有说
　2．男的跟妻子因为什么产生矛盾？
　　　a．花很多钱　　b．给家里寄钱
　　　c．送别人钱
　3．男的觉得钱够花吗？
　　　a．足够　　b．不够　　c．差不多
　4．上个月男的送了几个礼？
　　　a．4个　　b．3个　　c．7个
　5．这个月男的要送几个礼？
　　　a．3个　　b．7个　　c．没有说

6. 女的上个月情况怎么样？
   a. 比男的好　　b. 比男的更糟糕
   c. 跟男的情况一样
7. 女的觉得钱够花吗？
   a. 不够　　b. 够　　c. 马马虎虎

四、根据对话内容详细回答下列问题：
1. 男的为什么不想回家？
2. 女的认为送礼应该怎么作？
3. 男的认为送礼应该怎么作？

五、下列每题后都有三个词语，请指出与划线部分相当的词语：
1. 这么说，你们还真够呛。
   a. 受不了　　b. 难受　　c. 忍不住
2. 一般的朋友倒不一定非得那么讲究，意思意思就行了。
   a. 表示一下心意　　b. 马马虎虎
   c. 有意义
3. 别人不说，自己也觉得拿不出手。
   a. 手拿不出来　　b. 手伸不出来
   c. 不好意思
4. 照现在的行情，少说也得一百六。
   a. 行动和情况　　b. 一般情况　　c. 特别情况
5. 还是回去好好合计合计。
   a. 算一算　　b. 研究研究　　c. 商量商量

六、跟读下列句子：

1. 这事不由得你不生气，为这事，她跟我闹了好几回。
2. 你说了半天，倒是什么事呀？
3. 嗨，还不是钱呗。
4. 话虽这么说，但做起来难呐！

第 四 课

甲　云南之行

①临去云南前,有朋友对我说,云南人憨厚,在那儿买东西不必讨价还价,如果帐算错了,卖主一定会追着你,用土话嚷嚷半天,却只是为了退还多收的几分钱。我对朋友的话深信不疑。

②在昆明下了飞机,安顿了一下,我就到街上去逛。

③昆明宾馆前,一群少数民族少女在路边绣一种小兜兜。我觉得很有趣,就问"多少钱?""五块。"我还是习惯地还价说:"四块行吗?""行!"说完一群姑娘涌上来,我买了两个。少花了两块钱,我心里很愉快,可是想起朋友的话又觉得过意不去,觉得自己欺骗了老实的云南人。

④第二天去游石林,在一个景点,车门一开就围上来一群姑娘,还是卖那种小兜兜。她们紧紧跟在游客后边,态度十分热情。到了第二个景点,一开车门,竟然还是那几个姑娘,真不知她们怎么跑到我们前面去的。她们围着几个外国游客寸步不离,外国人有些无奈,只好掏出十块钱买了两个。看到这个情景,我心里更惭愧。她们对外国人都不捉大头,而我却为了一点小利,去和人家玩心眼儿。

⑤石林外有一个市场,标价也是五块。我的一个同事也要买两个,他像在广州一样讨价还价,最后竟以两块五

一个完成了这笔交易。看到这一切,我感到既愤怒又窝囊。我轻信了朋友的话,虽然比外国人少花了一块,可我却付出了真诚,我真有点可怜自己的这份实在。

⑥坐了三天汽车到西双版纳,在一个地方有个小姑娘在卖杏儿,八分钱一个,我说:"五分!"她摇摇头。"就五分!""八分!"她很固执。我突然看见了她那双无邪的大眼睛,再也无法讨价还价了。"好,要两个。"我那种东北人的豪爽劲儿又上来了,扔给她两毛钱,"不用找了!"抬腿就走。她追上来揪住我的衣襟,"给!"还是那双眼睛,我一时不知说什么好,只好接过四分钱来。

⑦在州府景洪,水果便宜得只恨自己肚子小。在这儿尽管放心大胆地吃,连秤也不用看放下钱就走。一次我们买了一串香蕉,实在吃不下去了,就把那串香蕉又扔给了卖主,因为谁也懒得拿它。可卖主以为我们不买了,忙掏钱退还我们,我们赶快逃走。这么好的香蕉扔在马路上太可惜,他能收下我们就已经很感谢了。卖主还在后边嚷,走了十分钟,声音没了,我们才擦擦头上的汗,好像我们是逃脱的小偷。

⑧回来我就想,在云南买东西,昆明和西双版纳给人的感觉有天地之别,这到底是什么原因呢?

(根据龙戈"在云南买东西"一文改写)

练 习

一、听前五段,回答下列问题:

1. 作者以前到过云南吗?

2. 作者去云南前对那儿有什么印象？
3. 作者先到了哪个城市？
4. 在云南作者买了什么东西？花了多少钱？
5. 昆明的少女们怎样卖东西？
6. 看到外国人买东西的情景，作者怎样想？
7. 作者的同事买同样的东西花了多少钱？
8. 看到同事买东西的情景，作者又怎样想？

二、听第六、七、八段，回答下列问题：
1. 在西双版纳，作者买了什么东西？
2. 作者花了多少钱？
3. 小姑娘讨价还价吗？
4. 在景洪，水果价钱怎么样？
5. 作者在那里买了什么东西？
6. 卖主为什么追他们？
7. 卖主追到他们了吗？
8. 作者回来后在想什么问题？

三、根据课文内容，选择正确答案：
1. 作者在云南买了几次东西？
   a. 一次　　b. 两次　　c. 三次
2. 下列什么水果作者没有买？
   a. 香蕉　　b. 菠萝　　c. 杏儿
3. 在哪儿买东西不必讨价还价？
   a. 广州　　b. 西双版纳　　c. 昆明
4. 作者买香蕉时把香蕉又扔给卖主，是因为：
   a. 份量不够　　b. 吃不了　　c. 不好吃

四、作者在西双版纳买杏儿时是怎样变得"听话"的？

五、作者在云南买东西有好几次情绪变化，试讲出来。

六、根据课文意思，选择填空：

1. 开始我对朋友的话<u>毫不怀疑</u>（毫不怀疑、半信半疑）。

2. 看到外国人买了东西，我心里更<u>过意不去</u>（愉快、过意不去）。

3. 她们对外国人都不<u>欺骗</u>（欺骗、讨价还价）。

4. 我突然看见了她那双<u>纯洁</u>的大眼睛（纯洁、漂亮）。

5. 我们擦擦头上的汗，好像我们是<u>逃跑</u>的小偷（逃跑、被抓）。

6. 昆明和西双版纳给人的感觉<u>完全不同</u>（不太一样、完全不同）。

七、根据课文内容填表：

作者是哪里人	
作者性格怎样	
作者所到之地的顺序	

乙　辨真识假器

高：哟，大李！好久没见了！

李：小高哇，是有几天没见了。最近忙什么呢？

高：别提了。我买了个"辨真识假器"，成天就忙着辨别哪种东西是真的，哪种东西是假的。简直晕头转向了。

李：这么巧，你也买了一个——，哎，你是怎么想起买这个东西的？

高：我看电视呀，最烦广告，净吹！可那天不知怎么，看见这么个广告，一个女孩天使似地飞进屏幕，手里拿着一个精致的小玩艺儿，对着一台电冰箱轻轻一按电钮，那小玩艺儿的红灯就亮了，发出"假假假"的声音，再看那台电冰箱，成了一堆废铁。屏幕上还有两行字呢："辨真识假器，终生好伴侣。"我想现在假货太多，这玩艺儿要能顶用可真不错，就去买了一个，还是找同学走的后门呢。

李：它真管用吗？

高：我当场买了一束人造花和一面镜子。"辨真识假器"都亮绿灯，发出"真真真"的声音。在幼儿食品柜前，它亮了红灯，我想这玩艺儿可能真管点儿用。

李：哎，既然商店就有假货，那他们怎么不用这种"辨真识假器"把它们清理出去呢？

高：经理说："那样的话，这笔大买卖我们不就做不成了？再说从消费者心理考虑，自己识别真伪，不是更有刺激性吗？这样更能激发他们的购买欲。"

李：他可真会做生意。不过说来也真巧，我这儿也买了这么个东西。我让假货吓怕了，信它不好，不信它也不好。我看的广告跟你不一样，是个样子挺真诚的老头儿做的，（模仿）"请认准JHP（鸡吃屁）公司生产的'火眼金睛'牌辨真识假器，谨防假冒。"用你的给我

试试吧。(从口袋里掏出)

高：行啊，咱俩都按电钮看看。(按后，同时发出"假假假"的声音)

李：咳，这叫什么事？

高：(笑)我早知道会这样。别丧气，大李，就当是买了个玩具吧。

李：哎，只好拿回去给我儿子玩了。

高：今天我儿子也拿了这么个玩艺儿，说是叔叔给的。他跟邻居的孩子玩，都指着对方，"假假假"，俩孩子都打起来了。我去劝，儿子把"辨真识假器"摔在地上，不料它正对着我，闪着红灯，一个劲儿叫着"假假假"。

李：这下可好，你成了假爸爸了！

高：可不是嘛。以后儿子还怎么肯相信我呢！

(根据《微型小说选刊》1992年第1期同名小说改写)

练　　习

一、根据对话内容，回答下列问题：

1. 小高最近忙什么？
2. 小高对广告有什么看法？
3. 小高看见的广告是什么人做的？
4. 小高的"辨真识假器"是很容易买到的吗？
5. 小高买了什么东西？当时他觉得"辨真识假器"怎么样？
6. "辨真识假器"亮绿灯和红灯时各表示什么意思？

7. 大李看的广告是什么人做的?
8. 大李的"辨真识假器"用过没有?
9. 两个人的"辨真识假器"相对时亮了什么灯?
10. 小高对这个结果感到意外吗?
11. 小高的孩子为什么跟别的孩子打起来?

二、根据对话内容,判断正误:
1. 这两个人是邻居。
2. 他们买了同样的"辨真识假器"。
3. 他们都不是老年人。
4. 这种"辨真识假器"有点效果。
5. "辨真识假器"卖出去很多。

三、小高看的广告是怎么做的?

四、大李看的广告是怎么做的?

五、商店里为什么不把假货清理出去?

第 五 课

甲　花钱买满意

①人们花钱，总要买回点东西来。买各种吃的用的等看得见摸得着的东西就不必说了。像花钱看电影，虽然散了场什么也没带回家，但得到了娱乐和享受；花钱去舞厅，尽管常常累出一身汗还搭上了饮料钱，可是回到家还挺高兴，这是因为满足了个人爱好，锻炼了身体，愉悦了精神。上夜校就更不必说，花了钱长了知识提高了工作能力，这钱要比买吃的穿的玩的花得都值。

②日常消费中遇到最多的情况是花钱买满意。也许我们平时不留意，事实上"满意"这个因素，几乎贯串于人们所有的消费行为之中。

③按照一般的消费心理，卖主有两家或两家以上可以选择时，人们总是从质量、品种、价格等方面进行比较，然后选取对自己最有利的一家。然而为什么当发现了其中一家仅仅由于服务态度不好就坚决加以排除，而置质量、品种、价格等因素于不顾了呢？这种做法，恰恰表明了消费心理的另一方面——花钱买满意。

④可惜，多年来官商一统天下的局面剥夺了消费者"满意"的权利。卖东西的趾高气扬，买东西的低三下四。好歹把东西买来就不错了，哪里还谈得上什么满意不满

意的问题。现在经济发达了,市场搞活了,顾客虽不完全但至少在一定程度上又成为上帝。很自然地,"满意"又重新成为消费者的追求目标。这固然不是坏事,可有时候顾客却因此而受到损失。这里有必要对消费者做些提醒。

⑤一、为了使顾客满意,早年的卖主想尽办法讨顾客满意。比如大绸缎庄,总是让顾客反复挑选,而且上茶递烟,那热情劲儿让你进了店就无法再空手出去。其实他家的货既不是最便宜的也不是最好的,靠着使人满意便把买卖做了。如今的卖主又有新花样,有买家具、电器管送到家的,有多少天之内不满意管退换的,有买东西送奖券的。可是也有这样的例子,同样的电冰箱,这家虽然管送,却比另一家不管送的贵20元,而雇车的钱最多10元,为了"满意"而多花10元是不是有点冤枉呢?

⑥二、卖主既然要使人满意,总要投资;既投了资,就要收回,他不会做亏本的买卖。两家饭店的饭菜价格相差不多,但装修比较气派、服务更加周到的一家却要加收百分之十五的服务费!如果没有特殊需要,这百分之十五的钱不是白花了吗?当然,如果愿意花钱买享受就另当别论。

⑦现在就大多数人来说,还不可能把更多的钱花在"满意"上,但毕竟花钱买满意已越来越普遍,这也是社会发展的一个趋势。

(根据思训同名文章改写)

练　习

一、听第一段,回答下列问题:

1. 看得见摸得着的是什么东西？
2. 看电影之后得到的是什么？
3. 去舞场得到的又是什么？
4. 上夜校能有什么收获？

二、听第二、三段，回答下列问题：
1. 什么因素在消费行为中贯串始终？
2. 人们购物时，一般考虑哪几个方面？
3. 什么情况下人们将不考虑购物时的几个因素？
4. 消费心理的另一方面是什么？

三、听第四、五段，回答下列问题：
1. 过去买卖双方关系怎么样？是什么原因造成的？
2. 现在双方关系怎么样？为什么会有这种变化？
3. 什么成了消费者追求的目标？
4. 在早年的绸缎庄里，店主是怎样做买卖的？
5. 现在的卖主用什么样的方法销售？
6. 购买电冰箱一例，为什么说"有点冤枉"？

四、听第六、七段，回答下列问题：
1. 卖主投资的目的是什么？
2. 气派大的饭店最后为什么要多收费？
3. 作者认为社会发展的一个趋势是什么？

五、根据课文内容，选择正确答案：
1. 人们在购物时，最重视的是什么因素？
   a．价格　　b．质量　　c．服务态度
2. 过去大绸缎庄靠什么做买卖？
   a．质量好　　b．让人高兴　　c．便宜

六、根据课文内容填空：
    1. 有买家具、电器<u>管运送</u>的，有买东西<u>送奖券</u>的。
    2. 卖主既然要使人满意，总要<u>投资</u>，既投了<u>资</u>，就要<u>收回</u>。

乙　真让人担心

男：目前社会上各种各样的消费行业里，儿童消费水平正在不断增长。

女：嗯，为孩子花钱呀，几乎成了三口之家的第一消费了。年轻的父母们不惜重金给小宝贝们创造优厚的条件。很多家长都以自己的孩子吃最精美的、穿最时髦的、玩最高级的为荣。

男：前不久，我的一个朋友到北京出差，讲了这样一件事：他到北京后去一位老同学家做客，结果发现这位老同学把六岁儿子的一间屋子布置成了玩具世界。墙上挂着不同的玩具手枪共 31 支，地上摆放的各种玩具车 24 辆，另外还有八架不同的玩具飞机。桌上还有电子琴、电子游戏机什么的。大概估计一下，整个屋子的东西少说也得 3000 元。

女：你讲的这件事也许不太有普遍性，但它从一个侧面说明了目前儿童消费水平过高过热的一种趋势。上海市有关部门对一所小学的二年级学生作过调查，表明有 1/3 的学生开过生日宴会，而且场面越来越大。有一个学生居然花了 1500 元来请客。送礼的人出手也越来越大，认为礼太轻拿不出手去。

男：一位研究人员指出，儿童消费增长的趋势一方面与人民生活水平提高、儿童产品市场繁荣有关，另外的主要原因在于他们的父母过分地溺爱。

女：说得很有道理。当今父母对孩子的疼爱已由过去重精神变为重物质了，甚至在鼓励孩子学习的问题上也由过去的重思想教育转变为重物质刺激。

男：如果认真研究一下就会发现家长们之间也存在着一种莫名其妙的攀比心理，尤其是年轻的父母们聚在一起，话题总离不了谁给孩子买了什么了。不少家长就是借对孩子的投资来炫耀自己，以满足自己的表现欲和虚荣心。

女：大量事实表明，躺在高消费的温床上长大的人最容易染上不良习气，有了这种不良习气的人又最容易走上邪路。想到这些孩子的将来，不能不让人担心啊！

男：是啊。如果能从小培养出有利于孩子身心健康发展的消费习惯，那么父母对孩子的爱就不仅仅体现在对孩子的物质投入上，更主要体现在对孩子的思想塑造上。

女：这话值得回味！

(根据中央人民广播电台综合节目1992年3月广播稿"儿童消费问题"改写)

练　习

一、根据对话内容，回答下列问题：

1. 现在的小家庭中什么消费最高？

2. 年轻的父母们有一种什么心理？

3. 送礼的人为什么买的礼物越来越贵？

4. 文中认为儿童消费增长的原因有几个？主要是什么？

5. 父母对孩子的教育跟过去相比有什么变化？

6. 那些大量为孩子花钱的家长是出于什么样的心态？

7. 什么样的人容易学坏？

8. 文中认为应该怎样引导孩子的消费习惯？

二、根据对话内容，选择正确答案：

1. 谈话中提到的六岁孩子没有下面哪种玩具？
   a．汽车　　b．游戏机　　c．小动物

2. 是谁讲了给六岁儿童买玩具这件事？
   a．男主持人　　b．男主持人的同学
   c．男主持人的朋友

3. 家长们聚在一起时谈得最多的是什么？
   a．谁给自己的孩子买了什么东西
   b．谁家的孩子长得漂亮
   c．谁家的孩子听话

三、根据对话内容，判断正误：

1. 很多家庭都为孩子买了昂贵的玩具。

2. 每个家庭每年都为孩子办一次生日宴会。

3. 不少家长把主要精力放在孩子身上。

4. 给孩子花钱越多，对孩子的培养越有利。

四、根据对话内容填空：

1. 以自己的孩子吃最<u>精美</u>的，玩最<u>高级</u>的为荣。
2. 送礼的人<u>出手</u>也越来越大。
3. 主要原因在于他们的父母过分地<u>溺爱</u>。
4. 家长们之间有一种莫名其妙的攀比<u>心理</u>。
5. 这话<u>值</u>得回味。

第 六 课

甲　广告六则

（一）

孙女：爷爷，您又买黑芝麻糊了？哎，那是什么呀？
爷爷：这个呀，是专门给甜甜买的，高蛋白健儿粉。先别忙着拿走啊，来，爷爷考考你，看看黑芝麻糊和健儿粉的口袋上有没有一模一样的字儿。
孙女：找着了，在这儿呢，南—方，爷爷，南方什么呀？
爷爷：啊，这个字儿念"牌儿"，南方牌儿。
孙女：噢，南方牌儿。
旁白：广西南方儿童食品厂。

（二）

甲：您吃的什么药？
乙："息斯敏"。
甲：您皮肤过敏吧？
乙：这病真难受。
丙：这风疙瘩也是过敏吧？
甲：对。花粉、灰尘和很多食物都能引起过敏，春秋易发。
乙：现在简单了，"息斯敏"治皮肤过敏，一天一片，吃了不犯困。

甲：真不错。
丁：我太太也需要啊！
甲：别忘了，"息斯敏"！
旁白：西安杨森。

(三)

男：哎，舞会快开始了，去准备一下吧。
女：哎呀，化妆品用完了。
男：别急，这是刚给你买的。
女：是霞飞吗？
男：和上次的不同，这是第二代。
旁白：霞飞第二代蛋白系列美容品含有十多种人体必需的蛋白质以及多种微量元素，促进皮肤血液循环，嫩白滋润皮肤，每日擦用，效果理想。
男：今晚你真漂亮。

(四)

甲：大夫，孩子咳嗽得厉害，药丸不好服。
乙：那就服北京中药五厂的儿童清肺口服液。
甲：糖浆太甜，不是刺激嗓子更咳嗽吗？
乙：儿童清肺口服液味道可不一般，镇咳、祛痰、平喘。
丙：要想咳嗽好得快，歌声清脆又甜美，儿童清肺口服液，药到病除，真痛快！

(五)

这些年"金鱼"洗涤灵在咱北京还真露脸，听说全国好些地方都使"金鱼"洗涤灵，要问咱的体会，用它洗水果，餐具什么的还真不赖，过去我不爱下厨房，自打有了"金鱼"洗涤灵，下厨房可勤了。哎，我说，老伴儿，咱家的"金鱼"洗涤灵快用完了，别忘了再去买一瓶，"金鱼"洗涤灵！哎，我说，听见没有。

（六）

为什么全国有七亿多人患有多种类型的牙周疾病呢？口腔中的有害细菌是致病的罪魁祸首。

"两面针"牙膏能明显有效地抑制和杀死口腔中的有害细菌。瞧，在牙膏周围，有害菌不能存活。

预防和治疗口腔疾病请认准柳州牙膏厂生产的"仙湖"牌"两面针"牙膏。

（选自1992年中央人民广播电台、中央电视台的广告节目）

练 习

一、听两遍第一则广告，选择正确答案：
1. 广告中的商品是干什么用的？
   a. 看的　b. 穿的
   c. 吃的　d. 玩的
2. 广告中提到了几种商品？
   a. 一种　b. 二种
   c. 三种　d. 四种
二、再听两遍第一则广告，简单回答下列问题：
  1. 谈话的男女是什么关系？

2. 男的要考考女的,他要考什么?
3. 广告中的商品是哪个工厂生产的?
4. 广告中的商品是什么牌子?

三、听两遍第二则广告,简单回答下列问题:
1. "息斯敏"是什么东西?
2. 广告中有一位男士,他得了什么病?

四、再听两遍第二则广告,选择正确答案:
1. 广告中女的说了什么话?
    a. 风疙瘩也是过敏吧?
    b. 这是皮肤过敏吧?
    c. 风疙瘩不是过敏吧?
2. 下列哪些东西能引起过敏?
    a. 春秋   b. 息斯敏
    c. 花粉   d. 风疙瘩   e. 灰尘
3. 在广告的最后,一个男的说:"我太太也需要啊!"请问他太太需要什么?
    a. 一天一片   b. 息斯敏
    c. 不犯困

五、听两遍第三则广告,简单回答下列问题:
1. 男女两个人准备干什么?
2. 这是一则关于什么商品的广告?
3. 广告中的商品叫什么名字?

六、听三遍第三则广告的旁白,回答下列问题:
1. 广告中的商品是不是首次生产?
2. 广告中的商品含有什么营养成分?

含有十多种<u>人体必需</u>的<u>蛋白质</u>，以及多种<u>微量元素</u>。
3. 这种商品有什么优点？
可以促进<u>皮肤血液循环</u>，<u>嫩白滋润皮肤</u>。

七、听两遍第四则广告，简单回答下列问题：
1. 广告中的药品是给什么人吃的？
2. 广告中的药品可以治什么病？
3. 广告中的药品是哪个药厂生产的？

八、再听两遍第四则广告，选择正确答案：
1. 广告中的药品是什么类型的药？
   a. 药片　　b. 药水　　c. 药丸
2. 广告中的药品有几个优点？
   a. 三个　　b. 两个　　c. 一个　　d. 四个

九、复述广告最后小女孩说的话。

十、听两遍第五则广告，简单回答下列问题：
1. 说话的男子是老人还是年轻人？为什么？
2. 说话的男子开始时跟谁说话？最后又跟谁说话？
3. 广告中的商品主要是用来干什么的？

十一、再听一遍第五则广告，简单回答下列问题：
1. 广告中的商品是什么牌子？
2. 广告中的男的过去不喜欢干什么？现在呢？
3. 最后男的让他的妻子去干什么？

十二、再听一遍第五则广告，注意这一广告的语言特色（北京话、口语），解释下列加点词语的意思：
1. 这种东西在咱北京还真露脸。

2. 听说全国好些地方都使这种东西。

3. 用它洗水果什么的还真不赖。

4. 过去我不爱洗衣服,自打有了洗衣机,我洗衣服可勤了。

十三、听两遍第六则广告,简单回答下列问题:

1. 这是一则什么商品的广告?

2. 广告中的商品是哪个工厂生产的?

十四、再听两遍第六则广告,回答下列问题:

1. 这一商品是什么牌子?

2. 广告告诉我们全国有多少人得了牙周疾病?

3. 广告认为是什么东西导致了牙周疾病?

乙 女人与广告

男:不知你注意到了没有,现在电视上广告特别多,有人说这是人类进入文明社会的象征,你喜欢看广告吗?

女:我嘛——怎么说呢,还可以吧,你呢?

男:特别喜欢。在我们家,我跟我儿子最有"共同语言",小家伙才三岁,一看广告就入迷。

女:我们家和你们正好相反。我爸我妈最讨厌看广告,电视一有广告马上换台,有的广告也不错,我想看一眼都不成。

男:我虽说爱看广告,可并不是什么广告都看,对那些水平差的广告也不喜欢。现在咱们国内的广告,一个最突出的问题就是广告中女人太多。

女:对!我也有同感!虽说我是女的,但也不同意什么广告都以女人为主。象洗衣机、电视什么的,谁不用?谁不看?可做广告时,却常常用这样的广告词儿:"威力洗衣机,献给母亲的爱"、"'牡丹'虽好,还需妻子喜欢"等等,难道说,生活中的男人就不用洗衣机,就不看电视了嘛?!

男:之所以会这样是因为有人认为广告就是"商品加女人"。说实在的,这种看法也太粗俗,太片面了。昨天晚上我看了二十个广告,其中十四个是女人来做的,第二天早上起来,回忆一下昨天的广告,给我留下深刻印象的,可以说一个也没有。

女:是啊!做广告不一定排斥女性,但是广告中的女性要有个性,有特点。

男:实际上,现在有许多人还没弄明白广告的实质。在我看来呀,广告就该"与众不同","与众不同"就是广告。比如说日本丰田汽车是这样做广告的:"车到山前必有路,有路必有丰田车。"日本公司就是这样用中国人都知道的中国俗话做自己的广告,给人留下了深刻的印象。

女:像这样好的广告在国内虽然不多,但也有一些。你比如说,长城计算机公司做的广告就很特别,它说:"长城计算机今天不做广告,祝首都人民节日愉快。"它说不做广告,可实际上已经达到了做广告的目的。

男:哎呀,快别聊了,都八点半了,连续剧《编辑部的故事》早开始了,快开电视,快开电视。

(根据"谈我国的广告制作"一文改写)

练　习

一、听一遍全文，简单回答下列问题：
 1. 男的喜欢看电视广告吗？
 2. 现在做广告的最大问题是什么？
 3. 最后男的着急开电视看什么？

二、再听一遍全文，选择正确答案：
 1. 对话中的"小家伙"跟男的是什么关系？
  a．朋友　　b．师生　　c．父子
 2. 女的举了两个她不喜欢的广告例子，它们分别是给什么商品做的广告？
  a．汽车、电视　　b．洗衣机、电视
  c．录音机、洗衣机　　d．计算机、洗衣机
 3. 昨天晚上，男的看了几个不是由女人做的电视广告？
  a．六个　　b．十四个
  c．二十个　　d．四个
 4. 男的和女的最有可能在哪儿聊天？
  a．教室里　　b．商店里
  c．办公室里　　d．家里
 5. 男的和女的一直聊到了几点？
  a．早上八点半　　b．晚上八点三十分
  c．八点

三、听一遍全文，判断正误：
 1. 男的认为现在电视上广告很多。

2. 有人认为广告代表着文明社会。

3. 在看电视广告方面，女的和父母有"共同语言"。

4. 男的特别喜欢广告，什么电视广告他都看。

5. 谈话的男女双方都不同意什么广告都以女人为主来做。

6. 男的认为广告就是"商品加女人"的观点是正确的。

7. 女的觉得长城计算机公司的广告做得很简单，不太好。

四、根据对话内容，选择正确答案：

1. 男的说："我跟我儿子最有'共同语言'。"这话的意思是：

  a. 他和他儿子很谈得来

  b. 他和他儿子说一样的话

  c. 他和他儿子很能玩在一起

  d. 他和他儿子有一样的兴趣

2. 女的说："我想看一眼都不成。"这意思是：

  a. 她想看又不想看

  b. 她想看却不能看

  c. 她想看却看不懂

3. 女的对男的说："我也有同感。"这意思是：

  a. 她也有很深的印象

  b. 她也有和过去一样的感觉

  c. 她和男的看法一致

4. 女的说："难道说生活中男人就不用洗衣机了

嘛?!",这意思是:

  a. 生活中男人也用洗衣机

  b. 生活中男人当然不用洗衣机

  c. 生活中男人用洗衣机吗?

 5. 女的认为电视广告中的女性要具备以下哪种特点?

  a. 漂亮 b. 温柔 c. 有个性 d. 特别高

 6. 男的认为"广告就该'与众不同'",这意思是:

  a. 广告不同于大众生活

  b. 广告不同于一般的艺术

  c. 广告要做得有特点,和别的广告不一样

五、根据对话内容,说出或写出对话中的三个广告的广告词:

 1. 汽车广告:

 2. 洗衣机广告:

 3. 计算机广告:

六、根据对话内容,填空并朗读:

 1. 小家伙一看广告就<u>入迷</u>。

 2. 这是国内广告的一个最<u>突出</u>的问题。

 3. 这种看法也太<u>粗俗</u>,太片面了。

 4. 做广告不一定<u>排斥</u>女性。

七、讨论:

 1. 谈一谈你对广告的看法。

 2. 现在你们国家电视上什么商品广告做得比较多?

 3. 试举一、两个你印象较深的广告词。

第 七 课

甲　铁路运输与自然灾害

①铁路和人们的生活以及国民经济建设的关系实在太密切了，因此有人把铁路比作人体中的血脉，但这条血脉也常常发生问题。铁路部门近二十年的统计资料表明，我国铁路每年光是因为水灾造成的中断事故就有大约120次，累计中断时间大约有1850个小时，造成的直接经济损失达到3.5亿元。

②对铁路系统危害比较严重的自然灾害有台风、暴雨、洪水、河流淤积、泥石流和地震等，这里讲个泥石流危害铁路的事例。

③1981年7月9日凌晨一点三十分，四川省境内的一场大暴雨激发了一场泥石流，冲毁了成昆铁路线上的一座名叫立子堤达沟的铁路桥，当天凌晨一点四十六分开往成都的442次客车不幸在这座桥上跟泥石流相遇，两辆机车、一节邮政车、一节客车和一批旅客一起被洪水推进奔腾咆哮的大渡河中，使得275人丧生，几十人受伤，造成了我国铁路史上罕见的泥石流灾害事故。

④这次泥石流还造成了很大的次生灾害。泥石流冲出山口，颠覆列车之后，再冲过大渡河直到对岸，几分钟之内就将宽120米、最深处有13米的大渡河拦腰截断，使

河水断流四个小时。泛滥的河水淹没了沿河的低洼地区，冲毁了830米长的沿河公路，致使当地的公路交通中断了半年之久。另外，由于大量的沙石冲进了大渡河，还造成下游河道堵塞，并且使下游的水电站、水库产生淤积。

⑤以往，铁路部门对因自然灾害造成损失的两种数据计算得比较准确。一种是每年铁路中断、运行的时间和损失的营业额，再一种是恢复通车所花费的工程费用。至于因为铁路中断给全国工农业、商业和旅游业等造成的经济损失人们就不大清楚了，其实这方面损失的数额比铁路部门的损失数额大得多。1988年因为各种自然灾害给铁路运输造成的危害，使得全国的工业生产总值损失了300亿到450亿元。

⑥近年来，我国的铁路运输能力发展还是比较快的。到1987年，全国铁路运输量比1949年新中国成立的时候增加了977%，130多公里长的北京到天津的铁路线上，列车最短的相距时间已经达到三分钟。

⑦现在的问题是，由于铁路运输能力上升，使得防灾的设计标准不够统一，再加上人们的不合理活动等原因，影响了铁路的安全运输环境，这是需要全社会都来关注的问题。

（中央人民广播电台综合节目"减灾十年"广播稿）

练 习

一、听前三段，判断正误：
 1. 铁路常常发生问题。
 2. 水灾每年造成的损害都非常严重。
 3. 本文所举的灾害是一场台风引起的。
 4. 火车在桥上遇上了泥石流。
 5. 这次泥石流事故是中国铁路史上最大的。

二、听第四段，回答下列问题：
 1. 泥石流冲翻列车后就停止了吗？
 2. 大渡河因泥石流堵塞产生了什么后果？
 3. 泥石流对大渡河沿岸地区造成了什么危害？
 4. 泥石流过后沿河公路交通情况怎么样？
 5. 泥石流对大渡河下游造成了什么危害？
 6. 次生灾害有什么特点？

三、听第五段，回答下列问题：
 1. 铁路部门一般对什么数据计算比较准确？
 2. 什么损失比铁路部门的损失更大？

四、听最后两段，回答下列问题：
 1. 1987年全国铁路运输量与多少年前相比增加了977％？
 2. 北京到天津的铁路线上运输能力怎么样？
 3. 哪些方面的因素影响了铁路的安全运输环境？

五、课文中列举了一些危害铁路的自然灾害，你能举出一些危害农业的灾害吗？请填表：

危害铁路的自然灾害	
危害农业的自然灾害	

乙　那边儿闹水灾了

甲：二兰，你也坐这趟车？我这儿有个座位，过来挤挤吧。
乙：（走过去）没事儿，站着也挺好。今天不错，人不算多。
甲：你拿的什么东西？那么一大包，沉甸甸的。
乙：啊，现在不是都捐款捐衣服嘛！安徽那边儿水灾闹得人心惶惶，都多长时间了水还没下去。
甲：我昨天刚送到单位一些。孩子们大了，过去的衣服不能穿，咱们自己的也淘汰了不少，现在正好能帮人家一把。哎，最近看电视没有？
乙：哪能不看呢！一到"新闻联播"时间，全家都盯着看。我们那位以前在那边当过兵，把他着急的啊！最近不是说各单位都派车送衣服、送粮食吗？他老早就报了名了，非要自己去看看不可。
甲：咳，这次水灾损失够重的。房子冲毁了，农田也弄得一踏糊涂，老百姓可要苦一阵啦！
乙：说的是啊，多亏救援工作做得及时，要不然还不知要死多少人呢！还记得唐山大地震吗？多少人都没了啊！大兴安岭那场火，把个原始森林烧了个干净。现在又碰上这场大水。过上那么几年,总得出点事。

甲:这也是自然规律,不由人的。要是能像预测天气那样预测出灾害来,那地球上人们的日子就好过多了。灾越大越难预料啊!

乙:可不是,俗话说"防患于未然",预防工作也挺重要。大兴安岭的大火不就是几个伐木工人违章操作引起的吗?安徽水灾要是人们平时能勤查着点堤坝,防灾意识再强点,灾情也可能不会这么大。

甲:对,不过人们平安的日子过惯了,谁能老绷着这根弦呢!

乙:对了,下周有个赈灾音乐会,都是名演员参加,还有香港、台湾的也来演出。我能搞到票,咱们一块儿去看吧。

甲:报纸上做过广告,我也知道。不过我们家离得远,上一天班下来也没多少时间了。反正电视里会有实况转播,看电视比在剧场里还要清楚呢,绝对雅座!

乙:你倒挺想得开,剧场效果你那儿可没有。最近各种赈灾义演挺多,想看的话机会不少呢。

甲:哟,说着话就是快,下站你该下车了,别坐过了。

乙:好嘞!有时间给我打电话,回头见!

甲:哎,慢点儿。

练 习

一、根据对话内容判断正误:
    1. 汽车上的人很多。

2. 二兰拿的东西很重。
3. 人们都很担心安徽水灾。
4. 电视里每天都有灾区的消息。
5. 二兰的丈夫在安徽上过大学。
6. 二兰的丈夫这次又去了安徽。
7. 二兰的朋友相信人们将来能预测出灾害来。
8. 下周有一场义演的音乐会。
9. 电视里以后会播音乐会的录相。
10. 谈话的两个人是同一个单位的职工。

二、根据对话内容，回答下列问题：
1. 人们一般捐的是些什么衣服？
2. 现在各单位都在忙什么？
3. 二兰的朋友认为造成严重水灾的原因是什么？
4. 赈灾音乐会将有哪些人参加演出？
5. 二兰的朋友为什么不去看演出？

三、二兰的朋友列举了三次大灾，请写下来：
1. 唐山大地震
2. 大兴安岭火灾
3. 安徽水灾

四、讲讲你所知道的一次较大灾害。这次灾害造成了什么后果？当时的社会反应如何？

第 八 课

甲 小动作，大学问

美国一位研究人类行为的教授指出，从一个人的行为不仅能了解他的一些习惯、性格、修养，甚至还可以了解一些他们国家的情况。

由中国人坐的姿势和捡东西的动作，可以看得出家教。男孩子张着双腿坐，女孩子靠拢着双膝坐；男人弯腰捡东西，女人蹲下来捡，而且蹲时都并拢着膝盖，那是习惯，装不出来。

在夏威夷流行一个笑话：在风力很大的大风口，站着三个不同国籍的女孩子。大风一吹，双手按着帽子的是美国女孩；双手紧按着裙子的是日本女孩；一手按帽子，一手按裙子的是中国女孩，这叫"一阵风看一世界"，东西方民俗之不同，一下看得一清二楚。

这位美国教授曾在旧历年时请中国学生到他家去作客，他发现大陆学生关水龙头和瓶罐，不知为什么用那么大的劲儿，而且有个学生居然把他厨房里的每个电器插头用后都拔了下来，说这样安全。当时，教授觉得有点不可理解，甚至觉得可笑。事后，仔细琢磨，终于想通了：在大陆，水龙头一定容易漏水，里面的橡皮垫不是容易坏，就是坏了不好换；瓶子盖儿里的软垫，也必然材料不佳，不用力就会透气；至于拔插头，更显示了大陆的电器容易出问题，否则，时时在用的东西，何必插上拔下呢？

教授虽然没去过香港，但是从香港留学生身上，教授说可以猜到香港的人口密度一定很高。为什么呢？大凡人挤人的地方，由于过于喧闹，人们说话时，声量就不得不大一些，香港留学生说话声量不小，可见香港地窄人稠，这跟纺织厂工人说话声音较大是同样的道理，他们不是故意的，而是习惯成自然。

教授有位台湾好朋友，他每次开车送那位朋友回家，那位朋友下车向他道谢后，几乎总是重重地把车门关上。起初，教授很惊讶，以为自己哪点做得不合适，惹对方不高兴呢。一个偶然的机会，教授才弄清楚这完全是一个误会。因为那位朋友从小坐车，总见大人把车门重重地关上，还用力推一推，甚至把门锁也按下去。他自己也曾遇到过车门没关好，在转弯时车门突然打开的惊险情况。几十年下来，对车门不要说是缺乏信任了，甚至都有了恐惧感。因此，久而久之，他自己也养成了重重地关车门的习惯。

练 习

一、听第一遍，回答下列问题：
 1. 教授是哪国人？
 2. 课文中提到了哪些国家和地区？
二、听第二遍，选择正确答案：
 1. 中国的男孩子坐的姿势一般是什么样的？

a．张开两腿　　　　b．靠拢两腿
   c．一条腿压着另一条腿
2．中国的女孩子坐的姿势一般是什么样的？
   a．一条腿压着另一条腿　　b．张开两腿
   c．靠拢两腿
3．大风一吹，双手按帽子的是哪国的女孩？
   a．美国的　　b．中国的　　c．日本的
4．大风一吹，双手按着裙子的是哪国的女孩？
   a．中国的　　b．日本的　　c．法国的
5．大风一吹，一手按帽子一手按裙子的是哪国的女孩？
   a．日本的　　b．美国的　　c．中国的
6．教授什么时候请中国学生吃饭？
   a．春节　　b．元旦　　c．去年
7．中国学生把电器插头拔下来的理由是什么？
   a．安全　　b．用完了　　c．坏了
8．教授怎么知道香港人口很多？
   a．去过香港　　b．香港人说话声音大
   c．香港很吵闹
9．教授送完他的朋友后为什么很惊讶？
   a．他的朋友感谢他
   b．他的朋友使劲关车门
   c．他的朋友生气了

三、听课文，指出下列哪些情况课文中没谈到：
　　行为反映习惯　　　行为反映性格

行为反映修养　　行为反映爱好

行为反映特点　　行为反映家里的情况

行为反映国家的情况

四、根据课文内容，详细回答下列问题：

1. 教授请中国学生去他家吃饭时发生了什么事？
2. 发生在教授家里的事说明了什么？
3. 教授的朋友怎样关车门，为什么？

五、下列每题后都有三个词语，请指出与划线部分相当的词语：

1. 东西方民风之不同，一下看得<u>一清二楚</u>。

    a．清楚　　b．比较清楚

    c．清清楚楚

2. 事后，仔细<u>琢磨</u>，终于想通了。

    a．研究　　b．考虑　　c．分析

3. 大凡人挤人的地方，由于<u>过于</u>喧闹，人们说话时声量就不得不大一些。

    a．很　　b．非常　　c．太

4. （教授）以为自己哪点做得不合适，<u>惹</u>对方不高兴呢。

    a．引起　　b．把　　c．被

六、根据课文内容填空：

1. 由中国人坐的姿势和<u>捡</u>东西的动作，可以看得出家教。
2. 在大陆，水龙头一定容易漏水。
3. 至于<u>拔</u>插头，更显示了大陆的电器容易出问题。

4. 一个<u>偶然</u>的机会，教授才弄清楚这完全是一个误会。

5. 几十年下来，对车门不要说是<u>缺乏</u>信任了，甚至都有了恐惧感。

七、请你谈一两件习惯动作反映社会情况的事例。

乙　他们的声音太大了

年轻人：今天的连续剧没多大的看头，（打哈欠）我太困了，我先睡了，你自己看吧。

老年人：昨天晚上睡了一宿还没睡好哇？

年轻人：别提了，昨天晚上我根本就没睡什么觉。挨着我的铺位的那几个广东人，一路上哇哩哇啦地说个不停，而且嗓门特别高，像吵架似的。本来就有点晕车，这下可好，就更烦了，折腾了半宿也没睡着。

老年人：那几个人也真是，一路上只听他们在说，哪来那么多好说的？开始我也睡不着，但慢慢地就适应了。唉，你怎么知道他们是广东一带的人呀？

年轻人：听也能听出来。你想啊，南方大部分地区人口稠密，在人多吵闹的地方，不大声说话哪听得清楚呀？所以我断定他们是南方地区的人。再一问，果然不假，他们是来北京参加龙舟大赛的广东人。

老年人：你说的还真有那么一点道理，不过我还真没注意过。

年轻人：我平时比较留意这些方面的事。唉，哪些人的嗓

　　　　门比较大你注意到没有？
老年人：很难说，我觉得好像没有什么规律。
年轻人：这你就错了，据我的观察，大凡嗓门高的人十有八九是咱们老师。你想呀，上课的时候，面对着几十个学生，不大声说话，后边的哪能听得清呀？再说，大声讲课，还能集中学生的注意力，免得思想开小差，所以久而久之，也就养成了大声说话的习惯。
老年人：你说的还真是那么回事，不说别人，我自己就是这样，我爱人老嫌我爱嚷嚷，没修养，其实，我哪儿是嚷嚷啊，是习惯，改不了。不过你说的十有八九是老师也太悬乎了。
年轻人：（打哈欠）我熬不住了，我先睡了，明天八点开会吧？你起床的时候，可别忘了叫我一声。第一天，千万不能睡过头。
老年人：你就放心地睡吧。我的表可以定时，八点以前准会把你闹醒。

练　　习

一、听第一遍，选择正确答案：
　　1. 谈话发生在哪儿？
　　　　a. 火车上　　b. 旅馆里　　c. 电影院
　　2. 他们坐火车去做什么？
　　　　a. 出差　　b. 开会　　c. 旅游
　　3. 他们是哪种人？

a．教师　　b．工人　　c．学生

二、听第二遍，判断正误：
1. 今天的电视剧没意思。
2. 几个广东人在路上吵架。
3. 对话中的年轻人有点晕车。
4. 对话中的老年人晚上也没睡着。
5. 对话中的年轻人能听懂广东话。
6. 对话中的老年人不知道哪些人说话声音比较大。
7. 对话中的老年人说话声音很大。

三、听第三遍，选择正确答案：
1. 对话中的年轻人为什么要睡觉？
   a．太困了　　b．电视没意思
   c．太累
2. 南方人说话为什么声音很大？
   a．人很多　　b．很吵闹　　c．没有说
3. 那几个广东人去北京做什么？
   a．旅游　　b．做生意　　c．比赛
4. 对话中的年轻人为什么知道哪些人说话声音大？
   a．研究这个问题
   b．注意这个问题
   c．调查这个问题
5. 对话中的年轻人认为哪种人声音大？
   a．教师　　b．工人　　c．演员
6. 对话中的老年人的妻子为什么讨厌他？
   a．声音大　　b．没修养　　c．爱吵架

7. 对话中的年轻人让老年人做什么？
   a．起床时叫他   b．早点睡
   c．明天开会
8. 对话中的老年人为什么让年轻人放心地睡觉？
   a．他有闹钟   b．外边很吵闹
   c．他可以叫他

四、听对话，归纳要点：
1. 年轻人昨天晚上为什么没睡好觉？
   ①
   ②
2. 年轻人认为教师声音大的原因是什么？
   ①
   ②

五、下列每题后都有三个词语，请找出与划线部分相当的词语：
1. 昨天晚上睡了一宿还没睡好哇。
   a．一夜   b．半天   c．半夜
2. 我平时比较留意这些方面的事。
   a．平常   b．常常   c．经常
3. 再说，大声讲课，还能集中学生注意力。
   a．再说一次   b．或者   c．另外
4. 不过你说的十有八九是老师，也太悬乎了。
   a．很少   b．百分之八十九
   c．十分之八九
5. 我熬不住了，我先睡了。

a. 受不了   b. 坚持不住
        c. 难受极了
    6. 第一天，千万不能<u>睡过头</u>。
        a. 晚睡   b. 早睡   c. 起晚了
六、跟读下列句子：
    1. 昨天晚上睡了一宿还没睡好哇。
    2. 别提了，昨天晚上我根本就没睡着。
    3. 那几个人也真是，一路上只听他们在说，哪来那么多好说的。
    4. 你说的还真是那么回事，不说别的，我自己就是这样。

第 九 课

甲　简短新闻五则

（一）

新华社伦敦消息：英国探险家约翰·布拉什弗斯内尔最近在伦敦说，他所领导的一个探险队在尼泊尔西部靠近喜玛拉雅山的森林中发现了两只亚洲最大的象。最大的一只身高11英尺3英寸，比1882年在斯里兰卡发现的那只大象还高两英寸。另一只身高10英尺6英寸。

（二）

新华社消息：长江上一艘新型豪华游轮"长江明珠"号最近从重庆首航武汉成功。"长江明珠"号是长江上第二代新型超豪华游轮，此船设有总统套间、特等间和标准间、双人间，可载客一百五十六人。

（三）

新华社消息：据沙特阿拉伯《中东报》报道，统计资料表明，茶和咖啡一样已经成为海湾地区居民的主要饮料，年人均消费茶叶四公斤。印度已经采取各种措施，开辟多种渠道，扩大茶叶出口，同中国和斯里兰卡竞争。

(四)

新华社安卡拉消息：土耳其东部今天发生强烈地震，造成3000至5000人丧生。土耳其当地人士对本社记者说，地震发生在当地时间19时20分（格林威治时间17时20分），震级为里氏6.2级，震中在伊斯坦布尔以东约1000公里处。包括一幢宾馆大楼在内的二十多座大型建筑物在地震中倒塌。这位人士说，与地震灾区的通讯联络已经中断，死亡人数可能还将增加。他说，这是1983年以来在该地区发生的最严重的一次地震。

(五)

据新华社记者李善远报道：羊年刚过，萧条冷落了一年的沈阳各大医院的产房又一次热闹起来。来自沈阳卫生局的报告说，春节至今，市区内各大综合性医院和妇女儿童医院接生婴儿的数量比年前有明显上升趋势。据分析，出现这种现象的主要原因是一些年轻夫妇及其家属受羊年不生孩子的陈旧观念的影响，认为羊年生的孩子命苦，因此都想躲过羊年生个"猴孩儿"。猴年新生儿的急剧上升已经引起计划生育部门的重视，他们告诫年轻夫妇们不要挤在猴年凑热闹。

（选自1992年3月中央人民广播电台《午间半小时》节目和《人民日报》）

练 习

一、听两遍第一则新闻，选择正确答案：

1. 这是一则关于什么内容的新闻？
    a. 经济　　b. 体育
    c. 自然科学　　d. 亚洲国家
2. 这一新闻来自哪个国家？
    a. 尼泊尔　　b. 斯里兰卡
    c. 英国

二、再听一遍第一则新闻，选择正确答案：
1. 新闻中提到的探险队发现了什么？
    a. 最大的森林　　b. 世界上最大的象
    c. 亚洲最大的象
2. 约翰·布拉什弗斯内尔是个什么人？
    a. 探险队的领导　　b. 记者
    c. 英国政府领导　　d. 探险家
3. 1882年在斯里兰卡发现的大象有多高？
    a. 11英尺3英寸
    b. 11英尺1英寸
    c. 10英尺6英寸
    d. 11英尺2英寸

三、用自己的话复述约翰·布拉什弗斯内尔的话。

四、听两遍第二则新闻，简单回答下列问题：
1. 新闻中提到了几个城市？
2. "长江明珠"号是什么？
3. "总统套间"在此条新闻中指什么？

五、再听一遍第二则新闻，根据课文内容填空：

此船设有特等间、标准间、双人间，可载客一百五十六人。

六、听两遍第三则新闻，选择正确答案：
1. 这是一则关于什么内容的新闻？
 a. 科学　　b. 体育
 c. 经济　　d. 军事
2. 这是一则关于哪个地方出口情况的新闻？
 a. 中国　　　　b. 海湾和印度
 c. 斯里兰卡　　d. 印度
3. 《中东报》是哪个国家的报纸？
 a. 印度　　　　b. 中国
 c. 斯里兰卡　　d. 沙特阿拉伯

七、根据新闻内容，判断正误：
1. 海湾地区的居民原来喜欢喝咖啡。
2. 中国和斯里兰卡正在茶叶出口方面进行竞争。

八、听两遍第四则新闻，简单回答下列问题：
1. 土耳其东部今天发生了什么事情？
2. 哪个国家的记者采访了这件事？
3. 在这次灾难中最少有多少人死亡？

九、再听一遍第四则新闻，简单回答下列问题：
1. 在这一灾难中受破坏最厉害的是哪个地区？为什么？
2. 格林威治时间17时20分是土耳其东部时间几点？
3. 新闻中一位人士说"现在与灾区的通讯联络已经

中断"，这是什么意思？

4. 口头复述这一新闻的主要内容。

十、听两遍第五则新闻，简单回答下列问题：

1. 课文所说春节前出生的孩子是什么属相？春节后出生的孩子呢？

2. 春节前出生的孩子多还是春节后出生的孩子多？

十一、再听两遍第五则新闻，选择正确答案：

1. "萧条冷落了一年的沈阳各大医院的产房又一次热闹起来"这句话是什么意思？

  a. 沈阳各大医院去年一年工作人员很少，现在多起来了。

  b. 沈阳各大医院去年一年来生孩子的妇女很少，现在多起来了。

  c. 沈阳各大医院去年一年工作很安静，现在工作很热闹。

2. 新闻中的"猴孩儿"是指什么？
  a. 猴子的孩子　　b. 由猴子照顾的孩子
  c. 属猴儿的孩子　　d. 猴子和孩子

十二、根据新闻内容，回答下列问题：

为什么年轻夫妇不愿意在春节前生孩子而想在春节后生孩子呢？

乙　飞来的灾难

女：你看报纸就是慢，我都看完两份儿了，你一份儿还没看完，你也太仔细了吧。

男：那当然啦，许多知识都是从报纸上得来的，慢慢看有好处！

女：哎，我说，你这当爸爸的可有点不"称职"啊！一天到晚，不是写小说就是看报纸，也不管管洋洋……

男：怎么了？洋洋不是好好的吗？上个月全市"航模"比赛不是还得了亚军吗？

女：我说的是学习！你知道他这个月考了多少分儿吗？说出来准吓你一跳——语文82，数学79，物理85……，六门功课没有一门过90的，这样下去，孩子能考上大学吗？！

男：唉、唉……，别吵吵了！你看看，出什么事了，星星要撞地球了！这可是条爆炸性新闻啊！

女：什么？你说什么？星星撞地球？别胡说八道啦！

男：你自己看看，你自己看看，我还骗你不成！

女：哪儿呢？你说的消息在哪儿呢？

男：喏，那不是嘛，第六版，上半页，左边。

女：噢，噢，在这儿呢，在这儿呢！（慢念）"新华社据外电报道：国外天文学家在观测太空行星时发现，距地球约三亿公里处有一颗小行星，正向地球飞来，近期内可能与地球相撞。目前，科学家们正努力寻找办法来改变这颗行星的飞行方向。"——唉呀，我的天哪！这么说，地球的末日就要到了，我们都要完了吗？

男：是啊，是啊，如果这一切真的发生的话。唉，这可真是飞来的灾难呀!

女:这是真的吗?会不会是搞错了?

男:搞错了?不会吧?白纸黑字,清清楚楚呀!

女:会不会是翻译上的错儿?你没注意到这条新闻是据外电报道嘛!我看很有可能。

男:唉呀,咱俩真是的,都急糊涂了,咱家不是有电话嘛,给天文台打个电话不就清楚了吗?!

女:对呀!打电话!赶快问个水落石出。

练 习

一、听一遍全文,简单回答下列问题:
1. 夫妇两人最有可能在哪儿聊天?
2. 对话中的"洋洋"是什么人?
3. 最后夫妇两人要干什么?

二、再听两遍全文,选择正确答案:
1. 这对夫妇在报纸上看到了一条什么新闻?
   a. 地球要撞星星了
   b. 地球要爆炸了
   c. 星星要和地球相撞了
2. 从对话内容看,男的可能从事什么职业?
   a. 记者   b. 作家
   c. 教师   d. 天文学家
3. 女的对男的什么地方不满意?
   a. 看报纸   b. 写小说   c. 不教育孩子

4. 从对话内容看,这对夫妇的孩子正在上什么学校?
   a. 大学　　b. 小学　　c. 中学
5. 女的觉得他们的孩子学习怎么样?
   a. 不好　　b. 很好　　c. 比较好
6. 女的对报纸上看到的新闻抱什么态度?
   a. 害怕　　b. 相信　　c. 怀疑
7. 为了证实这条新闻,男的认为应该问问谁?
   a. 电视台　　b. 天文台
   c. 气象台　　d. 天文馆

三、根据对话内容,判断正误:

1. 女的看报纸比男的仔细。
2. 女的认为男的不是一个好爸爸。
3. 对孩子的看法,丈夫和妻子不一样。
4. 这对夫妇的孩子六门功课中有一门是90分。
5. 这对夫妇在报纸上看到的新闻是由新华社的记者报道的。
6. 男的说以前报纸上也有过搞错新闻的情况。
7. "打电话问个水落石出"的意思是"打电话问个明白"。

四、再听一遍全文,用自己的话讲一讲这对夫妇在报纸上看到的新闻。

五、听句子,选择正确答案:

1. "你怎么搞的,进门也不敲门,吓了我一大跳。"问:"我"怎么了?

a．非常着急　　b．很害怕
　　c．跳了一下

2．受内蒙古冷空气的影响，本市近期气温将下降5到10度。问：
　　① 本市气温将发生什么变化？
　　　　a．变暖　　b．变热　　c．变冷
　　② 本市气温什么时候将发生变化？
　　　　a．明、后两天
　　　　b．最近一段时间
　　　　c．一个月以内

3．"小明，都几点了，你怎么还没做完功课呀？来，吃个苹果，休息一会儿。"问：小明在干什么？
　　a．吃苹果　　b．休息　　c．做作业

4．"小王的一句话把我说糊涂了。"问：这句话是什么意思？
　　a．听了小王的话我更明白了。
　　b．听了小王的话我反而不明白了。
　　c．小王的话让我很生气。

5．老马在家里是一个称职的父亲，在单位却不是一个称职的领导。问：老马工作得怎么样？
　　a．很好　　b．没说　　c．不好

第 十 课

甲 我和茶

绝大多数中国人都喜欢喝茶,尤其是中老年人。这不仅因为茶能清神醒脑,帮助消化,更主要的是喝茶不怕上瘾,有瘾也无害。很少看见家庭主妇一把夺下丈夫的茶壶,不让喝茶的,而夺酒瓶子的事却随处可见。

我喝茶上瘾是近几年的事。喝茶大致经历了三个阶段。第一阶段是什么茶都喝,有茶味就行,完全是为了解渴。在云南军营时,主要喝滇南产的大叶粗茶,有时买一斤稍好的"白兰花茶",被那花香所陶醉,喝起来更猛烈一些,在解渴之外,也曾隐隐感到茶的魅力。但仅仅是"隐隐",因为军营中一律用菜锅烧开水,茶叶的主要作用就成了消除开水中的怪味,除此之外,想真正喝出茶的味道来,只有靠浪漫主义的幻想。

从云南回到北京以后,喝茶也进入了第二阶段,只喝绿茶,无论是云南的滇绿,安徽的屯绿,还是江浙的龙井和碧螺春,我都喜欢,为什么只喝绿茶?是因为绿茶加工过程尽管工序很多,但是却防止了茶叶发酵,保持了叶芽的天然绿色,泡出茶来,碧绿清澄,清香可口,还有明目清火的作用,叫人越喝越爱喝。

福建的乌龙茶是介于绿茶和红茶之间的一种半发酵的茶。它既有红茶的甘醇，又有绿茶的清香，饮后满嘴甜香，回味无穷，给人以一种特殊的美的享受。我是在一个偶然的机会遇上它的，并且很快上了瘾，从此，我的喝茶史也就进入了第三阶段。

我的乌龙茶瘾完全是被我的朋友张青培养起来的。当时我们都在鲁迅文学院读书，同住一室，张青从福建来，先拿出一套极小的茶具，然后用一杯杯乌龙茶冲走了我对绿茶的感情，乐颠颠地拜倒在乌龙茶的世界里。偶尔弄到一点"大红袍"，拿出来招待客人，总要心疼好半天，乌龙茶就这样征服了我。

我家中现有两套饮乌龙茶的茶具，喝乌龙茶一要杯子小，二要真正的开水，三是讲究程序。比如第一道水是不入口的，称为"洗茶"，实际上是用这道茶烫杯子，烫杯子时，茶香开始随水汽弥漫，满屋子里都是茶的清香。

程序虽然如此，可我一直不明白为什么要倒掉第一道茶汤？不久前，去了一趟武夷山，在武夷岩茶的产地买茶时，一位出售茶叶的姑娘告诉了我，我才知道洗茶敢情只是图个清洁。

（根据高洪波《喝趣》改写）

练　习

一、听第一遍，选择正确答案：

　　1."我"喝茶上瘾有多长时间？

a. 几年　　b. 一年

c. 很长时间

2. "我"喝茶经历了几个阶段

a. 三个　　b. 两个　　c. 四个

二、听第二遍，判断正误：

1. 每个中国人都喜欢喝茶。
2. 有的妻子不让丈夫喝茶。
3. 在云南时，"我"主要喝"白兰花茶"。
4. 在北京，"我"只喝绿茶。
5. 乌龙茶是红茶。
6. "我"喝乌龙茶慢慢上瘾了。
7. "我"有一套喝乌龙茶的茶具。
8. "我"的心脏不太好。

三、根据课文内容，指出下列哪些茶课文中谈到了，并指出它们的产地：

乌龙茶　　滇绿　　屯绿　　龙井

碧螺春　　大红袍　　白兰花茶　　茉莉花茶

普洱茶　　毛尖　　武夷岩茶

四、听第三遍，选择正确答案：

1. 中国人为什么喜欢喝茶？

a. 茶清神醒脑，帮助消化，不怕上瘾

b. 茶无毒，对身体没有害处，帮助消化

c. 茶无毒，解渴，不怕上瘾

2. "我"开始喝茶，主要是什么原因？

a. 解渴

b. 喜欢茶的颜色

c. 除去水中的怪味

3. "我"喝"白兰花茶"时为什么很猛烈？

a. 喜欢花香　　b. 解渴

c. 味道好

4. 为什么说军营中茶叶的作用是消除水中的怪味？

a. 水的质量不好

b. 水里有菜味

c. 不知道

5. 绿茶为什么颜色好？

a. 加工工序很多　　b. 没有发酵

c. 茶叶都是叶芽

五、根据课文内容，详细回答下列问题：

1. "我"在北京时为什么只喝绿茶？

2. 乌龙茶有哪些特点？

3. "我"的乌龙茶瘾是怎么培养起来的？

4. 喝乌龙茶有哪些讲究？

5. 喝乌龙茶第一道茶汤为什么要倒掉？

六、根据课文内容填空：

1. 很少看见家庭主妇一把夺下丈夫的茶壶，不让喝茶的。

2. 有时买一斤稍好的"白兰花茶"。

3. 在解渴之外，也曾隐隐感到茶的魅力。

4. 饮后满嘴甜香，回味无穷，给人以一种特殊的美的<u>享受</u>。

5. 比如第一道水是不入口的，称为"洗茶"，实际上是用这道茶<u>烫</u>杯子。

乙 这下我就放心了

男₁：(敲门声)请进。哟，是老王啊，你不是出差了吗？怎么这么快就回来了？坐，坐，坐。

男₂：还快呀？本来星期二就能回来的，不巧临走的前一天突然下了一场大暴雨，路基滑坡了，又耽搁了一天。

男₁：这次到南边去收获不小吧？嘻，只顾说话，忘了给你沏茶了。

男₂：收获嘛，当然不用说了，可以说大饱了一次眼福。

男₁：给你，上午的水，沏茶欠点火候，你先将就着喝一杯，等水开了，我再给你沏。你接着说，你都去哪儿了？

男₂：除苏杭外，我还特意去了一趟宜兴，不为别的，只想买一只紫砂壶。那儿的紫砂壶样子、质地都比我们这儿的地道，我原以为要比我们这儿便宜，谁知道根本不是那回事。但是考虑到来一次不容易，还是咬咬牙买了一只，不图别的，起码货真价实。

男₁：没错。唉，那边的茶叶不错，你没捎点回来？

男₂：那还用说，你知道，我这个人吧，没别的嗜好，走哪儿第一件事就是买茶。这么跟你说吧，为了到龙井茶产地买点龙井,我牺牲了大半天的时间,结果连西湖也没逛好。这次出去,光龙井我就买了四盒,一百多块钱呢。你看,我给你也带来了一盒。

男₁:出去一次让你破费一次,实在不敢当哟。以后可别这样。

男₂:咱们之间说这样的话不就见外了吗。特级龙井要好几百元一斤,不是咱们喝的,这是二级龙井,你就凑合着喝吧。

男₁:水大概开了,咱们打开一块儿尝尝吧,说实在的,以前还真没喝过龙井呢。

男₂:我喝倒是喝过,但不知道这次买的怎么样。沏杯尝尝也行。

男₁:嗯,真不愧是名茶,茶水清澈、碧绿,看着就来情绪。我们尝尝吧。(啧,啧)真香,细细品来,还带着点甜味,真是色、香、味俱全呀。

男₂:还行,我老担心买上当了,这下我也就放心了。

练 习

一、听第一遍,选择正确答案:
1. 谈话发生在哪里?
   a. 家里   b. 办公室   c. 不清楚
2. 他们是什么关系?
   a. 朋友   b. 同事   c. 同学

3. 老王的爱好是什么？
   a. 茶　　b. 旅游　　c. 茶壶

二、听第二遍，判断正误：

1. 老王去南方出差。
2. 老王早回来了一天。
3. 另一个男的没喝过龙井。
4. 老王喝过龙井。

三、听第三遍，选择正确答案：

1. 老王星期几回来的？
   a. 星期二　　b. 星期三　　c. 星期一
2. 老王回来晚了的原因是什么？
   a. 下暴雨　　b. 铁路不通　　c. 买茶
3. 另一个男的给老王茶时为什么说"你先将就着喝一杯"？
   a. 水不开　　b. 茶叶不好
   c. 水不开，茶叶不好
4. 宜兴的茶壶怎么样？
   a. 便宜　　b. 贵
   c. 不贵也不便宜
5. 宜兴的茶壶好不好？
   a. 样子好　　b. 质地好
   c. 样子、质地都好
6. 老王到龙井茶产地用了多长时间？
   a. 一天　　b. 半天　　c. 半天多

7. 老王买了多少龙井?

 a．四盒　　b．五盒　　c．没说

8. 老王给另一个男的多少龙井?

 a．一盒　　b．四盒　　c．两盒

9. 老王每次出去回来都给另一个男的带东西吗?

 a．每次都带　　b．经常带

 c．很少带

四、根据课文内容，详细回答下列问题：

1. 老王为什么没逛好西湖?

2. 另一个男的觉得龙井怎么样?

五、听下列句子，指出是什么语气：

1. 哟，是老王啊，你不是出差了吗?

 a．惊讶　　b．高兴　　c．一般

2. 嗐，只顾说话，忘了给你沏茶了。

 a．生气　　b．自我责备　　c．后悔

3. 收获嘛，当然不用说了。

 a．骄傲　　b．得意　　c．满意

4. 咱们之间说这样的话不就见外了吗?

 a．责备　　b．批评　　c．生气

六、跟读下列句子：

1. 哟，是老王啊，你不是出差了吗?

2. 嗐，只顾说话，忘了给你沏茶了。

3. 收获嘛，当然不用说了，可以说大饱了一次眼福。

4. 唉，那边的茶叶不错，你没捎点回来?

5. 出去一次让你破费一次，实在不敢当哟。

七、下列每题后都有三个词语，请指出与划线部分意思相当的词语：

1. 给你，上午的水，沏茶<u>欠</u>点火候。

   a. 差　　b. 需要　　c. 太多

2. 你先<u>将就</u>着喝一杯。

   a. 将要　　b. 凑合　　c. 讲究

3. 但是考虑到来一次不容易，还是<u>咬咬牙</u>买了一只。

   a. 下决心　　b. 咬牙齿

   c. 狠狠地

4. 我这个人吧，没有别的<u>嗜好</u>。

   a. 特点　　b. 优点　　c. 爱好

5. 咱们之间说这样的话不就<u>见外</u>了吗？

   a. 看见外边　　b. 当外人看待

   c. 不应该

第十一课

甲 从宇宙看长城

①每天早晨,北京旅游公司的汽车就带着游客向北进发,这一天有整个旅游活动中一项重要的安排——游长城。

②提起中国,人们就会想到长城,关于长城又有许多有意思的历史传说。随着科学技术的发展,在长城那古老的传说中又增加了新的内容,从太空中能看见长城就是一个现代传说。

③从太空看长城,是指从离地球300公里左右的宇宙航天器上发现地球上的长城。那么,是不是人人都找得到呢,那可不一定。

④宇航员威廉·博格在一本书中写道:是的,我们确实能看到中国的长城,但是,只用人的眼睛是看不见的,我们必须借助于望远镜。开始一次,我曾经误以为看到了长城,其实那是北京附近的大运河,后来,我终于找到了长城。从太空看,地球上的长城,形状很特别,是一条暗淡的线条,有几百英里长。然而,有的宇航员却没有找到地球上的长城。例如,1985年7月,美国科学家卡尔·赫

尼兹带着关于长城的材料和地图坐上航天飞机,要进行一项试验,在太空轨道上找到长城。试验结束后,赫尼兹说他没有看见长城。有一次航天飞机经过中国北方上空,他作好了一切准备,遗憾的是天气非常不好,地球上什么也看不见。另有一次,天气倒不错,可是航天飞机飞得太快,还没等他看一下地图就飞过了中国上空。

⑤这样看来,天气和飞行速度是影响观看效果的重要因素。航天飞机在轨道上每秒钟飞行八公里,每九十分钟绕地球一周,想看长城,必须精神集中,必须作好一切准备,一不注意,就会坐失良机。

⑥从上面介绍的情况来看,所谓从太空中能看到长城的说法,好象主要是进行过太空飞行的宇航员们的主观看法。那么,是不是有人否定这一点呢?有。美国摄影专家理查德·安德伍德指出:一般说来,在最好的条件下,人的眼睛从250公里的高度上能看得清大约50米宽的东西,而长城最宽的地方只有10米,再加上,长城是非常古老的建筑,几千年的风霜雨雪已经把它冲刷得暗淡无光;因此即使借助于望远镜也很难看到它的整个样子。理查德·安德伍德又进一步指出说:长城在陆地上阻挡住了来自北方的风沙,时间长了,就在长城北面堆积了非常多的沙石,从拍到的照片看,那条暗淡的线条应该是沙石而不是长城。所以说想从太空中用眼睛找出长城显然是不大可能的。

⑦关于从太空中能不能看到长城,人们还有一些其

他看法,不管怎么说,这确实是一件让人感兴趣的事情。

(根据中央人民广播电台"午间半小时"节目改写)

练 习

一、听一遍全文,选择正确答案:

1. 课文中提到了几位科学家?

a. 一位　b. 两位　c. 三位

2. 课文主要谈论什么事情?

a. 到长城旅游　b. 关于长城的一些情况

c. 在太空能否看到长城

d. 宇航员关于长城大小的科学试验

二、再听一遍第一、二、三段,简单回答下列问题:

1. 游客来北京旅游的一个重要活动是什么?

2. 所谓从宇宙看长城,指的是什么?(提示:从哪儿看,离地球多远。)

三、再听两遍第四、五两段,判断正误:

1. 宇航员威廉·博格和科学家卡尔·赫尼兹都从太空中看到了长城。

2. 宇航员威廉·博格认为只用眼睛确实能看到中国的长城。

3. 科学家卡尔·赫尼兹是为了在太空中看到长城而上天的。

4. 航天飞机在轨道上每分钟飞行八公里。

四、再听一遍第四、五段,选择正确答案:

1. 宇航员威廉·博格从太空看长城时，首先看到了什么？
   a. 长城　　b. 大运河　　c. 暗淡的线条
2. 从太空看，地球上的长城有多长？
   a. 几百公里　　b. 一百英里
   c. 几百英里　　d. 一百公里
3. 第二位宇航科学家上航天飞机时带了什么东西？
   a. 关于长城的材料和图片
   b. 关于长城的材料
   c. 关于长城的材料和地图
   d. 关于长城的地图
4. 第二位宇航科学家第一次没有看到地球上的长城，那是因为：
   a. 飞机飞得太快
   b. 天气不好
   c. 没有作好准备
5. 影响观看长城的重要因素有几个？
   a. 三个　　b. 两个　　c. 四个

五、再听第四、五段，填空并朗读：
1. 看长城必须<u>借助于望远镜</u>。
2. 地球上的长城，<u>形状</u>很特别，是一条暗淡的<u>线条</u>。
3. 航天飞机每九十分钟绕地球<u>一周</u>。

六、再听两遍第六、七段，回答下列问题：
1. 美国专家理查德·安德伍德主要做什么工作？

2. 关于从太空看长城这个问题,美国专家理查德·安德伍德是什么看法?

七、再听一遍第六、七两段,选择正确答案:

1. "从太空中能看到长城是宇航员们的主观看法"这句话是什么意思?

  a. 能从太空中看到长城是宇航员们自己的看法。

  b. 能从太空中看到长城是宇航员们的主要看法。

  c. 宇航员们误认为能从太空中看到长城。

  d. 能从太空中看到长城是宇航员们的一般看法。

2. 根据美国专家理查德·安德伍德的看法,人的眼睛从250公里的高度上能不能看清10米宽的东西?

  a. 能 b. 不能 c. 可能

3. 在长城的北边有什么东西?

  a. 风沙 b. 沙石 c. 霜雪

八、再听一遍全文,回答下列问题:

1. 从宇宙航天飞机上看地球上的长城应该具备哪三个条件?

2. 美国专家理查德·安德伍德认为从太空中不太可能看到地球上的长城,他的根据是什么?

乙 不到长城非好汉

王平:哎,方明,暑假过得怎么样?唷,怎么晒黑了。

方明:啊,整个暑假把我晒脱了一层皮,你猜我干什么去了?不告诉你,你准猜不着。我一个人骑自行车沿着长城来了个骑车旅行。喏,这是我沿途拍的照片,你看看。

王平:嚯,看不出来啊,你还有这样的雅兴!哎,方明,你这照片可照得不怎么样啊,你怎么站在一道土堆前留影啊!?这有什么可照的,什么风景也没有哇!

方明:嘿——,这你就外行啦。你再看看,仔细看看,这可不是什么土堆,它可是长城,秦代的长城!万里长城就是从这儿开始的呀!你知道嘛!

王平:方明,你不是学化学的嘛,怎么转眼成了考古专家了?你可别蒙我,长城的历史我还是了解一些的。

方明:谁蒙你了!这个暑假我走了很多地方,我从天安门广场出发,先来到八达岭长城,然后骑车到山海关,从长城的尽头——老龙头开始,一直向西骑去。这张照片就是我在甘肃临洮拍的,你没听说过吗?万里长城起于临洮。

王平:方明,你怎么突发奇想,想起骑车游长城了?这多累啊!再说一个暑假你走得完吗?那可是万—里—长城啊!

方明:嗨!这有什么。咱们不是常说不到长城非好汉嘛,我就是要当当这个好汉。我不光要登上北京明代的长城,我还要登上历代所修的长城。不过,需要说明的是,这次全部行程并不都是骑自行车走的,嗯——,你真的想象不到,有的路实在是太难走了，有一半路程我不得不坐火车完成。

王平：是呀，我早就说了嘛，困难一定不少！怎么样？收获不小吧！都有什么见闻？

方明：哎呀！收获确实不小！没想到长城沿线风景那么壮观，置身于大自然，忘却了人世间的一切烦恼，那种感觉真是……，真是……，唉，王平，你真是无法想象那是一种什么样的感觉。

王平：哎，哎哎！别自我陶醉了，我的长城"专家"！该走了，讲座就要开始了，你还去听不去了？！

练　　习

一、听一遍全文，简单回答下列问题：
　　1. 这两个人主要在谈什么？
　　2. 最后这两个人要去干什么？
二、再听一遍全文，选择正确答案：
　　1. 暑假过后，方明看起来有什么变化？
　　　　a. 瘦了　　b. 胖了　　c. 黑了
　　2. 方明站在哪儿照了一张相？
　　　　a. 土堆前　　b. 明代长城前　　c. 秦代长城前
　　3. 方明的专业是什么？
　　　　a. 考古　　b. 历史
　　　　c. 化学　　d. 数学
　　4. 方明在谈到他走的路线时，谈到了几个地名？
　　　　a. 五个　　b. 四个

c. 六个　　d. 三个

5. 这次旅行，给方明印象最深的有以下哪几个？

　　a. 路太难走

　　b. 人非常热情

　　c. 长城附近的风景很美丽

三、再听一遍全文，判断正误或选择正确答案：

1. 长城从老龙头开始，到甘肃临洮结束。

2. 方明的旅游全部行程有一半是骑自行车完成的。

3. 方明说："整个暑假把我晒脱了一层皮"，这是一种什么说法？

　　a. 比喻　　b. 夸张　　c. 讽刺

4. 方明的朋友不相信方明能骑车游长城，他说："那可是万—里—长城啊"，这位朋友的话是什么意思？

　　a. 强调长城的路很难走

　　b. 强调长城很伟大

　　c. 强调长城非常长

　　d. 强调长城历史很悠久

5. 最后，方明的朋友说"别自我陶醉了，我的长城'专家'"这位朋友说话时是什么口气？

　　a. 讽刺　　b. 赞赏

　　c. 羡慕　　d. 夸张

四、画出方明旅游的路线图：

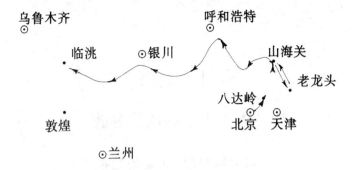

五、回答问题：

方明为什么要骑自行车游览长城？

六、根据对话，填空并朗读：

1. 这是我<u>沿途</u>拍的照片。
2. 你还有这样的<u>雅兴</u>！
3. 这你就<u>外行</u>啦！
4. 你怎么<u>转眼</u>成了考古专家了？
5. 这次旅行有什么<u>见闻</u>？

七、讨论：

1. 你喜欢旅游吗？一般用什么方式旅游？
2. 你都到过什么地方？给你印象最深的是哪些地方？
3. 你觉得骑自行车旅行怎么样？

第十二课

甲 人民币上的风景名胜

钱,几乎人人每天都要用,可是恐怕很多人都没有注意到人民币上有"风景名胜"。

一九八七年四月起,中国人民银行陆续发行了新版人民币。新版人民币正面的图案分别是新中国创始人、工农群众或部分少数民族的人头像,背面图案则是六个美丽奇特的风景名胜区。

100元人民币的背面图案是井冈山。井冈山在江西省西南部。这里山高谷深,林木茂密,泉水、溪水从中流出,夏季气候凉爽,是避暑旅游胜地。另外还有大型溶洞和许多珍贵的动植物,属国家保护的一、二类动植物有灵猫、云豹、华南虎和香果树、铁杉等,还有井冈山特有的植物杜鹃、猕猴桃、寒竹等。特大石灰溶洞叫石燕洞,全长一千米,洞中景色十分迷人。

50元人民币的背面图案是黄河壶口瀑布,它在山西省和陕西省的交界处。这里黄河宽500多米,从30多米高的石崖上倾泻下来,而下边却只有宽度仅30多米的深槽,河水再从槽内飞出,形成非常壮观的壶口瀑布。附近还有许多人文景观和绮丽风光。这里的风景区主要以河川瀑布为特征。

10元人民币背面是喜马拉雅山的珠穆朗玛峰。它是世界上最高的山峰，平均海拔6000米。山顶常年有雪，附近冰川遍布。山上有一个冰洞，如水晶世界一般。珠穆朗玛峰北坡极难攀登，登山队员都以能从这里登上峰顶为荣。

　　5元人民币的背面是巫峡，它是长江三峡中最长的，达42公里。两岸的山峰象刀削一样，水深流急，江面最窄的地方不到50米。这里的巫山十二峰高出江面一千到两千米，天空中的云雾像轻纱一般，将山峰遮盖，朦朦胧胧，为三峡中最迷人之处。附近有白帝城、古代悬棺等人文景观，是以大江险峡为特征的风景区。

　　2元人民币的背面是南天一柱，它在海南省三亚市西的"天涯海角"风景区内。这里巨石耸立，浪花如雪，海与天连在一起，景色十分壮观。海边一块参天巨石上刻着"南天一柱"四个大字。

　　1元人民币的背面是长城，长城雄伟壮观，横跨河北、北京、山西、内蒙古、陕西、宁夏、甘肃七个省、市、自治区，全长6700多公里。长城沿线有许多国家级重点风景名胜区。

　　有机会的话，您不妨到这些地方去看看，实地领略领略这无限的风光吧！

　　（根据1991年1月27日《经济日报》同名文章改写）

练　　习

一、根据课文内容，回答下列问题：

1. 文中介绍的人民币是什么时候发行的？
2. 人民币正面的图案是什么？
3. 人民币背面的图案是什么？
4. 介绍的面额最大的人民币是多少？最小的是多少？
5. 登山运动员以登上何处为荣？
6. 文中介绍了几个地方？

二、试描述井冈山的特点：
    提示：地理状况、气候、动植物、溶洞。
三、壶口瀑布的特点是什么？
    提示：位置、如何形成、以何为特征。
四、试描述珠穆朗玛峰：
    提示：高度、冰洞、何处最险。
五、巫峡有什么特点？
    提示：位置、地形、最迷人之处、以何为特征。
六、"南天一柱"有什么特点？
七、课文介绍了长城的什么方面？

乙　我想自由几天

孙：小王，整理东西哪，要去哪儿？
王：噢，我明天一早要坐火车到武汉，再从那儿坐船到三峡去。
孙：你真行，一个人都跑了半个月了，还跑！
王：这是我的计划呀。现在不是要搞三峡工程了吗？万一三峡不能保存下来，将来想看可就来不及了。
孙：那是值得一去。哎，你的胶卷那么多，连冲带洗得花多少钱呀！
王：好多地方也许一辈子只去一次，值得啊。
孙：小王，你去过的地方那么多，最喜欢哪儿呀？
王：我登过泰山、爬过华山，还上过庐山、黄山等好多名山。那些地方美是美，就是人太多。人一多景色就破坏了。我觉得数张家界最棒，走着走着就只剩你一个人了，很能让你感觉到城市里感觉不到的气氛，纯粹是在大自然的怀抱里。我呀，还有一个心愿，就是去趟西藏，不知明年能不能去成。
孙：你跟我们可不一样。这次要不是出差，我都五年没有出过门了。每天坐班工作，八小时都在单位里，回家就得忙吃的，整天团团转。再说就是有时间，又哪能只顾自己玩呢，有家有孩子，一个月的钱就那么多，把钱花在旅游上，到底有点心疼呀！
王：那倒是，要是我有家有孩子，可能也由不得自己。不过现在还自由自在，怎么快乐怎么来。
孙：哎，我挺奇怪，你有男朋友，怎么不一起出来玩呢？
王：他在公司忙他的事，没时间陪我出来。再说平时老在一起，我想再试试一个人出门的滋味。不管别人，也不要别人管，多轻松啊！
孙：真是现代派。不过你还小，二十五六岁，还能玩几年。
王：（笑）哪儿呀！说实在的，小孙，这辈子再也不会有那样的好时光了，上个月我就进"而立之年"了。
孙：什么？这么说咱俩差不多大，真不敢相信！看我这样子，少说也像大你五岁。你简直就像刚毕业的大学生，真年轻!

王：不过你的生活内容可比我丰富多了。和你比，我是不是显得单调了点儿？

孙：这看怎么说。我有一个体贴的丈夫，还有一个可爱的女儿，工作嘛，也还像那么回事。按理说我该知足了，可这次出来我又觉得到底跟原来不一样了，生活的希望开始转到孩子身上，可能是真的老了！

王：话不能这么说。你这么爱你的家，他们一定也离不了你。就为这一点，我想你应该是很幸福的。人就怕没人需要呢。

孙：你真会说话。其实这次出来我也挺高兴，自由了几天。不过我这人说来说去还是没什么大出息。这不，我都想能快点回去了，还真有点想家了，明天我得挂个长途。哟，时间不早了，明天要起大早，咱们躺下说话吧。

王：哎！

练　　习

一、根据对话内容，回答下列问题：
　　1. 小王明天要到什么地方去？
　　2. 小王为什么要去三峡？
　　3. 小王为什么不太喜欢名山？
　　4. 小王最喜欢哪儿？为什么？
　　5. 小王怎么不和男朋友同行？
　　6. 小孙家里有几口人？

7. 小孙这次出来有什么新感觉?

8. 小孙的家庭怎么样?

二、根据对话内容,判断正误:

1. 小王已经去过了很多地方。

2. 小孙常常出差。

3. 小王还没去过西藏。

4. 小孙每天很忙。

5. 小孙不喜欢旅游。

6. 小王比小孙年轻5岁。

7. 小孙不太满意自己现在的生活。

8. 小孙还想多玩几天再回去。

三、根据对话内容,选择正确答案:

1. 小王和小孙是什么关系?

  a. 老朋友 b. 新朋友 c. 同事

2. 小孙可能是:

  a. 干部 b. 老师 c. 售货员

3. 小王和小孙住的地方不可能在哪个城市:

  a. 西安 b. 桂林 c. 长沙

四、听下列句子,选择正确答案:

1. "怎么快乐怎么来",这句话的意思是:

  a. 想干什么就干什么 b. 来这儿是为了快乐

  c. 人生的目的是快乐

2. "真是现代派!",对这句话应该怎么理解:

  a. 这是一种赞赏 b. 这是一种批评

  c. 态度不清楚

3. "话不能这么说",这句话的意思是:
   a. 我不太同意你的话　　b. 你的话有点道理
   c. 你应该换句话说
4. "你真会说话",这句话的意思是:
   a. 你的话很多　　b. 你说得很对
   c. 你的话让人听着高兴

五、对话中的这两个女性的言行代表了两种生活追求,你周围的女性有什么样的特点?试举一例。

第十三课

甲 同名现象的解决办法

①据报道，同名太多的问题，在中国十分突出。中国字虽有好几万，可是常用的不过三五千。用这三五千字来给十多亿人起名字，难免就会重复。例如天津这一个城市里就有2100多个张颖，2300多个张力。由于同名太多而引起的种种麻烦和误会是可以想象得到的。这个问题必须尽快地想办法加以解决。

②过去人们给孩子起名，有一套规则，要好听，要吉利，希望将来能有前途，一些所谓的"好字"自然就用得多。如男的用"伟大"的"伟"，"勇敢"的"勇"；女的用"美"、"丽"等表示漂亮的词和使用"菊"、"梅"等花名。还有人喜欢用纪念日、出生地等起名，如"建国"、"京生"等。名字里都有一定的含义。

③中国人的姓名过去大多是单字姓，双字名。近年来，社会上流行单名热，使同名现象更加严重起来。有人提议鼓励取双字名以减少一些重复。但这不是一下子就能改观的。前不久听说沈阳有五千个王玉兰，而在某大学的一个系就有三个陈志坚，而且是两个男学生，一个女教师。看来只是避免单字名并不能解决问题，而且对已经出现的同名现象更是无能为力。谁愿意把已经使用了挺长

时间的名字改掉呢？

④又有人提议使用双姓，就是说孩子不仅继承父姓而且同时继承母姓，这样就可以得到一个双姓了，但这样一来，再下一代就会由双姓而产生四字姓，再进而产生八字姓和十六字姓，显然无法不断推演下去。当然这个办法可以只实行一两代，但它也不能解决根本问题。

⑤还有人提出允许人们创造一个新姓，不继承父母的姓。但姓是一个家族的标志，已经有数千年的历史了，除非自愿，要强迫大多数人改变以往继承父姓的习惯是行不通的，因而无法期望由此而解决同名太多的问题。

⑥有没有一个简单有效的办法呢？有人最近主张恢复古代一名一字的传统，规定每人都必须取一名一字；至少已经同名的人可以用这种办法加以区别。

⑦一名一字的办法在中国已有千年以上的历史。目前许多人都有小名，有些人还有笔名。这些小名或笔名，就可以作为字来用。在小范围内不同名时，可以只用名不用字，一旦出现同名时，就名和字兼用。当然，即使这样仍有可能名和字都相同，但毕竟数量极少了。

⑧这样一来，同名太多的问题或许可以得到适当缓解了，不过，对文化程度较低的广大农民来说，这办法怕也很难行得通吧！

（根据《群言》1991年第8期载非斯《同名太多，如何解决》一文改写）

练 习

一、听第一段，回答下列问题：

1. 同名的原因是什么？
2. 为什么要解决同名问题？

二、听第二段，回答下列问题：
1. 过去人们给孩子起名有什么讲究？
2. 什么样的字用得较多？
3. 男女所用名字各有什么特点？

三、听第三、四段，回答下列问题：
1. 用双字名能不能解决同名问题？
2. 用双姓能不能解决同名问题？

四、听第五段，判断正误：
1. 自创新姓是个好办法。
2. 新姓容易被人接受。

五、听第六、七段，回答下列问题：
1. 中国古代有什么样的起名传统？
2. 用中国古代的起名方法起名有什么好处？
3. 什么名字可以作为字使用？
4. 什么时候可以只用名不用字？
5. 什么时候必须名、字都用？
6. 这里谈到的起名办法能不能彻底解决同名问题？

六、根据课文内容，判断正误：
1. 本文没能解决同名问题。
2. 本文列举了五种起名办法。
3. 作者反对所有的起名办法。
4. 中国人一般继承父姓。
5. 中国人都有小名。

6. 古代有文化的人才用字。

七、以下是一些人名，请试着判断一下性别：

张莉莉　　钱勤发　　赵铁柱　　刘小芳
王家祥　　郝琴

九、试判断以下人名的含义：

孙亚运　　范沪生　　卜如冰　　韩新春
邹怀鲁

乙　起名儿

女：孩子都快出生了，名字还没想好！你整天拿着词典查来查去，有什么新发现吗？

男：书都快翻烂了，还没找着好字呢，我不是一直在想着嘛！也别老靠我，你这个中文系的毕业生，也该动动脑筋才是呀！

女：我又不是没想过。孩子甭管男女，就叫张健，健康的健，希望他将来身心都能健康发展，有一个好的前途，可你不是给否定了吗？

男：这名字太大路货了，我们同事就有叫这名儿的。"健"当然有健康的"健"，可是跟那个贫贱的"贱"重了音，这哪行，不吉利！没准儿将来正好跟你的愿望相反呢。

女：那你父亲给起的"牧人"、"牧女"，不是很别致吗？你怎么也不用呢？

男：这个"牧"字，一听就是"放牧"，不知道的还以为跟牲口打交道呢。再说"牧人"，别人听了也不舒服，怎么能把人当牲口对待呀！

女：现在不是时髦把俩人姓合起来叫嘛，叫"张王"好不好？

男：你开什么玩笑！将来孩子大了，人家叫他小张，还是小王？再说这根本就不像个名字！

女：说着玩呢。其实名字不过就是个符号而已，只要把孩子好好培养出来，叫什么都是无所谓的事，谁能老琢磨别人名字的意思？关键还得看本人有没有本事。

男：依你这么说，那些"豆豆"、"心心"什么的也可以当名字用啦？

女：你别抬杠！

男：还是呀，你不也很在乎嘛！我希望儿子将来当画家，要是女儿呢，就当歌唱家。名字要能包含这个意思。

女：哪有那么理想的事！再说什么才算画家的名字，什么又算歌唱家的名字，我看可没有个规律。

男：反正名字得又好听又好记，还得有好的意思。哎，有了！你看这个成语怎么样？"文武之道，一张一弛"。本来的意思是说治理国家要有宽有严，现在常比喻工作生活中要合理安排，有紧有松，就叫"张弛"怎么样？将来干什么都井井有条。男孩女孩都可以用。

女："张—弛—"，"一张一弛"，嗯，听起来有点意思，不过我总觉得更像个笔名。这样吧，这个名字就先留着，咱们再慢慢看还有更好的没有。

男：你呀，都让我留了几个名字啦！看来不到上户口的时候你是不会罢休的。

练　习

一、根据对话内容，回答下列问题：
1. 男的手里拿着什么东西？
2. 为什么男的不同意用"张健"这个名字？
3. "牧人"这个名字为什么不好？
4. 男女二人各姓什么？
5. 男的希望孩子将来做什么？
6. 男的想了一个什么名字？有什么含义？

二、根据对话内容，判断正误：
1. 女的认为孩子肯定当不了画家、歌唱家。
2. 他们已经想了好几个名字。
3. 孩子的名字终于起好了。
4. 女的不如男的更关心孩子的名字。

三、根据对话内容，选择正确答案：
1. 起"牧人"、"牧女"名字的人是孩子的什么人？
   a．父亲　　b．爷爷　　c．姥爷
2. 女的认为孩子能不能成材，主要在于：
   a．能干不能干　　b．名字好不好
   c．是男还是女
3. 女的认为哪个名字像笔名？
   a．心心　　b．张健　　c．张弛

四、听下列句子，选择正确答案：
1. "我又不是没想过。"这句话的意思是：
   a．我已经认真考虑过了

b. 我还没考虑过
   c. 你想过，我也想过
2. "这名字太大路货了！"这句话的意思是：
   a. 这名字太少见了　　b. 这名字不好听
   c. 这名字太普遍了
3. "哪有那么理想的事！"这句话的意思是：
   a. 人的愿望不容易达到
   b. 人的愿望很容易达到
   c. 世界上没有理想的事
4. "嗯，听起来有点意思。"这句话是什么意思？
   a. 这个名字很有趣　　b. 这个名字好像还不错
   c. 这个名字很好听

第 十 四 课

甲 中国的"小太阳"

中国实行"一对夫妇只生一个孩子"的政策以后,独生子女越来越多了。据中国计划生育委员会统计,到1984年底,中国城乡居民已经领取独生子女证二千八百万张。照这样的速度发展下去,可以想见,用不了多长时间,大部分家庭都将只有一个孩子了。

大量独生子女的出现,不仅使中国的家庭结构发生了变化,而且也使大部分妇女从繁琐的家务中解放出来,使她们有更多的时间抚育子女,做一些自己想做的事。

不过,独生子女也带来了一些令人担忧的社会问题。据调查,大部分独生子女从小就受到父母的溺爱,连一些应该自己做的生活琐事,家长们也一律承包,不让他们自己动手。他们提出的各种要求,家长们也都想尽各种办法满足他们。这样一来,很大一部分独生子女从小就养成了任性、固执、自私的性格,而且往往经不起挫折,这对他们以后的成长、生活和工作都是很不利的。

在不少中国人看来,独生子女就是父母的一切,因此,父母望子成龙的心情非常迫切,恨不得孩子生下来就成龙成凤,读小学就成名成家。为了达到这个目的,在智力投资上表现得非常慷慨,电子琴、小提琴、钢琴、游戏机等，很多独生子女都有，并且为此而自豪。但随着年龄的增长，父母施加到他们身上的压力也越来越大。有的独生子女，只有三、四岁，除了上幼儿园以外，还要上各种补习班，学习外语、音乐等；上学以后，父母又希望他们每门功课的成绩都非常好，以便将来能考上大学，找到一份好工作。

尽管家长们在经济上的投资十分慷慨，所花的时间、精力无法估量，但是真正如愿以偿的并不多。就拿现在来说吧，很多家长花掉所有的积蓄为孩子买钢琴，他们以为自己的孩子经过一年半载的学习，就会走进音乐家的殿堂。其实，他们哪里知道，演奏钢琴是一门艺术，它不但要求具有听觉灵敏、心灵手巧、性格坚韧等素质以及一定的音乐天赋，还必须经过老师多年的指导，这些能力才能变成艺术修养，然后还要通过自己长时间坚持不懈的刻苦训练和不断地领悟，才能进入神圣的音乐殿堂。所以，众多学琴的儿童，最后能坚持下来的毕竟是少数，而成龙成才的就更少了。

究竟怎样教育独生子女呢？看来还是一个新课题。

练　习

一、听第一遍，选择正确答案：
　　1. 关于独生子女，课文中主要谈了什么问题？
　　　　a. 教育　　b. 生活　　c. 学习
　　　　d. 工作　　e. 健康
　　2. 作者对独生子女是什么态度？

a．担心　　b．高兴　　c．气愤

d．同情

3. 到1984年底，中国已有多少独生子女？

a．二千八百万　　b．二千万　　c．八百万

二、听第二遍，判断正误：

1. 用不了多长时间，每个家庭都只会有一个孩子。

2. 独生子女使中国的家庭结构发生了变化。

3. 家长们不让独生子女做任何事。

4. 家长们希望孩子上小学时就成为有名的人。

5. 家长们都为自己的孩子有电子琴、小提琴、钢琴等而感到自豪。

6. 许多家长为孩子买钢琴，他们希望自己的孩子会唱歌。

三、听第三遍，选择正确答案：

1. 有的独生子女三、四岁要做什么？

a．去幼儿园；学习外语。

b．去幼儿园；上各种补习班。

c．去幼儿园；学习音乐。

2. 上学以后，父母们希望独生子女学习很好的目的是什么？

a．找好工作　　b．考上大学

c．得到奖学金

3. 作者认为学钢琴的人必须具有什么样的条件？

a．听觉好，心灵手巧，性格坚韧，聪明

b．听觉灵敏，心灵手巧，性格坚韧，努力

c．听觉好，心灵手巧，性格坚韧，聪明，努力
　4．学琴的儿童，有多少人能坚持下来？
　　a．一半　　b．大部分　　c．小部分

四、指出下列哪些性格课文中没谈到
　1．任性　　2．固执　　3．骄傲
　4．随便　　5．自私

五、根据课文内容详细回答下列问题：
　1．出现大量独生子女有什么好处？
　2．作者为什么说父母溺爱独生子女？
　3．为了让孩子成名成家，父母们都怎么做？
　4．父母为什么给自己的孩子买钢琴？

六、在下列乐器前填上表示演奏的动词：
　　（　）电子琴　　（　）钢琴
　　（　）小提琴　　（　）鼓
　　（　）锣　　　　（　）笛子

七、下面每个词后各有三个解释，请选择正确的解释：
　1．溺爱
　　a．过分地爱　　b．特别地爱
　　c．爱死了
　2．自豪
　　a．骄傲　　b．得意
　　c．因为某种与自己有关的成就而产生的光荣感
　3．如愿以偿
　　a．自己的愿望实现了
　　b．像自己的愿望

c. 还给自己的愿望
4. 积蓄
   a. 存款   b. 节约下来的钱
   c. 用不完的钱
5. 听觉
   a. 听力   b. 对声音的感觉   c. 听到

乙　现在的孩子呀!

老王：这不是老李吗？你急匆匆去哪儿呀？

老李：哟，是老王啊，你看我这眼神，要不是你叫我，我还真没看见你呢。咱们都快两年没见面了吧。

老王：可不吗？自从你调离以后，我们就没见过，现在还像以前那么忙吗？

老李：我这个人在哪儿都闲不了。你怎么样？爱人、孩子都好吧？

老王：工作上，我们俩都挺称心的，高级职称都解决了，操心的就是我们那孩子，眼下就要高考了，可是人家还像没事人似的，该玩的时候玩，不该玩的时候也玩，真让人着急。唉，你的女儿怎么样？

老李：我那孩子用功倒是用功，可数学老是不开窍，在我看来，挺简单的问题，讲了几遍硬是不明白。我老觉得她好像缺点什么。

老王：孩子小，理解问题慢一点，多开导开导，我想还是能上路的。我觉得不开窍倒不可怕，可怕的是孩子不听话。我们那孩子，智力虽然还行，但脾气也够倔的，这一点，有点像她妈，谁的话都不听。这还不算，还说你什么跟不上时代啦，头脑僵化啦，不理解他们啦，我们之间存在着代沟啦，简直能把人给气死。唉，听老张说，单位派你出国讲学，你推辞掉了，有这事吗？

老李：我那孩子今年就升初中，眼下正是关键的时候，我哪儿还有心思出去呀？

老王：出去讲学可是难得的机会呀，你应该慎重地考虑考虑。

老李：我已经权衡过了，我总觉得出国事小，孩子升学事大。万一有个闪失，后悔都来不及。有我在，平时还能给她开开小灶，我一走，她能指望谁呀？

老王：你说的也是实际情况，这样的事赶到一块儿，还真有点为难。

老李：哟，都九点了，不能再聊了，机房里来电话说电脑出了点故障，催我去看看。

老王：哎哟，耽误不了你的事吧？你也不早说。

老李：没事儿，误不了。这是我的名片，以后可以给我打电话。

老王：好，你快走吧。

练 习

一、听第一遍，回答下列问题：
  1. 老李和老王是什么关系？
  2. 老李是在哪儿见到老王的？

二、听第二遍，选择正确答案：
1. 老李和老王多长时间没见面？
   a. 两年　　b. 一年　　c. 不知道
2. 老王的孩子在哪儿学习？
   a. 高中　　b. 初中　　c. 小学
3. 老李的孩子在哪儿学习？
   a. 大学　　b. 小学　　c. 初中
4. 老李要去哪儿？
   a. 教室　　b. 机房　　c. 鸡房
5. 他们见面是什么时候？
   a. 上午　　b. 下午　　c. 晚上
6. 老李是哪类人？
   a. 工人　　b. 商人　　c. 知识分子
7. 老李的工作跟什么有关系
   a. 养鸡　　b. 教学　　c. 计算机

三、听第三遍，判断正误：
1. 老王的眼睛不太好。
2. 老李不太忙。
3. 老李对什么都很满意。
4. 老王的孩子学习很努力。
5. 老王要出国讲学。
6. 老李每天给孩子做饭。

四、听第四遍，选择正确答案：
1. 老王的孩子是男孩还是女孩？
   a. 男孩　　b. 女孩　　c. 不知道

2. 老李的孩子是男孩还是女孩?
   a. 女孩　　b. 男孩　　c. 不知道
3. 老李认为自己的孩子怎么样?
   a. 聪明　　b. 有病　　c. 不太聪明
4. 老王认为老李的孩子学习不好的原因是什么?
   a. 年龄小　　b. 不听话　　c. 不用功
5. 老王的孩子脾气怎么样?
   a. 不好　　b. 好　　c. 倔
6. 老李为什么不想出国讲学?
   a. 工作太忙　　b. 孩子要升学
   c. 出国没意思
7. 老李给老王什么东西?
   a. 相片　　b. 电话号码
   c. 印有地址、电话号码的名片

五、根据对话内容,详细回答下列问题:
1. 老李为什么为他的孩子着急?
2. 老王为什么为孩子着急?
3. 老王为什么说他的孩子气死人?

六、下列每题后都有三个词语,请指出与划线部分相当的词语:
1. 我那孩子<u>用功</u>倒是用功,可数学老不开窍。
   a. 努力　　b. 花时间　　c. 练习武术
2. <u>多开导开导</u>,我想还是能上路的。
   a. 帮助帮助　　b. 启发启发
   c. 练习练习

3. 听老张说单位派你出国讲学,你<u>推辞</u>掉了。
   a. 拒绝　　b. 推翻　　c. 辞职
4. 我已经<u>权衡</u>过了,我总觉得出国事小,孩子升学事大。
   a. 商量　　b. 比较　　c. 分析
5. 我一走,她能<u>指望</u>谁呀?
   a. 依靠　　b. 希望　　c. 看着
6. 这样的事<u>赶到一块</u>,还真有点为难。
   a. 走到一起　　b. 一起出现
   c. 弄到一起

七、跟读下列句子:

1. 可不吗?自从你调离以后,我们就没见过。
2. 我这个人在哪儿都闲不了。
3. 出去讲学可是难得的机会呀,你应该慎重地考虑考虑。
4. 哎哟,耽误不了你的事吧?你也不早说。

第十五课

甲　报道三则

（一）

中央人民广播电台记者蔡晓林报道：商业部汇总各地的情况表明，目前全国各大中城市蔬菜购销量和销售价格比较平稳，供应的数量、品种正在不断增加，旺季的第一个高潮已经形成。今年入春以来，我国一些地区出现了气温偏低、降雨量增加、日照减少的不利气候条件，这给包括蔬菜在内的农作物造成了一定的损害。针对这一情况，各地农业和商业部门及时采取了抢种、补苗等措施，交通运输部门也大力配合，加强了蔬菜的调运。除蔬菜以外，今年以来生猪生产也出现了比较好的势头，国家统计局的统计资料表明，到五月底全国生猪存栏数达三亿九千万头，比去年同期增长 2.9%，一至四月份，国营商业食品公司收购和销售生猪分别比去年同期增长 6.4% 和 10.7%。

夏令时节，瓜果的产销情况也成为人们关注的热点。从目前商业部门掌握的材料看，今年的西瓜产量基本同去年持平，而优良品种要比去年多，早期瓜的上市量要比往年大，估计到七月中旬将达到上市高峰。

(二)

本台消息：广西推行封山育林的系统工程。封山育林与科学经营、改燃节柴相结合，现在全自治区封山育林面积达 900 万亩。

"封山育林"被外国人称为"中国造林法"，是一种投资少、见效快的绿化荒山的好办法。近几年来，广西各地林业部门进一步完善封山育林的措施，把封山育林当作系统工程来抓，实行"规模封育"，即按工程进行项目管理，同时实行改燃节柴。目前，全自治区有近二十个县进行了规划设计，出现了一批十万亩以上的封山育林工程。建设封山育林工程，保证了封山育林的成效，全自治区新增封山育林面积 380 万亩，使封山育林的总面积达到 900 万亩。

(三)

新华社伦敦消息：最近英国发明一种会说话的汽车防盗器。这种防盗器是一种微波警报系统，它在汽车周围形成一个微波场。当企图作案的窃贼进入微波场时，防盗器的语言合成装置会首先发出警告："请后退，你离车太近了！"如果那个人退出了微波场，汽车会说："谢谢你！"但如果那人继续靠近汽车，防盗器就会发出警报。当车主回到汽车上来时，防盗器还能告诉他："有人来侵犯过我。"

(中央人民广播电台广播稿)

练　习

一、听第一则报道,回答下列问题:
 1. 这则报道是哪里播送的?
 2. 这则报道重点谈了几个方面的内容?
 3. 部分地区今年春天的气候怎么样?
 4. 针对这样的气候,有关部门采取了什么措施?
 5. 今年生猪的生产情况怎么样?
 6. 在夏季,人们特别关心什么作物的生产情况?
 7. 今年西瓜的生产情况怎么样?

二、根据第一则报道的内容,判断正误:
 1. 现在市场上蔬菜特别丰富。
 2. 部分地区蔬菜产量超过了往年。
 3. 人们对猪肉的消费量降低了。
 4. 今年的早期西瓜产量比去年要大。
 5. 这是一则好消息。

三、根据第一则报道的内容选词填空:
 1. 供应的数量、品种正在不断增加。(提供、供应)
 2. 今年的西瓜优良品种要比去年多。(优秀、优良)
 3. 估计到七月中旬将达到上市高峰。(高潮、高峰)
 4. 生猪存栏数比去年同期增长 2.9%。(同期、同时)

四、听第二则报道,谈谈它是关于什么内容的?

五、第二则报道中谈到"中国造林法",它有什么特点?

六、近几年来,广西各地林业部门采取了什么措施?

提示词：系统工程　项目管理　改燃节柴
七、建设封山育林工程，有什么效果？
提示词：成效　新增面积　总面积
八、听第三则报道，判断正误：
1. 这是发自北京的一个消息。
2. 法国发明了这种新型防盗器。
3. 这种防盗器靠声波发出警报。
4. 防盗器里有录音装置。
九、根据第三则报道的内容，回答下列问题：
1. 小偷靠近汽车时，汽车会说什么？
2. 小偷退离汽车时，汽车会说什么？
3. 小偷若继续靠近汽车时，汽车会怎么说？
4. 主人回到车上时，汽车会告诉他什么？
十、你觉得这种汽车还有需要改进的地方吗？

乙　罐头的出路

李：哟，小赵，你也买菜？又是鱼又是虾的，什么好日子啊？

赵：李科长啊！哪有那么多的好日子，过星期天呗，我想好好做一顿改善改善。哎，您怎么买的都是瓶瓶罐罐？

李：噢，爱人的啤酒，孩子的可乐，还有些罐头花生、核桃什么的小吃。打开就能吃，多方便。我觉得忙了一个星期，该轻松轻松才是。

赵：提起罐头，我好久没买过了。今年春节我想做个荔枝菜露一手，原来估摸着准会有人送罐头来，可过了初三,也没见人拿来一个罐头瓶。
李:现在谁还送这个呀,都讲究个新鲜。说实在的,我家床底下还放着我爱人生病时朋友送的 20 多瓶罐头呢,都两年了,谁也不肯吃。
赵:可不,商店里、小摊上老见写着"罐头大甩卖"。我弟弟爱人说他们那个副食店一天撑死只卖出 20 来瓶。赶上运气不好,三五天也卖不出去一个。对了,昨天新闻里也说最近罐头市场萧条,尤其是水果的,人家还分析了一番原因呢。
李:我也听了。新鲜水果越来越多,南方的水果在咱们这儿也常能买到。就是在水果淡季,也能买到鲜荔枝、鲜菠萝呢。
赵:要是算算帐,凭什么要买罐头啊。一块五能买到挺不错的桔子,可差不多四块钱才能买到一个罐头,充其量也不过一斤半。
李:以前罐头可是老人、病人、孩子的营养品呢。近两年,北方人也跟南方人一样讲究吃活虾、生鱼、生菜。营养全哪!再说水果高温加热,细菌杀死了,可维生素也溜走了。吃了没营养,谁还吃啊!
赵:罐头越来越不景气,好像要垮台了似的。
李:不过罐头储存时间比较长,到底是方便食品,对于生活节奏快的人们还是用得着的,关键是里边的内容得跟上时代变化。我倒挺喜欢用罐头食品的,可惜品种太少了。
赵:哎,对了,我也发现现在罐头不像以前是清一色的玻璃瓶、清一色的水果了。像什么蘑菇、竹笋都挺多的。我还见过一种粥罐头呢,说是风味食品,还是软包装的呢!

李:几十年不变的老面孔,谁不腻呀!罐头厂的厂长们真该在罐头内容上多下下功夫。要是肯动动脑筋,没准儿罐头还会卖出大价钱呢。

赵:哈,李科长,听您说得头头是道,干脆您辞了职去开个新式罐头厂吧!

李:要是能在马路上捡个一二百万的话,我就开!

(根据中央人民广播电台综合节目广播稿改编)

练 习

一、根据对话内容,回答下列问题:
1. 小赵买了什么东西?
2. 李科长买了什么东西?
3. 她们俩人怎么安排休息日?
4. 小赵春节时做了荔枝菜吗?
5. 李科长家为什么有那么多的罐头?
6. 小赵亲戚所在的副食店罐头销售情况怎么样?
7. 什么样的罐头最不好卖?
8. 罐头价格怎么样?
9. 现在北方人讲究吃什么?
10. 为什么说水果罐头没营养?
11. 现在的罐头市场上又有了些什么新内容?
12. 李科长希望罐头厂的厂长们做些什么事?

二、根据对话内容，判断正误：
1. 今天是星期天。
2. 小赵不喜欢用罐头。
3. 李科长做饭喜欢简单方便。
4. 小赵饭菜做得很讲究。
5. 现在水果罐头都是玻璃瓶装的。
6. 李科长家的罐头都坏了，所以谁也不肯吃。
7. 水果罐头常低价销售。
8. 现在北方一年四季都能买到新鲜水果。
9. 水果罐头味道不好。
10. 罐头品种比以前多起来了。
11. 小赵吃过一种粥罐头。
12. 李科长打算开一个罐头厂。

三、请问你买过什么样的罐头？喜欢什么样的罐头？
四、结合对话，谈谈你对罐头市场的看法。

第十六课

甲 减肥新招

①保健专家最近给人们提供了一个新的减肥方法——吃零食。

②经过对几所大学的试验,证明这种方法确实有效。这是因为少餐多吃,体内一次获得的热量就会超过身体需求,多余的热量储存起来,就成为脂肪。

③大多数人都可以通过吃零食来控制体重并增进健康,只是要遵守以下几点原则:

(1) 少吃经过加工的零食:

④长期以来,营养专家一直警告说,许多经过加工的零食都只能提供无用的热量,完全不含必需的营养成分。不过也有一些经过加工的小吃是可以常吃的,比如脆饼干(不加盐的更好),因为它不是油炸的;还有爆玉米花,热量少而纤维多。

(2) 小心选择零食,配合营养需要:

⑤学前儿童应以下列食品为零食:切成小片的肉类、水果、饼干、烘烤的谷类食物、稍微煮一下的蔬菜及牛奶制品。

⑥大多数青少年的正常膳食所含的钙都不够身体所需,因此他们应该选择牛奶、意大利薄饼和特瘦牛肉、干

酪、汉堡包。

⑦和青少年一样，老年人也需要含钙丰富的食物，但这些食物的脂肪含量必须很低。此外应再吃些鸡肉和鱼类以补充蛋白质、铁、锌和维生素乙，生蔬菜也必须吃，它可以补充维生素甲和丙。

（3）吃零食的时间应适当：

⑧人吃东西后四到六小时，肝脏就会耗尽它所储存的碳水化合物，这时人会感到疲倦，甚至头痛。如果想一天到晚都精力充沛，最好不要连续五个钟头以上不吃东西。美国一项研究结果表明，下午吃点零食还可以增进脑力，特别是在三四点之间。

（4）细读包装上的说明：

⑨有的包装上写着"清淡"，却并不表明它含热量就少，也可能只是颜色或味道较淡而已。说明上写"不含胆固醇"，却不一定不含脂肪。它可能不含动物脂肪，而含有丰富的饱和植物脂肪，同样能引起胆固醇升高。

（5）吃零食与运动双管齐下：

⑩运动的同时只吃有益健康的食品，是收效理想的减肥方法。两者都有助于控制食欲，增加体力，促进身体的新陈代谢。

⑪运动量无论大小，都能使你身心愉快。只要你感到愉快，你就能吃更多的有益健康的零食，并因而获得更愉快的感觉。

（根据美国《读者文摘》中文版1992年第1期《吃零食可以减肥》一文改写）

练 习

一、听第一、二、三段，回答下列问题：
 1. 谁给人们提供了一个减肥新方法？
 2. 为什么说这一新方法有效？
 3. 人们一般怎样安排饭食？
 4. 人体内的脂肪是怎样形成的？
 5. 吃零食有什么好处？

二、听第四段，回答下列问题：
 1. 这个要求是什么？
 2. 怎样才能从零食中得到最大好处？

三、听第五、六、七段，从所给食品中挑选合适的填入下列表格：

　　　牛奶制品　　生蔬菜　　鱼　　牛奶　　水果
谷类食物　　饼干　　肉类　　煮过的蔬菜　　鸡肉
瘦牛肉　　干酪

 1. 适合下列三种人的食物：

儿童	
青少年	
老年人	

 2. 含不同营养成分的食品：

蛋白质	
钙	
铁、锌	
维生素	

四、听第八段,回答下列问题:
1. 这个原则是什么?
2. 什么时候人会感到疲倦?
3. 下午吃零食有什么好处?
4. 下午什么时间吃零食最好?

五、听第九段,回答下列问题:
1. 这个原则是什么?
2. 包装上写"清淡",是否含热量就少?为什么?
3. 包装上写"不含胆固醇",应怎样理解它?

六、听第十、十一段,回答下列问题:
1. 这个原则是什么?
2. 要想减肥效果好,应该怎么做?
3. 这样做有什么好处?
4. 吃零食、运动、愉快三者之间有什么关系?

乙 到海边去

学生：王老师，您这张画真美！（念）："画于黄金海岸"。黄金海岸就是秦皇岛那边的那个？

老师：对，在北戴河南边。你看蓝海、黄沙，再配上人们五颜六色的泳装，漂亮吧？哎，对了，你假期也可以去一趟啊！

学生：我正想跟您商量呢。听说现在有专线到那儿，当天就能打个来回。花上个把星期就能玩得很尽兴，真是这样吗？

老师：是啊。高考也结束了，也该好好轻松一下子了。

学生：说来不好意思，我长这么大一直是旱鸭子，去年才刚能在游泳池里扑腾几下。要是去那儿待上一个星期，不知能不能学会游泳？

老师：其实多呛上几次水，人也就逼出来了。我当年游泳是跟着父亲学的，哪用过什么救生圈。父亲看着我在水里扑腾，我喊"救命"他都不理，等我真不行了他才把我弄到岸上。

学生：您父亲的办法真绝！我没去过海边，在海里游和在游泳池里游不太一样吧？

老师：其实练习的时候都差不多。就是在海里游泳后不用水冲一下不行。你知道海水是咸的，可以晒盐。要是不用淡水冲冲，那身体表面不就成了一个晒盐场了吗？

学生：那我也就成咸肉干了！我明白了，盐容易吸水，晴天吸收皮肤的水分，皮肤会干燥；阴天又吸收空气中的水分，身上会发粘。

老师：到底是学理科的。另外，盐粉对衣服损害也挺厉害的。

学生：其实在一般的游泳池里游泳也得冲一冲才行。为了消毒，池水里放了不少漂白粉，去年我没戴游泳帽游了几天，头发变得又干又黄，可不得劲儿了！

老师：可不是。（笑）你看人们还一个劲儿地奔海边，花钱买罪受呢！

学生：瞧您说的！我虽然没去过，可从电影电视上，还有这画儿上，也知道了大海的模样。不说那水天无边的景色让人留恋，光那海边的沙石贝壳，就够让人着迷的了。冲这两点，怎么也得去一趟。

老师：其实在海里游泳还确实能增进健康呢。海水的温度刺激、海浪的机械刺激、海水中含有的大量盐类的化学刺激，都能促进身体的循环和呼吸系统的活动。有这么多的好处，当然去海边的人就相当多了。

学生：这么说，我更该去凑凑热闹了！

练　　习

一、根据对话内容，回答下列问题：
　　1. 王老师家有幅什么画？
　　2. 这个中学生去过黄金海岸吗？
　　3. 在那儿呆多长时间可以玩得很尽兴？
　　4. 这个中学生的游泳水平怎样？

5. 王老师是怎样学会游泳的？
6. 在海里游泳后为什么必须用淡水冲一冲？
7. 盐粉在晴天、阴天吸收水分有什么特点？
8. 在游泳池里游泳后为什么也得冲一冲？
9. 中学生认为在海滨什么东西吸引人？
10. 王老师谈了海水浴的几个好处，你能举出来吗？
11. 谈话是在什么季节？

二、根据对话内容，判断正误：
1. 王老师去过黄金海岸。
2. 王老师的画是买的。
3. 王老师的父亲游泳水平很高。
4. 中学生的头发又干又黄。
5. 中学生从未见过真正的大海。

三、"旱鸭子"、"扑腾"、"咸肉干"在本文中表示什么意思？

四、你在假期里爱到什么地方旅游？为什么选择那里？

第十七课

甲　喝酒请到内蒙去

①内蒙人很爱喝酒，他们把喝酒当成一种衡量友谊、感情和面子的尺度。如果去他们那儿作客，你喝得越多，就越够朋友，最好是醉得一塌糊涂，主人便觉得风光十足，极有面子，并为此感动不已。

②那天，我们开车横穿大草原，奔向北方的中蒙边境。陪同我们的蒙族小伙子那斯图的丈人家刚好在前方草原上。早上路过家门时，他把我们拉进去，他的老丈人、丈母娘和妻子的三个妹妹全体出动，摆了一桌的奶茶、奶酪、奶豆腐等等，外加一瓶58度的"老窖"。为了表示对客人的敬意，二妹还特意戴上礼帽，双手捧着哈达和银碗，挨个轮着给我们敬酒。大妹和三妹，在旁边用蒙语唱着一首首"敬酒歌"。可知道，这些天来，酒天天与我们相随，此刻，昨夜的酒意还未消哩！但感情难却，同伴们只好每人喝了一口，轮到《人民日报》的一位同伴时，他举碗向主人致意，随即把满满一碗酒全喝光了。这时，姑娘的歌声一下子提高了音调，变得亢奋起来。特别是那年近七十的老人，脸上泛着红光，看看这个，望望那个，激动得很想说些什么，眼光霎时明亮起来，慢慢地涌出了闪闪的泪花。

③内蒙人敬酒,往往是"开席先干三杯",客人如果不喝,满座就会不高兴。如果是家中老人敬酒,你就应该起身双手接过来,怎么也得意思意思。

④内蒙人世世代代的豪饮,形成了一套喝酒的礼节,繁衍出一种独特的"酒文化"。在正规场合,或是尊贵的客人来了,除了银碗、哈达外,还要有一群身着民族盛装的青年男女,站在旁边为你唱歌敬酒。你不喝,就一首首给你唱下去,直到你喝完为止。如果遇到这种场合,客人接过酒后,应双手捧住,等歌声停下来以后才喝。如果你要表示敬意,便可左手端碗,抬起右手,用掌心按按头顶,表示你戴上帽子了(戴帽子敬酒表示敬意);接着,拇指和无名指沾沾碗中酒,向天空一弹,表示"敬天";再沾一下酒向下弹,表示"敬地";最后沾一下酒环绕面前一弹,表示敬了众人,然后才喝下去。如果你不喝完,主人双手捧哈达,弯腰向你再请一下,歌声又起,不由得你不干完。

⑤最奇特的还有什么"上马酒"、"下马酒"。离开苏尼特右旗的那天中午,几位朋友为我们饯行,给我们敬62度的"特曲酒"。我们一行几个人中,当场就躺倒了三个。临走时,其中一位朋友还揣上两瓶"青城老窖",跳上车送我们离境。车到岔路口时,他跳下来,一手抓瓶,一手抓杯,又挨个敬酒,说是"上马酒"。这时,谁还有勇气伸手接杯子呢!没想到他一下子单腿跪在我们的车前,低着头,双手高高举起酒杯。没办法,我只好硬着头皮喝了一杯,那位朋友才起身,他把瓶中剩酒洒在车前和车轮

上，祝我们一路平安。

（根据《南方周末》1991年8月30日载游雁凌
《内蒙古的酒文化》一文改写）

练　习

一、听第一遍，选择正确答案：
1. 作者是哪种人？
    a．游客　　b．记者　　c．商人
2. 那斯图丈人家有几口人？
    a．三口　　b．五口　　c．不知道
3. 在内蒙人家里作客,如果喝醉了,主人觉得怎么样？
    a．很高兴　　b．生气　　c．不好意思
4. 内蒙人主要喝什么酒？
    a．白酒　　b．啤酒　　c．葡萄酒

二、听第二段，判断正误：
1. "我们"是特意到那斯图丈人家作客的。
2. "我们"晚上在那斯图丈人家作客。
3. 二妹戴上礼帽，给我们敬酒。
4. 二妹双手拿着哈达和银碗。
5. 大妹、三妹用汉语唱"敬酒歌"。

三、听第二段，选择正确答案：
1. 二妹为什么戴上礼帽？
    a．表示敬意　　b．表示客气
    c．表示高兴
2. "我们"为什么只喝了一口酒？

　　　　a. 每天喝酒，喝不下去
　　　　b. 昨天晚上喝醉了
　　　　c. 表示客气
　　3. 那斯图的丈人、丈母娘多大年纪？
　　　　a. 七十岁　　b. 差不多七十岁
　　　　c. 七十多岁
　　4. 谁把满满一碗酒全喝光了？
　　　　a. 一个同学　　b.《人民日报》的一位记者
　　　　c. 一位朋友
四、再听一遍第二段，回答下列问题：
　　1. 那斯图丈人家都准备了些什么东西？
　　2. 那斯图的丈人、丈母娘激动的时候是什么样子？
五、听第四段，归纳要点：
　　1. 内蒙人的"酒文化"是什么？
　　　　①　　　　　　　　②
　　　　③　　　　　　　　④
　　2. 正规场合，客人接过酒后，应该怎么做？
　　　　①　　　　　　　　②
　　3. 怎样表示敬意？
　　　　①　　　　　　　　②
　　　　③　　　　　　　　④
　　　　⑤　　　　　　　　⑥
六、听第五段，选择正确答案：
　　1. 几位朋友为什么请"我们"喝酒？
　　　　a. 给"我们"送行

b. 表示敬意
　　　c. 不知道
　2. "我们"喝的酒多少度？
　　　a. 62度　　b. 55度　　c. 不知道
　3. "我们"有几个人喝醉了？
　　　a. 三个　　b. 几个　　c. 一个
　4. 临走时，一位朋友又带上几瓶酒？
　　　a. 两瓶　　b. 一瓶　　c. 三瓶
七、听第五段，回答下列问题：
　1. 车到岔路口时，一位朋友跳下车做什么？
　2. 我们不喝酒，那位朋友做什么？我们喝了以后，他又做什么？

乙　我也有同感

记者：冯教授，您好。我是《老年之友》的记者，今天来打扰您啦。

冯：哦，欢迎，欢迎。前几天你来电话说要来采访我，我觉得还真没有什么可谈的。

记者：您太谦虚了，您不仅是学术界的权威，也是我们《老年之友》的忠实读者。您今年高寿啊？

冯：已经七十了。

记者：您都七十啦！真看不出来，要我说呀，最多也不过六十出头。看来您对保养身体颇有研究哇。

冯：要说有研究还真说不上。我这个人吧，是个乐天派，生性好动，科研工作、社会活动虽然很多，但总要抽些时间出去活动活动，几乎每天坚持不懈，另外，我不沾荤腥，常年吃素，每天晚上喝两盅成了惯例。

记者：您都喝些什么名酒呀？

冯：我喝的酒再大众化不过了，像二锅头啊、杜康啊什么的。名贵的酒有时也喝一些，但现在很少买了。我觉得现在一般的酒质量有保证，掺假的少一些，名贵的酒相对来说，假冒伪劣的就多一些。再者，过去老喝这些酒，比较对胃口。

记者：您说得有道理，现在酒类假冒伪劣的还真不少，而且不容易辨认。您为什么每天都坚持喝两盅呢？您觉得喝酒对身体，尤其是对老年人的身体有好处吗？

冯：我每天之所以限量，是因为我的酒量很小，喝两盅正合适。我个人认为，老年人适当喝点酒是有好处的，它起着舒筋活血的作用，能够加快血液循环。现在，我的精力还很充沛，我觉得与我每天喝点酒有很大的关系。喝两盅酒以后，我总觉得身上热乎乎的，尤其是冬天，简直像有一道暖流在身体中流动。

记者：您说得真形象，说实在的，我也有同感。

冯：我这么说并不是鼓励老年人喝酒。能不能喝酒，一顿喝多少，要根据自己身体状况来决定。据我所知，患有肝、肾、胃病的老年人，千万不要饮酒，否则，会加重肝、肾、胃的负担，引起旧病复发或加重病情。患有高血压等疾病的老年人，同样也应该忌酒。

记者：您说得很对。今天耽误了您许多宝贵时间，非常感谢。

冯：不客气。

练 习

一、听第一遍，选择正确答案：
1. 这次谈话最有可能发生在哪儿？
 a. 办公室里　　b. 路上　　c. 家里
2. 对话中的年轻人是哪种人？
 a. 记者　　b. 学生　　c. 同事
3. 对话中的老年人是哪种人？
 a. 演员　　b. 学者　　c. 编辑
4. 对话中的老年人多大年纪？
 a. 七十　　b. 六十多　　c. 六十
5. 对话中的老年人和年轻人见面是约好的吗？
 a. 约好的　　b. 没约过　　c. 不知道

二、听第二遍，判断正误：
1. 对话中的老年人对年轻人提的问题不感兴趣。
2. 对话中的老年人看起来要年轻一些。
3. 对话中的老年人经常看《老年之友》。
4. 对话中的老年人专门研究怎样保养身体。
5. 对话中的老年人很忙。
6. 对话中的年轻人不喝酒。
7. 对话中的老年人建议老年人都喝点酒。

三、听第三遍，指出下列特点哪些是对话中的老年人所没有的：

快乐 好动 不吃荤 吃素 喝酒 抽烟 喜欢玩 喜欢工作 爱锻炼

四、听第四遍，选择正确答案：

1. 对话中的老年人经常锻炼还是不经常锻炼？
    a．经常锻炼   b．不经常锻炼   c．每天锻炼
2. 对话中的老年人每天都喝酒吗？
    a．每天喝   b．有时喝   c．经常喝
3. 对话中的老年人为什么很少买名酒？
    a．太贵   b．不喜欢喝
    c．不敢买，怕有假的
4. 对话中的老年人为什么每天只喝两盅酒？
    a．年纪大   b．酒量小   c．身体不好
5. 对话中的老年人认为喝酒有什么好处？
    a．加快血液循环   b．不怕冷
    c．使身体健康
6. 对话中的老年人认为自己精力比较好与什么有关系？
    a．喝酒   b．不吃荤   c．锻炼

五、根据对话内容详细回答问题：

哪些人不能喝酒，为什么？

六、下列每题后都有三个词语，请指出与划线部分意思相当的词语：

1. 看来您对保养身体<u>颇</u>有研究哇。
    a．很   b．专门   c．可
2. 要说有研究还真<u>说不上</u>。

a. 说不出来　　b. 不值得提
   c. 不够格
3. 我喝的酒再大众化不过了。
   a. 一般　　b. 跟别人一样
   c. 特别
4. 过去老喝这些酒，比较对胃口。
   a. 有兴趣　　b. 合乎口味　　c. 舒服

七、根据对话内容填空：

1. 您不仅是学术界的权威，也是我们《老年之友》的忠实读者。
2. 现在酒类假冒伪劣的还真不少，而且不容易辨认。
3. 您说得真形象，说实在的，我也有同感。
4. 我这么说并不是鼓励老年人喝酒。
5. 患有高血压等疾病的老年人，同样也应该忌酒。

第十八课

甲 中国古代饮食博览馆

①大家都知道,世界上有各种各样的博览馆,像钟表博览馆,飞机博览馆什么的,然而,不知您听说过没有,在中国有一家很有特色的博览馆,那就是南京市的中国古代饮食博览馆。

②古代饮食博览馆在中国还是第一家。这家博览馆看起来就像是一家比较大的餐馆,里面有一间间大大小小的餐厅,餐厅里放着一张张漂亮的餐桌,客人只要一坐下,服务员就会立刻送上一份菜单。中国古代饮食博览馆以吃作为独特的参观方式,你所选择的餐厅同时也是非常有趣的展厅。你身旁的服务员实际上就是馆内的讲解员,他们能够很清楚地给你讲解有关这个菜的历史传说,民间故事,当然这其中也包括告诉你怎样去品尝这顿美味。

③这家博览馆位于南京市非常热闹的太平北路上,与两旁时髦的商店比,它更吸引人。也许您想不到,创办这家博览馆的竟是一位年轻人。他向记者介绍说:"博览馆的大厅主要分为三类,一类是按菜肴的品种来区分的,这类展厅专门展览中国每个朝代民间和文人记录的美味佳肴,像人们知道的宋代大诗人苏东坡发明的'东坡肉',

以及小说《红楼梦》、《金瓶梅》中所记录的美味；另一类展厅是按朝代区分的；还有一类是综合展厅，馆内共有两座，一座是展览中国婚礼宴席的，一座是展览清代著名的'满汉全席'的，据说'满汉全席'的菜肴多达一百九十六道，厅内有一张大餐桌，直径3.5米，可以同时坐下24个人用餐。"

④为了使观众品尝到古代正宗美味，博览馆还严格按照古代菜谱精心制做这些名菜。不过，博览馆在做菜时也不打算过多地迎合现代人的口味，因为这些菜并不是为了满足现代人的食欲而做的，而是帮助人们欣赏古代饮食文化。例如周代有道菜，叫"fǔmǔ"，别看它名字很奇怪，其实就是用大米、猪油、蔬菜放在一起做的一种食品，因为那个时候生产力水平低，这些东西在那时已经是非常好非常贵的了，所以这种在今天绝对上不了席的家常食品，在那时可是一道名菜。这位杨馆长还介绍说，博览馆在根据古代菜谱做菜时也是有选择的，对那些以现在受保护的野生动物为原料的菜肴，博物馆是绝对不做的，参观者只能通过讲解员的介绍来了解是怎么回事儿。

⑤最后，杨馆长告诉记者，他还准备把这个博览馆扩充为中国古代衣食住行博览馆，更全面地介绍中国的古代文化。

（根据中央人民广播电台"午间半小时"节目改写）

练 习

一、听一遍全文，选择正确答案：

1. 课文中共提到了几种博物馆？
   a．两种　　b．三种
   c．一种　　d．四种
2. 中国古代饮食博览馆在什么地方？
   a．北京　　b．南京　　c．天津
3. 在这个古代饮食博览馆创办以前，中国有没有这样的博览馆？
   a．没有　　b．有　　c．不知道
4. 课文中提到一个年轻人，这个年轻人是干什么的？
   a．记者　　b．名人
   c．讲解员　　d．馆长

二、再听两遍第一、二段，回答下列问题：
1. 古代饮食博览馆看起来像什么？
2. 古代饮食博览馆有没有餐厅？
3. 客人坐下以后，服务员马上送来什么？
4. 古代饮食博览馆和一般的博览馆有哪些不一样的地方？
5. 古代饮食博览馆的服务员要给客人讲解什么？

三、再听两遍第三段，判断正误：
1. 古代饮食博览馆周围环境很好，很安静。
2. 古代饮食博览馆的领导年纪不大。
3. 有记者来采访古代饮食博览馆的馆长。
4. "满汉全席"是一种婚礼宴席。

四、再听一遍第三段，选择正确答案：
1. 博览馆的大厅分为几类？

a．一类　　b．两类
　　　c．三类　　d．四类
　2．这一段提到了几个菜的名字？
　　　a．一个　　b．两个
　　　c．三个　　d．四个
　3．发明"东坡肉"的人是干什么的？
　　　a．诗人　　b．厨师
　　　c．小说家　　d．教师
　4．这一段为什么谈到小说《红楼梦》和《金瓶梅》？
　　　a．因为这两本小说很有名
　　　b．因为这两本小说写得很精彩
　　　c．因为这两本小说的作者发明了许多美味
　　　d．因为这两本小说记录了许多美味
　5．这一段提到了中国几个朝代？
　　　a．一个　　b．两个
　　　c．三个　　d．四个
　6．厅内有一张大餐桌，可以同时坐下多少人吃饭？
　　　a．二十个　　b．二十七个
　　　c．二十四个　　d．二、三十个
五、再听两遍第四、五段，选择正确答案：
　1．这两段主要谈了以下哪几个问题？
　　　a．介绍一个周代的菜的做法
　　　b．为了满足人们的食欲而做菜
　　　c．重做古代菜肴的一些规矩
　　　d．讲解员如何讲解古代的菜肴

e．杨馆长今后的打算
　2．古代饮食博览馆做菜的目的是什么？
　　　a．为了满足现代人的食欲
　　　b．为了帮助人们欣赏古代饮食文化
　　　c．为了研究古代菜谱
　3．做"fúmǔ"这个菜不用以下哪些原料？
　　　a．菜油　　b．蔬菜　　c．小米
　　　d．大麦　　e．猪肉
　4．"这是一道绝对上不了席的家常菜"这句话是什么意思？
　　　a．这是一道绝对不好吃的家常菜
　　　b．这是一道一般的家常菜
　　　c．这是一道没有资格在宴会上出现的普通菜
　　　d．这是一道绝对不错的家常菜
　5．杨馆长介绍说博览馆绝对不做什么菜？
　　　a．上不了席的家常菜肴
　　　b．以野生动物为主要原料的菜肴
　　　c．非常贵非常有名的菜肴
　　　d．以现在受保护的野生动物为原料的菜肴
　6．杨馆长打算将来建一个什么样的博览馆？
　　　a．有关中国人穿衣的博览馆
　　　b．有关中国人住房的博览馆
　　　c．有关中国古人生活的各个方面的博览馆
　　　d．有关中国古代文化的博览馆

六、再听一遍全文，回答下列问题：

全文一共谈了哪几个问题?
①
②
③
④
⑤

乙　饮食与健康

《中国食品》杂志社为庆祝该杂志创刊十周年,特邀部分营养专家在京举行了"饮食与健康"讨论会。下面是讨论会的内容摘要。

专家甲:刚才冯教授说得好,的确,现在我们许多人的一日三餐安排得还很不科学,特别是早餐问题,有很多人不重视吃早饭,尤其是年轻人,早上起来总是随随便便吃一点或者一点也不吃。

专家乙:确实是这样。前不久我们搞了个调查,北京一所中学不吃早饭的学生占7.2%,有时吃有时不吃的占54.6%,每天都吃的仅占38.2%。我们都知道,青少年正处于长身体的时候,需要摄取足够的动物蛋白质和各种维生素,不安排好早餐,怎么能够满足孩子们长身体的需要,又怎么能够提高他们的健康水平呢?

专家丙:刚才两位教授都谈了早餐存在的问题,实际上,有许多人的晚餐安排得也很不合理。一个很大的问题就是吃得太多,吃得太好。吃得太多,就会引起消化系统的疾病,现在胃病发病率高,跟晚餐安排不合理不无关系。

专家甲:是的,我国这种以粮食为主的饮食结构是不利于国民身体素质的提高的,我们必须想办法改变这种结构。其实,在这方面,日本就有很好的成功经验。过去日本有着跟我国相似的饮食结构,以米饭为主。但是,二次大战以后,特别是从1973年起,日本的饮食逐渐由以大米为主的单一型结构变为以鱼肉、蛋、水果、蔬菜为主的混合型结构,这样就大大提高了国民的健康水平,平均身高增加了,平均寿命也延长了。

专家丁:接着刚才林教授的话,我也想说几句。我国的饮食结构当然要改变,日本的成功经验也是可以借鉴的,但是有一个问题一定要引起我们的高度重视,那就是随着人们生活水平的提高,食物太好、太丰富将会引起各种所谓现代社会文明病的上升,例如冠心病、高血压、肥胖症、糖尿病等等。因此,我们一定要平衡地安排好我国国民的饮食结构,切不可从一个极端走向另一个极端。

(根据李时明的《评奖后的反思》和汪嘉莹的《中、日、美三国人民的膳食结构比较》二文改写)

练 习

一、听一遍全文,选择正确答案:

1. 这篇谈话主要讨论了什么问题?

a．如何减少一日三餐的问题
　　b．应该不应该吃早饭的问题
　　c．中国和日本的饮食结构问题
　　d．一日三餐与人们身体健康的关系问题
　2．哪个单位举办了这个讨论会？
　　a．报社　　b．杂志社
　　c．医院　　d．医学院
　3．什么人参加了这个讨论会？
　　a．记者　　b．中学老师
　　c．专家　　d．厨师
二、再听一遍全文，简单回答下列问题：
　1．这个讨论会是在哪儿举行的？
　2．最不重视吃早餐的人是什么人？
　3．关于吃早餐的问题，一些专家调查了什么人？
　4．现在人们的晚餐有没有问题？如果有，是什么问题？
　5．现在日本人的一日三餐和中国人的一样不一样？
三、再听一遍全文，判断正误：
　1．这篇谈话是这次讨论会的全部内容。
　2．现在得胃病的人很多。
　3．胃病不是消化系统疾病。
　4．以粮食为主的饮食结构对身体素质的提高有好处。
　5．日本人健康水平的提高是由于日本人的饮食结构有了改变。

四、再听一遍全文，选择正确答案：

1. 青少年时期身体需要得到哪些营养？
    a. 足够的早餐
    b. 足够的动物蛋白质
    c. 足够的鱼、肉
    d. 足够的维生素

2. "得胃病跟晚餐安排不合理不无关系"这句话的意思是什么？
    a. 胃病跟晚餐安排不合理有点关系
    b. 胃病跟晚餐安排不合理没关系
    c. 得胃病一定是因为晚餐安排得不合理

3. 中国人的饮食结构是以什么为主的？
    a. 蔬菜、水果　　b. 鱼、肉
    c. 牛奶、面包　　d. 大米、小麦

4. 1973年以后，日本人的饮食结构是以几种食物为主的？
    a. 两种　b. 三种
    c. 五种　d. 六种

5. "日本的成功经验是可以借鉴的"这句话是什么意思？
    a. 日本的成功经验可以改变
    b. 日本的成功经验可以作为参考
    c. 日本的成功经验可以批评
    d. 日本的成功经验可以研究

6. 下列哪些病是"现代文明病"？

a. 冠心病　　b. 糖尿病
　　c. 消化系统的疾病　　d. 高血压

五、根据课文内容回答问题：

讨论会上，专家们一共谈了四个需要注意的问题，请问这四个问题分别是什么？

六、讨论：

1. 谈一谈你的一日三餐，特别是你的早餐。
2. 你觉得怎样的饮食习惯对身体有好处？

第十九课

甲　相声杂谈

①提起中国的京剧,不少人都知道;可说到相声,了解的外国朋友恐怕就不多了。那么,什么是相声呢?简单说来,相声是一门幽默夸张的口头艺术,以说为主,靠演员的一张嘴来表演,每当演员说到有趣的地方,观众一定会捧腹大笑。相传有人听了一段可笑的相声,当时笑得肚子都疼了,几年以后又向别人讲述,结果听的人仍旧笑得直不起腰来。由此看来,相声的感染力是多么地强呀!

②相声这门艺术最重要的基本功就是"说",嘴皮子不利索的就别想说相声。相声演员表演时不仅要说得清楚,说得流利,而且更要说得幽默,说得可笑,让观众在笑声中分清美丑,辨别好坏。因此,相声除了幽默夸张以外,还有讽刺批评的功能。中国人常说"笑一笑,十年少",意思是说经常开心大笑可以使人年轻,于是有人就半开玩笑地说,要想青春常在,应该常听相声。

③相声就其表演形式来说,有一个人表演的,也有两个人一起表演的;由一个人单独表演的叫单口相声,由两个人一起表演的叫对口相声。近年来,随着相声艺术的革新,也有人尝试表演群口相声,即由几个人一起合说的相声,不过,最常见的还是对口相声。

④对口相声由两个人合作表演,说的时候有主次之分,其中一人是主要的表演者,说得最多,我们称之为"甲";另外一人在旁边不断地插话,说些"什么"、"怎么了"、"对呀"、"是啊"之类的话,不断引出对方的新话题,我们称之为"乙"。乙虽然说得不多,但却时常在关键的时候插上一两句,为甲的表演增添不少幽默和情趣。

⑤相声表演的另一个重要基本功是"学",就是模仿。相声演员应该是个多面手,能学各种人说话,会说各地方言,总之,要学什么像什么,跟真的一样。在这方面,相声艺术大师侯宝林先生表演得就非常出色。侯先生曾经在相声小段《醉酒》中模仿过两个喝醉了酒的人,学得非常象。他是这样表演的:站在舞台上,用一只手扶着桌子的一角,做出很吃力的样子,两眼不动地看着前方。侯先生虽然动作不多,但却将醉汉酒后站立不稳的神态逼真地表现了出来。

⑥这就是中国的相声——能说会学,轻松幽默,观众听后常会开怀大笑。相声的魅力也正在于此。

(根据薛宝琨《相声杂谈》改写)

练　习

一、听一遍全文,简单回答下列问题:
　　1. 文章说知道相声的外国人多不多?
　　2. 相声一般由几个人表演?
二、听一遍第一、二段,选择正确答案:
　　1. 相声演员主要靠什么来表演?

a. 手　　b. 嘴　　c. 眼睛

　2. 相声演员在说相声时，应该做到以下哪几点？

　　a. 清楚可笑　　b. 流利幽默

　　c. 清楚、流利、可笑、幽默

　　d. 清楚、流利、利索、幽默

三、再听一遍第一、二段，选择正确答案：

　1."嘴皮子不利索的就别想说相声"这句话是什么意思？

　　a. 说话不流利的人不能说相声

　　b. 嘴不能说话的人不能说相声

　　c. 嘴不厉害的人别想说相声

　2."笑一笑，十年少"这句俗语是什么意思？

　　a. 经常笑，时间过得很快

　　b. 经常笑可以使人年轻

　　c. 笑一笑，可以年轻十岁

四、再听一遍第一、二段，回答下列问题：

　1."笑得直不起腰来"这句话是什么意思？

　2."有人半开玩笑地说"这句话中的"半开玩笑"是什么意思？

　3. 文章在第一段用了一个什么例子说明相声有很大的感染力？

五、根据第一、二段的内容，填空并朗读：

　1. 相声是一门幽默有趣的口头艺术，以说为主。

　2. 相声演员要让观众在笑声中分清美丑，辨别好坏。

　3. 相声还有讽刺批评的功能。

六、听两遍第三、四段,选择正确答案:

1. 相声一共有几种表演形式?

  a. 两种 b. 三种 c. 四种

2. 单口相声由几个人表演?

  a. 一个 b. 两个 c. 三个

3. "表演对口相声的两位演员在说的时候有主次之分"这句话是什么意思?

  a. 一位演员的表演很重要,另一位不重要。

  b. 一位演员是有名的,另一位不太有名。

  c. 以一位演员的表演为主,另一位为辅。

七、根据第三、四段的内容判断正误:

1. 对口相声一定是由两个人合说的相声。

2. 群口相声一定是由三个人合说的相声。

3. 在对口相声中,甲是主要的表演者,经常说些"什么、怎么了"之类的话。

4. 在对口相声中,乙虽然说得不多,但其表演也很重要。

八、再听两遍第五、六段,选择正确答案:

1. 相声表演的"学"是下列哪个意思?

  a. 学习 b. 模仿 c. 说话

2. 侯宝林先生学什么很像?

  a. 醉汉 b. 吃饭 c. 喝酒

3. 相声演员应该是一个什么样的人?

  a. 会说各地方言的人

  b. 学什么像什么的人

c. 想学什么就学什么的人
4. "相声的魅力也正在于此"这句话是什么意思？
a. 相声的魅力也正在开始
b. 这就是相声的魅力
c. 相声的魅力也正在这下面

九、再听一遍全文，根据课文内容给相声下一个准确的定义？（提示：①相声的特点。②相声的表演形式。）

十、学习下列有关"笑"的一些词语：

微笑　　大笑　　开怀大笑　　捧腹大笑　　笑口常开　　笑岔了气儿　　笑得前仰后合　　笑得眼泪都流出来了　　笑得肚子都疼了　　笑得直不起腰来

乙　相声：打电话

①甲：电话人人都会打。

乙：可不是嘛。

甲：电话是咱们现代通讯的一个工具。

乙：是喽。

甲：联系工作办点事情都比较方便。

乙：嗯，很方便。

甲：但是打电话的时候要注意一个问题。

乙：哦，什么问题呀？

甲：尽量地节约时间。

乙：对呀！

甲：是吧。

乙：唉。

甲：你别打起来没完。
乙：是呀。
甲：个别人呢,他没有这个群众观点。
乙：噢,这个个别人。
甲：个别人。
乙：噢。
甲：他好像跟这个电话机有浓厚的感情。
乙：喝!
甲：只要他拿起来说上就没完。
乙：且说呢。
甲：还真有这样的人。
乙：是呀。
甲：那天在长安街那儿我碰上一位。
乙：噢。
甲：这种人打起电话没完没了。
乙：嗯,打什么?公用电话?
甲：就是呀!
乙：那更不应该时间长了。
甲：其实就是一点小事情。
乙：什么事呀?
甲：约他的女朋友去听戏去。
乙：就这事儿呀。
甲：这点事儿要让咱们打这个电话,用不了一分钟就解决问题了。
乙：那可不是嘛!

甲：拿起电话来，拨通了号儿，喂，你是广播文工团吗？
乙：对。
甲：郭启儒先生在不在？
乙：哦，就是我呀！
甲：唉哟，郭老啊！
乙：噢！
甲：我是马季。
乙：啊！
甲：我给您买了电影票了。
乙：是呀。
甲：六点半钟呀，您在大华电影院门口等我。
乙：好咧！
甲：就这样啊！
乙：哎，哎！
甲：不见不散啦！
乙：好，好！
甲：回见、回见。
乙：回见、回见。
甲：完了。
乙：也就有半分钟嘛！
甲：就是呀！
乙：嗯。
甲：那位可也就这么点儿事。
乙：嗯，嗯。
甲：他没这么打，我给他算了算，连来带去他打了两个多小时去。

乙：就这点儿事他打了两个多小时？

甲：就是呀！

乙：好嘛！

甲：给你学学啊！

乙：怎么打的？

甲：拿起电话来，"嗞—嗞—嗞，嗞"。

乙：这是干什么呢？

甲：拨号儿的嘛！

乙：拨号儿呢！

甲："嗞……；嗞……。"喂，喂，喂。"哒—哒—哒"；"嗞—嗞—嗞"。

乙：他又拨一回。

甲："嗞—嗞—嗞嗞—"，喂，喂，怎么不说话？

乙：嗯。

甲：唉哟，拿倒了！

乙：嗨！这人！

②甲：喂？

乙：嗯。

甲：唉呀，通了！

乙：嗯。

甲：喂？你电话是4局5678吗？我这儿是1局2345呀！

乙：瞧这俩号儿呀！

甲：喂，你贵姓呀？哎？老胡同志呀！唉哟！嗯？不是老胡。

乙：没听出来。
甲：噢，老张啊！唉呀，我没听出——嗯？不是老张，老刘啊！咳！嗯？不是老刘。
乙：还不对呀？
甲：噢，你是耗子啊！
乙：耗子？！
甲：那人外号儿叫耗子。
乙：嘿，怎么这么个外号儿！！
甲：嘿！耗子，有意思哎！"四害"之一啊！出来接电话来了，啊？好啊，前些日子消灭"四害"你没敢出来吧？
乙：他把人家逮了去。
甲：逮着玩。啊？我是谁？我是谁你不知道？
乙：那他哪知道呀！
甲：不知道你——猜猜。
乙：猜？
甲：猜不着？使劲猜！
乙：使劲猜？
甲：真猜不着啊？猜不着我告诉你啊，我姓啰，我叫"啰嗦"！
乙：你是够啰嗦的！
甲：唉，对对对，是我，我找小王讲话；我的未婚妻呀？喂，她是女的啊！
乙：废话！可不是女的嘛！
甲：你别找错喽。好，谢谢你，我等她一会儿，好。

(哼唱)……。
乙：要唱。
甲：你们几个是怎么回事儿？
乙：怎么回事呀？
甲：等着打电话的？
乙：那可不是！
甲：唉呀，你们上那边打好不好？坐电车三站那边还有个电话。
乙：你让人那边打去？
甲：你们非上这儿打干嘛？我这还早着呢！我得有四个钟头差不多。
乙：好家伙！他一人包了。
甲：死心眼！喂，小王，我是啰嗦呀。
乙：你就甭提这名了！
甲：哎，我正找你呢，今天晚上有什么事儿吗？没事儿啊！还学习吗？不学习呀；开会吗？不开会。
乙：净是废话！
甲：讨论吗？不讨论。
乙：人家没事儿嘛！
甲：那好极了！我请你听戏好不好？票都买好了；哦，长安大戏院，楼下10排，3号、5号，咱俩挨着；哎，票价八毛一张的，我买两张花一块六，是一块六，我给他五块，找我三块四。
乙：他在报帐呢？
甲：啊？什么戏？你猜猜？

乙：怎么又让人猜呀？
甲：啊？京戏？不——对！评戏？不——对！啊？越剧？嗳——
乙：对啦？
甲：不——对！
乙：不对你乐什么呀！？
甲：真猜不着了？猜不着我告诉你呀。
乙：告诉人家吧。
甲：歌剧，哎。
乙：什么戏？
甲："刘三姐"！
乙：噢，"刘三姐"。
甲：没看过，那看看吧，好极了，腔调美着呢！其中有一段我最喜欢了，就是那一段，那个，那个，哎，小王，你现在不是没事儿嘛，你拿着电话，你注意我给你学一学啊！
乙：学一学？
甲：啊——，你们几位再等一会儿啊！小王，我现在开始学了啊！
乙：你来吧。
甲：（唱）……。
　　喂，小王你看我的表情怎么样？
乙：那她看得见吗？！
甲：噢，对了！什么？你说什么？他们鼓掌我没听见。
乙：嗨！白费事儿了。

甲：噢，还没吃饭呢！唉呀，我给你准备吧。

乙：准备了。

甲：我买十二块饼干，我吃四块给你留八块。

乙：嘿，还挺照顾她的。

甲：啊？不认识？长安大戏院呢，就是从你家里出来你坐1路公共汽车，嗯，花一毛钱坐三站，车上有座儿你就坐着，人多你就站着啊！

乙：净是废话！

甲：唉，下车以后你往对面瞅，从西边数第七个电线杆子，我在那儿等你，好不好？七点一刻开演，嗯，我七点等你，七点钟啊，准时，不见不散了啊，七点钟！咱们在，哦—哦，喂，小王，你别来了啊！

乙：怎么别来了啊？

甲：现在都八点半了！

乙：嗨！

(选自马季、郭启儒合说的相声《打电话》)

练　习

一、听一遍全文，选择正确答案：
  1. 这个相声主要告诉我们什么？
     a. 在电话里聊天很有意思，可以长时间谈话。
     b. 一个说话啰嗦的人在打电话，闹了许多笑话。
     c. 一个男的在电话里和女朋友谈恋爱。
  2. 相声演员发出"嗞—嗞—嗞"的声音是在模仿什么？

        a. 拨号儿声　　b. 鸟叫声　　c. 汽车声
   3. 最后打电话的男的和女朋友一起去听戏了吗？
        a. 去了　　b. 没有去　　c. 不知道

二、听两遍第一段，选择正确答案：

   1. 打电话应该注意什么？

        a. 不要节约时间

        b. 不要打起来没完没了

        c. 应该没有群众观点

   2. 那个打电话很长的人为一件事要打多长时间的电话？

        a. 两个多小时

        b. 半小时

        c. 差不多四个钟头

   3. "且说呢"是什么意思？

        a. 而且还说

        b. 要说很长时间

        c. 并且说

   4. "不见不散"是什么时候说的话？

        a. 见面时

        b. 约定会面的时间、地点之后

        c. 分手时

三、根据第一段的内容，回答下列问题：

   在本段最后，观众为什么大笑？

四、听一遍第二段，简单回答下列问题：

   1. 打电话的男人叫什么名字？这个名字有什么意思？

2. 打电话的男人的女朋友姓什么？

3. 这个男的打电话时旁边有人等着打电话吗？

五、再听一遍第二段，选择正确答案：

1. 男的要打的电话号码是多少？

   a．12345　　b．43568

   c．45678

2. 电话接通后，男的马上干什么？

   a．猜对方姓什么？

   b．猜对方是干什么的

   c．猜对方是谁

3. "耗子"是接电话的人的什么？

   a．名字　　b．外号　　c．别名

六、再听一遍第二段，回答下列问题：

1. 在本段最后，打电话的男的说"死心眼"是什么意思？他说这话时是什么态度？

2. 打电话的男的认为谁"死心眼"？

3. 本段通过几个主要事情反映了打电话的那个人说话很啰嗦？

七、听一遍第三段，选择正确答案：

1. 打电话人的女朋友这天晚上有没有事？

   a．没有　　b．有　　c．没有告诉

2. 打电话的人请女朋友猜猜今晚听什么戏，他女朋友一共猜了几种戏剧？

   a．四种　　b．三种　　c．两种

3. 打电话的人知道他女朋友还没吃饭后，要做什么？

　　　　a. 给她做饭　　b. 给她买吃的
　　　　c. 和她下饭馆
八、再听一遍第三段，简单回答下列问题：
　　1. 打电话的男的买的戏票是几排几号？
　　2. 打电话的男的对歌剧《刘三姐》的什么特别感兴趣？他在电话里向女朋友学什么？
　　3. 打电话的人要在什么地方（具体地点）等他的女朋友？
九、再听一遍第三段，回答下列问题：
　　1. 打电话的人唱完以后，问了他女朋友一个什么问题，观众马上大笑起来？
　　2. 在这一段里，通过几件事情反映了这个男的打电话啰嗦？

第 二 十 课

甲　体育新闻五则

（一）

在另一场比赛中，老牌甲级劲旅利物浦队1∶2输给了水晶宫队，这也是利物浦队在本赛季比赛中第一次主场作战失利。大家看穿红色球衣的是利物浦队。目前，曼彻斯特联队积分上升到第一位，利兹联队以1分之差屈居第二。

（二）

这是决赛中的一场比赛。老牌劲旅拜仁慕尼黑队战胜巴赫文辛队，这是夺得12次德国甲级联赛冠军的拜仁慕尼黑队自九月七号1∶0战胜凯特斯劳城队之后的七个星期取得的第二场比赛的胜利。上半时第34分钟，巴西籍球星马西奥，为慕尼黑队先下一城，第36分钟，德国国家队著名中场队员埃非博格在球门前十米处射门，再添一分。八万六千名拜仁慕尼黑队球迷欢呼雀跃，兴奋不已。第80分钟，马西奥再次射门成功，最后拜仁慕尼黑队以3∶0战胜对手，这样，拜仁慕尼黑队目前是五战四胜一负，在20个甲级队中的名次已上升到第13位。

(三)

新华社消息,全英羽毛球公开赛昨天在伦敦开始第一轮比赛,中国男选手吴文凯以15比11,15比0轻取丹麦选手格尔凯格尔。今年夏天的巴塞罗那奥运会第一次把羽毛球列为正式比赛项目。从现在起到四月底,羽毛球选手在国际大赛上所取得的成绩将部分决定他们在奥运会上的排名。

(四)

我国选手叶乔波昨天在阿尔贝维尔举行的冬奥会500米速滑比赛中获得银牌。

昨天的这场比赛充满了紧张的气氛,上届冬奥会500米速滑冠军美国选手布莱尔以40秒33的成绩卫冕成功,再夺金牌。叶乔波不负众望,以40秒51获得银牌,这是中国选手有史以来在冬奥会上获得的第一枚奖牌。

(五)

我国选手叶乔波在1000米速滑中以1分21秒92的成绩为中国队再夺一枚银牌。这也是她首次突破1分22秒大关,这一成绩比取得第一名的美国选手布莱尔仅差0.02秒,德国运动员格勃里特克获得第三名。

(中央人民广播电台《体育新闻》)

练 习

一、听第一则新闻,选择正确答案:

1. 哪个队输了？
   a．利物浦队　　b．水晶宫队
   c．曼彻斯特联队
2. 这场比赛一共进了几个球？
   a．一个　　b．两个　　c．三个
3. 穿红色球衣的是哪个队？
   a．利物浦队　　b．曼彻斯特联队
   c．水晶宫队
4. 目前谁排在第一位？
   a．曼彻斯特联队　　b．水晶宫队
   c．利兹联队
5. 排在第一名的球队与排在第二名的积分相差多少？
   a．1分　　b．2分　　c．3分
二、听第一则新闻，回答下列问题：
   比赛在哪个城市举行？
三、听第二则新闻，回答下列问题：
   1. 比赛是在哪儿进行的？
   2. 参加甲级联赛的队一共有多少个？
四、听第二则新闻，选择正确答案：
   1. 哪个队曾夺得十二次甲级联赛冠军？
      a．拜仁慕尼黑队　　b．巴赫文辛队
      c．凯特斯劳城队
   2. 拜仁慕尼黑队几月几号与凯特斯劳城队进行过比赛？

a．9月7号　　b．7月9号
　　　c．9月1号
　3．拜仁慕尼黑队战胜凯特斯劳城队的比分是多少？
　　　a．1∶0　　b．3∶0　　c．不知道
　4．谁为慕尼黑队踢进了第一个球？
　　　a．马西奥　　b．埃非博格
　　　c．不知道
　5．踢进第二个球的是哪个国家的球星？
　　　a．巴西　　b．德国　　c．英国
　6．拜仁慕尼黑队的球迷有多少？
　　　a．八万　　b．八万六千　　c．六千
　7．拜仁慕尼黑队的成绩怎么样？
　　　a．五胜　　b．四胜一负　　c．五胜一负

五、听第二则新闻，判断正误：
　1．第一个球是下半时34分钟踢进的。
　2．下半时一共进了两个球。
　3．埃非博格在门前10米处射进一球。

六、听第三则新闻，简单回答下列问题：
　1．比赛在哪个国家举行？
　2．是男子比赛还是女子比赛？
　3．参加比赛的两个运动员是哪两个国家的？

七、听第三则新闻，判断正误：
　1．吴文凯以2∶0战胜格尔凯格尔。
　2．巴赛罗那奥运会第二次把羽毛球列为正式项目
　3．从现在起到四月底羽毛球选手在国际大赛上取得

的成绩决定他们在奥运会上的排名。

八、听第四则新闻,选择正确答案:

1. 叶乔波取得了第几名?
    a. 第一名　　b. 第三名　　c. 第二名
2. 上届 500 米速滑冠军是谁?
    a. 叶乔波　　b. 布莱尔　　c. 不知道
3. 叶乔波这次比赛的成绩是多少?
    a. 40 秒 33　　b. 40 秒 51　　c. 40 秒
4. 中国选手在冬奥会上是第几次获得奖牌?
    a. 第一次　　b. 第二次　　c. 不知道

九、听第五则新闻,判断正误:

1. 叶乔波共获得一枚银牌。
2. 这是叶乔波第一次超过 1 分 22 秒。
3. 叶乔波比布莱尔慢 0.02 秒。
4. 美国运动员格勃里特克获得第三名。

乙　行吗?!

①老球迷:我可以说是一个老牌的球迷,除了搞我的实验以外,足球是我唯一的业余爱好,但这一次是彻底灰了心了。咳,中国足球弄到今天这个样子,球迷们还能说什么呀。

②年轻球迷:那天中国队九分钟连丢给韩国三个球,我六岁的儿子郑重其事地对我说,爸爸,我不踢球了。我问他为什么,你猜他说什么?"耽误青春"。可见足球的影响力有多大,弄成这个

样子的确不应该。

③老球迷：八十年代初，苏永舜带的那支国家队，多少还能让人留下点好的回忆。那时的国家队两翼齐飞，中场还有些章法，球员们不管技巧怎样，瞧着还像个踢球的，近几年这几届国家队就不多说了，你就看徐根宝带的这支国奥队，咳！要技术没技术，要意识没意识，连点拼劲都感觉不到。

④年轻球迷：还真让你说到点子上了。唉，你说，我们工厂工人迟到一分钟一月的奖金就没了，一个月要迟到三次，全季度的奖金就甭惦记了，还别说出点残次品什么的了。这中国足球队给大家伙带来的消极影响可比一个工人迟到大得多了吧。我认为经济上要给教练员一定的处罚。

⑤老球迷：你说的很对。咱们中国这几年什么都上去了，可就是足球上不去。要想把中国的足球搞上去，我觉得唯一的办法是实行足球职业化，只有这样，才能调动足球运动员的积极性，同时，也给足球运动员一种压力，干得好，就继续干；干不好，就走人。否则，踢好踢坏都一个样，大不了，调离国家队，到一些省队去踢球，那哪儿成！

⑥年轻球迷：光实行职业化，我觉得还不够，还应该提高教练员的业务水平，我觉得教练水平高低对

一个队来说是非常重要的。我们的冰雪项目有的之所以上去了,据说与这些项目的教练都是本专业硕士毕业生出身有很大的关系。中国足球要在最短的时间里走出低谷,看来还得请洋教练,通过他们,把外国先进的训练方法和管理办法引进来。

⑦老球迷:我认为把希望寄托在外国人身上有点不现实。洋教练的本事不一定都很高,中国教练的水平也不一定都很低,我认为怎样把教练和队员的积极性调动起来是问题的关键。

练 习

一、根据对话内容,选择正确答案:
1. 老球迷做什么工作?
   a. 教学　　b. 科研　　c. 体育
2. 在对韩国的比赛中中国队多少分钟内连丢了三个球?
   a. 9分钟　　b. 3分钟　　c. 6分钟
3. 年轻球迷的儿子多大?
   a. 9岁　　b. 6岁　　c. 不知道
4. 老球迷认为哪支国家队还马马虎虎?
   a. 八十年代初的　　b. 国奥队
   c. 八十年代末的
5. 老球迷认为中国的足球怎样才能搞上去?
   a. 职业化　　b. 调动运动员的积极性

c. 给运动员压力

6. 年轻球迷认为中国足球要在最短的时间里搞上去，应该怎么做？

　　a. 提高教练员的水平

　　b. 职业化

　　c. 请洋教练

二、根据对话内容，判断正误：

1. 老球迷只有一种爱好。

2. 老球迷对中国足球没有信心了。

3. 徐根宝带的国家队技术很差。

4. 年轻球迷认为应该在经济上处罚教练。

5. 年轻球迷是个工人。

三、根据对话内容，详细回答下列问题：

1. 年轻球迷的儿子为什么不想踢球了？

2. 苏永舜带的国家队怎么样？

3. 年轻球迷为什么说要提高教练员的水平？

四、听第四段，选择正确答案：

1. 工人迟到一次不发多少奖金？

　　a. 一个月的　　b. 半个月的

　　c. 一天的

2. 一个月迟到三次，多少奖金没有了？

　　a. 一个月的　　b. 两个月的

　　c. 三个月的

3. 工人生产出残次品，有没有奖金？

　　a. 没有　　b. 有　　c. 不知道

4. 现在中国冰雪项目的教练都拿到什么学位？
   a．学士　　b．硕士　　c．博士

五、听第五段，归纳要点：
1. 老球迷认为足球职业化有哪些作用？
   ①
   ②
2. 老球迷认为足球实行职业化应该怎么做？
   ①
   ②

六、下列每题后都有三个词语，请指出与划线部分意思相当的词语：
1. 我可以说是一个<u>老牌</u>的球迷。
   a．很好　　b．很老　　c．有较长历史
2. 还真让你说到<u>点子</u>上了。
   a．坏的地方　　b．困难的地方
   c．关键的地方
3. 咱们中国这几年什么都<u>上去</u>了。
   a．发展　　b．改革　　c．开始
4. <u>大不了</u>，调离国家队，到一些省队去踢球。
   a．最好　　b．最坏也只是……　　c．最少
5. 我认为怎样把教练和队员的积极性调动起来是问题的<u>关键</u>。
   a．最重要的地方　　b．困难的地方
   c．很难找到的地方

第二十一课

甲　他犯了什么罪

　　①近年来，中国的经济有了很大的发展，在改革、开放过程中，也常常出现一些破坏经济发展的违法行为，下面这个案子就很能说明问题。

　　②前不久有位名叫王其富的农民，看到许多人都富了起来，自己十分眼红，也想过过当富翁的瘾，于是就花钱印了一叠漂亮的名片，冒充百万富翁，回到了很久没有回去过的故乡。在大街上，他遇到人就送上一张印着××公司董事长的名片，而且还向别人讲述自己的所谓发家史，同时表示可以帮助亲戚朋友办理出国护照，还欢迎大家到他的"公司"去工作，工资很高。听了王其富的话，又看他身穿漂亮的西服，一副公司大老板的样子，还有名片，于是人们对他的身份也就十分相信了。接着就有人托他买便宜的外国东西，也有人请他帮助办理出国护照，还有人要和他合资办工厂。短短的两个月，王其富就很容易地得到了感谢费和订货费七万两千多元。以后他就带着这些钱在全国各地吃喝玩乐，最后把所有的钱都花完了。

　　③王其富的行为已经严重地触犯了中国的法律，构成了诈骗罪。根据中国法律规定，诈骗罪主要有以下三个特征，其一是犯罪分子用欺骗的手段进行犯罪活动；其二

是犯罪分子必须有要把骗取的财物占为己有的目的；其三是所诈骗的财物数额必须是比较大的，偶尔骗取少量财物的，不能定为诈骗罪。

④因此，在经济活动中，以下情况都是诈骗行为：一，以骗取财物为目的和他人签订假合同，骗取财物后随便乱花的，或者骗取财物后带着潜逃者；二，明知自己没有履行合同的实际能力，但是为了占有他人财物，就用欺骗手段和他人签订合同，得到财物后不打算归还或没有能力归还的。以上这两种行为都构成了诈骗罪。

⑤我国法律明确规定，诈骗财物数额比较大的判处五年以下有期徒刑；诈骗数额特别大的判处五年以上十年以下有期徒刑；情节特别严重的判处十年以上有期徒刑或者无期徒刑。

⑥因此，根据这些规定，法院判处王其富这个大骗子有期徒刑十一年。

（根据中央人民广播电台"法制园地"节目改写）

练　习

一、听一遍全文，选择正确答案：

1. 这篇文章主要谈了哪些内容？
    a. 中国经济有了很大发展
    b. 王其富发家的历史
    c. 有关诈骗罪的一些法律知识
    d. 中国法院的一些情况
2. 王其富这个人过去是干什么的？

a．工人　　b．农民
　　c．老板　　d．董事长
　3．通过对王其富的介绍，我们可以知道他是一个什么样的人？
　　a．热心人　　b．小偷　　c．骗子
二、听两遍第一、二段，判断正误：
　1．王其富实际上是一个百万富翁。
　2．王其富很长时间没有回家乡了。
　3．王其富自己有一家公司，在那儿工作工资很高。
　4．王其富家乡的一些人想到国外去。
三、再听一遍第一、二段，选择正确答案：
　1．"看到许多人都富起来了，他十分眼红"这句话是什么意思？
　　a．看到别人有许多钱，他的眼睛变红了
　　b．看到别人有很多钱，他十分羡慕
　　c．看到别人有很多钱，他十分高兴
　　d．看到别人有很多钱，他心里很舒服
　2．从王其富的名片看，他是以什么身份回到故乡的？
　　a．公司部长　　b．公司董事长
　　c．公司总经理　　d．大富翁
　3．王其富告诉家乡的人他可以为他们做什么？
　　a．帮助他们到国外去
　　b．帮助他们办理在公司工作的手续
　　c．帮助他们印漂亮的名片
　　d．帮助他们买漂亮的西服

4. 王其富从家乡人那里得到了七万二千多元钱，其中，一部分钱应该是用来干什么的？
   a. 感谢别人　　b. 买货物
   c. 吃喝玩乐　　d. 办工厂
5. 王其富为了让家乡的人相信自己一共做了哪些准备活动？
   a. 办公司　　b. 印名片
   c. 穿好西服　　d. 拿护照
   e. 告诉别人自己的发家经过

四、听两遍第三段，回答下列问题：
1. 犯罪分子用什么手段进行诈骗活动？
2. 什么情况不能定为诈骗罪？

五、听两遍第四段，根据课文内容填空：
1. 以骗取财物为目的和他人签订假合同的，或者带着财物潜逃者已构成了诈骗罪。
2. 明知自己没有履行合同的实际能力，但是为了占有他人财物……，得到财物后不打算归还的也构成了诈骗罪。

六、听一遍第五、六段，回答下列问题：
1. 中国法律规定诈骗财物数额比较大的要判处多少年徒刑？
2. 中国法律规定情节特别严重的诈骗犯将被判处多少年徒刑？
3. 王其富最后被判了多少年徒刑？

七、用自己的话讲讲王其富这个案子。

乙　为什么给他判刑

小谢：哟，何律师，今天可找到您了。您可真难找啊！几次来拜访您都不在。
老何：抱歉！抱歉！最近正忙一个案子，已经一个多月了，天天在外面跑。嗯，这不，刚从外地调查回来。
小谢：啊，这么忙呀，办什么案子呢？
老何：哦，是一起侵权案，就是侵犯版权的案子。北京一家音像出版社未经沈阳一家出版社的同意，私自出版发行了这家出版社独家出版的歌曲磁带，结果被人家告到了法院，官司已经打了半年了。
小谢：噢，是这回事儿呀！哎，说起法院，我倒有件事想向您请教，不知您能不能……。
老何：哦？你说说看，小谢。
小谢：也是一个案子。嗯——，我有个朋友，是个个体户，卖香烟的，上个月被法院判了两年，缓刑两年。可我怎么也弄不明白，他不过是捡了别人的东西没有归还，怎么会……怎么会判刑呢？
老何：哦？怎么回事儿？你从头儿说说。
小谢：是这样。有天晚上，我这位朋友在马路边卖香烟，已经十点多了，来了个男青年买香烟，买完他就走了。可您猜怎么着，他的尼龙包却忘在了烟摊儿上了。
老何：是吗？那快还给人家吧，找不到人送到公安局也行呀！

小谢：送什么呀！我这位朋友给拿回家去了。包里有一台进口的高级摄像机，三盘进口录相带，价值约八千多元人民币，唉，真是的！

老何：啊，这可麻烦了！人家没来找呀？

小谢：找了，可我这位朋友却说什么也没看见，结果就……，老何，您说说，这尼龙包明明是捡来的，又不是偷的，法院凭什么判刑呢？

老何：哦，是这样，你这位朋友实际上是犯了盗窃罪，法院是按盗窃罪给他判的刑。

小谢：啊？！盗窃罪？

老何：是的，盗窃罪！你这位朋友明知尼龙包是别人忘在他那儿的，捡到后不仅没有归还反而说没看见，还拿到了家里。根据我国刑法第152条规定，这实际上已经构成了盗窃罪。

小谢：噢，原来是这么回事儿！你不说我还真不明白是怎么回事儿。

（根据1992.3.5.北京晚报《'捡'来的教训》一文改写）

练　习

一、听对话，简单回答下列问题：

1. 对话中提到了几个案子？
2. 老何是干什么的？
3. 向老何请教问题的小谢的那个朋友是干什么的？
4. 小谢的朋友实际上犯了什么罪？

二、再听一遍对话，选择正确答案：

1. 老何说:"最近正忙一个案子,天天在外面跑"这句话是什么意思?
    a. 每天都在外面忙着办案子
    b. 每天都在外面跑着办案子
    c. 每天都在外面走着办案子
2. 北京、沈阳两家出版社为了什么事而打官司?
    a. 买卖音乐磁带
    b. 出版发行歌曲磁带
    c. 买卖歌曲磁带
    d. 出版发行录相带
3. 一天晚上,小谢的朋友在哪儿卖香烟?
    a. 他家门口
    b. 小谢家前的马路上
    c. 马路边
    d. 法院门口
4. 买香烟的人丢的那个尼龙包里没有下面哪些东西?
    a. 磁带   b. 录相带   c. 照相机
    d. 摄像机   e. 八千多元人民币
    f. 香烟

三、再听一遍全文,判断正误:
1. 老何已经一个多月没有回家了。
2. 北京的出版社到法院告沈阳的出版社。
3. 小谢的朋友被判刑后就进监狱了。
4. 小谢开始认为他朋友的错误只是捡别人的东西没

有归还。

5. 那个尼龙包里的东西是中国生产的。

6. 买香烟的男青年来找尼龙包时,卖香烟的人说了谎话。

四、根据对话内容,用自己的话讲述下列两个案子:

1. 老何正在办的案子
2. 小谢讲的案子

第二十二课

甲　台湾歌星齐秦采访节选（上）

①主持人：各位听众，我是王静，您一定听过台湾歌星齐秦演唱的歌曲，像"外面的世界"、"大约在冬季"、"冬雨"等等等等，他的歌传到我们大陆已经不少年了，现在他就在我们话筒旁边，齐秦，跟我们的朋友说几句？

齐　秦：各位听众朋友们，大家好！我是齐秦，很高兴能够在空中—啊—我很少在这边的广播电台跟大家见面，很高兴。

②主持人：在大陆有许多青年朋友都知道你曾经走过一段弯路，用你们、用你的话来说就是不良的少年或者青年一类的，那么那种生活对你来说是怎么样的？

齐　秦：我想就是年轻人在有一段时间比如说十五岁前后那段时间，感到特别地冲动，有的时候做事情思考不是太多，尤其是那时候我们上学的压力是满重的，父母亲的管教方式偏向于在你的课业上加压力，相对的就显得给我们压的喘不过气来，后来就觉得对于念书就没有太大的兴趣。不念书之后呢，当然就觉得好像生活上就没有了重心，很自然地就会去……会去……有一些不良的习惯；比如说在外面常常跟人家看不顺眼，会动手脚什么的。大概也不过是这样的一些情况，我想很多年轻朋友应该都有这样的一种经验。

③主持人：唉，那么你走上歌坛跟你姐姐临出国留学时送你一把吉它有直接关系，是这样吗？

齐　秦：嗯——，那时候台湾流行民歌、民歌餐厅，那么大家可以在餐厅里面打打工赚赚零用钱。刚好凑巧，我对唱歌就满有兴趣的，只是在以前我没有注意到我自己对这个也很有兴趣，姐姐送给我吉它之后，开始我觉得外面都很流行这乐器，也可以学一学；出去外面可以找工作，赚赚零用钱，或是念书之余还可以休闲一下，后来我就……她送给我吉它以后我就开始每天学，大概每天都弹八个钟头，除了吃饭睡觉以外，都在弹。后来呢，就一哎，因为进步得满快呢，对这东西就更有兴趣了，于是乎就这样开始。

④主持人：你想你的个性跟你在家里是最小的儿子有没有关系？

齐　秦：你是指我哪一方面的个性？

主持人：哦，你的这种在外边跟人家打打架，或者是闹一点小坏事呀。

齐　秦：是，哦——，可能吧，因为——嗯——不过我有一个哥哥,他大我十岁,通常是哥哥管得比较严,在小的时候,像我和齐豫小的时候,有时候不规矩,他还罚我们跪呀什么的,满厉害的。后来呢,因为哥哥的年龄跟我们差得实在太多,并不时常地融洽地在一起相处,所以每次哥哥一来,我和齐豫就躲到另外的地方去。相对地我和齐豫的感情比较好。齐豫和我妈妈就比较宠我,就是很多地方让我,或者去玩的时候带着我去,我想可能跟我是最小的儿子有一点点小小的关系。

练　　习

一、听第一、二、三、四段,回答下列问题:
　　1. 女主持人提到了几首齐秦的歌儿?
　　2. 除了齐秦的父母以外,齐秦还有什么亲人?
二、听两遍第一、二段,回答下列问题:
　　1. 女主持人请齐秦跟朋友们说几句话,齐秦说了些什么?
　　2. 齐秦十五岁的时候对什么不太感兴趣?为什么?
　　3. 你觉得齐秦少年时代是个怎样的孩子?
　　4. 女主持人说齐秦曾经"走过一段弯路"这是指什么?
　　5. 齐秦说"在外面常常跟人家动手脚",这句话是什么意思?
三、听两遍第三、四段,回答下列问题:

1. 齐秦的姐姐送给齐秦一件什么礼物？

2. 齐秦说那个时候台湾流行什么？他对什么很有兴趣？

3. 在家里齐秦最不喜欢谁？为什么？

4. "齐豫和我妈妈就比较宠我"这句话是什么意思？

5. "走上歌坛"是什么意思？简单讲一讲齐秦是怎样走上歌坛的？

四、再听第一、二、三、四段，解释下列各句中加点词语的意思（注意齐秦的"台湾普通话"的发音和用词）。

1. 那时候我们上学的压力是满重的。

2. 父母亲也在你的课业上加压力。

3. 在念书之余弹弹吉它也可以休闲一下。

五、跟读下列句子，注意加点词语的用法。

1. 他的歌传到大陆已经不少年了。

2. 那段时间我感到特别的冲动，做事情思考得不是太多。

3. 不念书之后就觉得生活上没有了重心。

4. 我们相处得并不是很融洽。

乙　台湾歌星齐秦采访节选（下）

①主持人：好，听众朋友，……你知道齐秦还有很复杂的经历吗？哦——，他曾经在面包房当过学徒，曾经在贸易公司当过经纪，还到部队服过三年兵役，嗯，齐秦，你的这个经历对你的创作，你

的歌唱生活,你觉得有好处吗?

齐　秦:嗯——,我觉得对创作应该是有很大好处,就像我前面一段所讲的,生活是我们创作的一个中心点。……。

②主持人:哦——,跟你姐姐相比,你姐姐是读人类学的硕士生了,那么你呢,没有读过大学,跟你姐姐相比你是不是在这方面感到很遗憾?

齐　秦:我并不觉得很遗憾,因为我前面念书到一半是念新闻,世界新闻专业,虽然没有办法去把它顺利地念完,可是我相信我从而后的这些社会经验里面会学习到很多人生或是人与人之间相处应该注意到的事情,我想并不会比在学校里面少,而且创作出来很多东西,我想因为这样可能会更平易近人。

③主持人:你在生活里是属于随和的人呢,还是属于那种性格比较内向的,不大善于和人交往的,也不愿意和人交往的那一种类型?

齐　秦:嗯——,我这个人是比较情绪化一点,因为有时候如果有很高兴的消息以后心情就显得比较开朗,然后就很喜欢跟人聊天说话,有时候呢,就是平常没事的时候,我多半呢是一个人在家,讲话讲得并不是太多。

④主持人:那么你是不是总是喜欢把自己的头发留得很长?留长头发这里面是不是有你的一点想法?是喜欢长头发或者是长头发在演出中有什么

作用?

齐　秦:那时候没有考虑到这一点,因为我留长头发大概是在十五、六岁就开始留了,留到现在我已经三十一岁了,有十几年了,除了当兵那三年当然不算。哦,我当初留的时候只是因为台湾的学校就是刻意不准你留长头发,一定得剪得很短,然后就觉得要反抗它,就觉得不应该留这么短,应该留长一点。从那个时候就开始习惯地留长头发,然后一直到现在,踏入歌坛之后呢,其实,长头发给我带来满多的困扰,因为一开始的时候别人议论纷纷,不晓得我为什么留这么长的头发,然后叫我去剪,我还不肯剪,那其实严格说起来,并没有太多的原因,我只是觉得这样比较习惯。

⑤主持人:齐秦,我们"明星一刻钟"的时间差不多到了,那么在最后你想请我们的朋友听一首什么歌呢?

齐　秦:我觉得就是从我创作以来到现在我自己还是觉得最满意的一首歌就是——因为那首歌里面的寓意,我自己特别的喜欢——也就是"狼",那么献给所有的听众朋友。

狼

我是一匹来自北方的狼

走在无垠的旷野中

凄厉的北风吹过

漫漫的黄沙掠过

我是一匹来自北方的狼

走在无垠的旷野中

凄厉的北风吹过

漫漫的黄沙掠过

我只有咬着冷冷的牙

咆一两声长啸

不为别的

只为那传说中美丽的草原

（摘录自中央人民广播电台1992.3"今晚八点半"节目）

练　习

一、听第一、二段，回答下列问题：
　　1. 齐秦在开始唱歌之前曾经做过哪些事情？
　　2. 齐秦的姐姐在大学获得了什么学位？是什么专业？
　　3. 齐秦曾经学过什么专业？
二、听两遍第三、四段，回答下列问题：
　　1. 关于自己的性格，齐秦是怎么说的？
　　2. 齐秦是几岁开始留长发的？

3. 开始的时候,齐秦留长发是出于什么目的?

三、再听第一、二、三、四段,解释下列各句中加点词语的意思:

1. 台湾的学校是刻意不准你留长发的。

2. 别人议论纷纷,不晓得我为什么留长发。

四、你如何看待男歌星留长头发这一现象?在你们国家人们对此会议论纷纷吗?

五、听第五段,欣赏歌曲"狼"。

六、根据课文内容,回答下列问题:

1. 歌曲"狼"描写了一个什么样的自然环境?用了哪些重要的词?

2. 歌曲"狼"的最后有这样一句歌词:"不为别的,只为那传说中美丽的草原",其中,"美丽的草原"象征什么?

第二十三课

甲 这是真的吗？

①地球很大，但人类只开发、利用了其中的一部分。大气层厚度仅十一公里，可供耕种的土壤也只有十五厘米厚，人类只能在八分之一的地球表面上生存。在过去的二百年里，人们一直在努力改造环境，把水引入了沙漠，让公路穿越沙漠和森林。随着城市的急剧膨胀，科学家们对现代人所做的一切开始感到担忧。他们认为，也许人类今天所创造的舒适，恰恰是在毁灭自己。

②生态学家最担心的是人们不管将来怎么样，只为了眼前的利益而破坏生态平衡。例如，由于人口激增和工业开发，森林遭到了破坏。在亚马逊河两岸、长江上游和印尼，大片森林已经被砍伐。虽然种上了谷物，但谷物产生的氧终究比不上森林，况且树木还能保持水土，净化空气，而谷物这方面的作用却根本不能与树木相比。这样继续下去，人们实际上是亲手破坏了生态平衡，最终面临着因缺氧而逐渐死亡的结局。

③现代人将大量来源于谷物、化肥和人类粪便的硝酸盐倒入江、海、湖泊，后果更为严重。例如，在湖中，硝酸盐给植物的大量生长提供了机会，由于生长密集，水中就会严重缺氧。另外，微生物要吃植物，进而大量繁殖，

显然它们的迅猛繁殖,也会使水中严重缺氧,最后,微生物、植物和鱼都死了,湖也就死了。

④一些科学家预言,地球将突然变冷。原因是地球沙漠化产生的大量风沙、工厂排放的废物和飞机在高空飞行产生的废气,会进入大气层。很明显,大气的透明度将降低,而产生大量的云和雾,使大气温度下降,最终,地球不得不面临一个冰冷的世界。

⑤还有些科学家又害怕地球会变得太热。地球从太阳获得热量,大部分散发到空气中,被树和植物吸收、冷却。现在,地球上的树越来越少,城市、公路和飞机等都要散发大量的热量,人类呼出的二氧化碳进入大气层,不仅增加了热量,而且阻止了热量的散发。如果地球表面温度只上升5℃,南极和北极的冰大部分就要融化,海洋的水位将上升,像伦敦、新加坡就可能被淹没在水中。因为太热,人们也不能在热带地区生活。科学家们说,这种变化可能会发生在50—100年之后。

⑥现代工业中,人们所接触的许多物质对人体是有害的,铅就是其中之一。每年,全世界的汽车要排放出上千万吨的铅进入大气,进而进入泥土。人体吸收大量的铅会导致脑损坏,因此,含有大量铅的空气直接威胁着人类的生命安全。

(根据《分忧》1991年第1期《人与环境》一文改写)

练 习

一、听第一遍,指出课文谈到了哪些问题:

1. 地球的情况
2. 水污染
3. 森林被破坏
4. 大气污染
5. 地球沙漠化
6. 噪声污染

二、听第二遍，选择正确答案：
1. 大气层厚度是多少？
   a. 11公里　　b. 10公里　　c. 15公里
2. 可供耕种的土壤有多厚？
   a. 15cm　　b. 11cm　　c. 8cm
3. 人类只能在地球多大的表面上生存？
   a. 八分之一　　b. 十五分之一
   c. 没说
4. 森林为什么遭到破坏？
   a. 人口增加　　b. 工业开发
   c. 人口增加，工业开发
5. 如地球温度上升5℃，哪些地方将会被淹没？
   a. 伦敦、新加坡　　b. 伦敦、新西兰
   c. 新加坡、荷兰
6. 每年全世界的汽车要排放出多少吨铅？
   a. 一千万吨　　b. 一千万吨以上
   c. 达到或超过一千万吨
7. 人体吸收大量的铅有什么坏处？
   a. 引起死亡　　b. 损坏大脑

c. 损害健康

三、听第三遍，指出哪些地方或国家的森林被严重破坏：
　　亚马逊河两岸　　印度　　长江上游　　马来西亚
　　印尼　　长江两岸

四、听第三遍，指出树木有哪些作用：
　　产生氧　　保持水土　　净化空气　　吸收二氧化碳　　降低气温　　防止风沙

五、听第二段，归纳要点：
　　① _____
　　② _____
　　③ _____

六、听第五段，归纳要点：
　　地球会变得太热，因为① _____
② _____ 因此③ _____
④ _____

七、根据课文内容详细回答下列问题：
　　1. 人们将大量含有硝酸盐的东西倒入江海、湖泊中，后果将会怎么样？
　　2. 一些科学家为什么说地球将会突然变冷？

乙　怎么办？

①记者：我是《环境报》的记者。今年冬季气候反常，气温明显高于往年，作为一个居民，你能谈谈你的看法吗？
　　行人（女）：今年冬天还真没真正的冷过，都一月了，还

没有真正冷起来的意思。往年这时候,在外边穿一件长羽绒服,时间长了,还直哆嗦,今年可好,我的羽绒服一直还在柜子里搁着呢!

记者:照你这么说,这是一件好事喽。

行人(女):当然不是这个意思。昨天广播里说,北京今年冬天的平均气温是130年以来最高的一年,照这样下去,还真是个问题,不说别的,我们医院看病就是一个大问题。因为冬天变暖,不少细菌、病毒没有冻死,因此就很容易传染疾病。

记者:您说的还真是那么回事。唉,请您也谈谈您的看法吧。

行人(男):其实气候变暖并不局限于北京,全球都面临着这个问题。

记者:您说得很对。

行人(男):我是搞气象工作的,我认为,全球气候变暖是人类破坏生态平衡的结果,是老天对人类的惩罚,这无疑也给我们敲响了警钟,应该引起我们足够的重视。

记者:造成气候变暖的原因是什么呢?您能具体地谈谈吗?

行人(男):现代工业排放出大量的污水、污物,这些污水、污物随空气而进入大气中,破坏了大气中的臭氧层,使太阳光更多地直射到地球上,这是造成气温上升的根本原因。此外,工厂、汽车、飞机等排放出的大量的二氧化碳等有害气体，在大气层中集结起来，起着玻璃暖房式的聚热作用，结果也使气温升高。有人预计，大气层中的二氧化碳到21世纪，将会比现在增加60%，地球气温至少要上升1.11℃到1.67℃，甚至可能升高4.45℃，即使上升1.11℃，也会对工农业生产带来不良的影响。

记者：既然气候变暖危害极大，那么，您认为我们应该采取哪些补救措施呢？

行人（男）：这个问题比较复杂，目前还没有很好的对策，不过，我认为保护好生态环境是一项刻不容缓的工作。

记者：您给我们谈了很多气候变暖的情况，使我们对环境保护有了进一步的认识，谢谢您。

行人（男）：不客气。

练 习

一、听第一遍第一部分，选择正确答案：

1. 他们在谈论什么？
 a. 羽绒服　　b. 医院　　c. 气候

2. 女的从哪儿知道今年冬天的气温是130年以来最高的一年？
 a. 广播　　b. 电视　　c. 报纸

3. 气候变暖为什么很容易传染疾病？

a. 细菌、病毒不能冻死
b. 细菌、病毒容易生长
c. 不知道

二、听第二遍第一部分，判断正误：
1. 女的穿着一件羽绒服。
2. 女的冻得直发抖。
3. 女的认为今年冬天很好。
4. 记者认为女的看法很对。
5. 男的认为只有北京的气候变暖了。

三、听两遍第二部分，选择正确答案：
1. 男的认为气候变暖的原因是什么？
   a. 人类破坏生态平衡
   b. 地球沙漠化
   c. 空气污染
2. 气温升高的根本原因是什么？
   a. 大气污染、臭氧层被破坏
   b. 太阳光直射到地球上
   c. 大气中二氧化碳太多
3. 大气层中的二氧化碳到21世纪将增加多少？
   a. 60%　　b. 160%　　c. 40%
4. 到21世纪，地球气温将上升多少度？
   a. 1.11℃　　b. 1.67℃　　c. 1.11℃到1.67℃
5. 地球温度即使上升多少度，也会对工农业生产有影响？
   a. 1.11℃　　b. 4.45℃　　c. 1.67℃

四、听第三遍第二部分，详细回答下列问题：
1. 男的认为气候变暖的原因是什么？
2. 到21世纪，气候将会怎么样？

五、下列每题后都有三个词语，请指出与划线部分意思相当的词语：
1. 今年冬季气候<u>反常</u>。
   a. 不正常　　b. 正常　　c. 平常
2. 都一月了，还没有真正冷起来的<u>意思</u>。
   a. 样子　　b. 趋势　　c. 意义
3. 这无疑给我们<u>敲响了警钟</u>。
   a. 提出劝告　　b. 提出警告
   c. 提出反抗
4. 我认为保护好生态环境是一项<u>刻不容缓</u>的工作。
   a. 重要　　b. 紧张　　c. 紧迫

六、听录音，然后计算：
1. 去年他的收入是1500元，今年他的生意更好，收入至少增加20%，请问今年的收入是多少？
2. 保护环境的经费每年都在增加，今年增加到二千二百万元，比去年增加了10%，请问去年的经费是多少？
3. 农村实行改革后，农民的收入平均增加了150%，现在一般的家庭一年的收入约有5000元，请问改革以前的收入是多少？

第二十四课

甲　原来如此

①交通警：唉，好咧，大伙过来了，过来了，喝汽水，喝汽水，辛苦啦。大家执法还挺认真，特别是咱们这位李编辑，让你们这文化人跟着我们受累，我这心里挺不落忍的。

李冬宝：您可千万别这么想，我愿意干这个，真的。我从骨子里愿意当警察——交通警察，从小我妈就拿两样东西吓唬我，吃饭、睡觉的时候是大灰狼，上街玩的时候是警察，当时我就想，我早晚得成为这两种中的一种，可一直没能如愿，到现在我还耿耿于怀呢！

交通警：（笑）

②李冬宝：唉，要有可能的话，哪天你这身警服让我穿上，我马路中间比划比划，我练练。

交通警：哟，我说李编辑，我可没这么大的权力，你借我这身警服穿穿，你这不是让我犯错误吗？

李冬宝：连我们这些戴红箍的贴心人都不能？

交通警：嘿，这么跟你说得了，媳妇亲不亲？照样没戏。

众　人：（笑）

③交通警：执勤的时候不能抽烟。

李冬宝：这不是在路边吗？

交通警：你们这是怎么啦，这是？你们就别勾我的烟瘾了。要说我们交通警察呀，这份差事也是苦差事，你们可能净看见我们在别人面前抖威风了，别的甭说，就这一年四季无冬没夏脑袋上老得顶着这么一个帽子，不管是多热的天哪，你说难受不难受。光去年一年我们就加班加了二十多万个工作日，相当于七百个工人干一年的活，你说这么加班就别出事啦，到了，还是死了六位，所以你说这事，你说你不严吧还真出事，你说你严吧，不定哪天就给自己招来杀身之祸。现在交朋友也是分不出真假来，十个熟人，有九个是惦记着让你帮着把本子给领回来，你说，当时求你的那副洋相我就没法说了，可是，你们都想得出来，一扭脸他说我什么。

④安全员之一：所以，您呢，你别跟那些人客气，反正他们也不念您的好儿，只要他们违章了就照死里挤兑他们，顶嘴就加罚，不服就撕本，爱谁谁。

交通警：那哪儿成啊？

李冬宝：不是没人心疼你们吗？我们心疼，从今儿开始，累了你亭子里歇着，路口的恶人我们当了。

交通警：哎哟，得了，谢谢了李编辑，我领情了。这个，不过，有时候我这个人哪，也不是说想冲着人撒邪火儿，当然个别的时候心里不痛快，话有点横着出来，唉，这你们可别学我啊。
安全员之二：不会的，您放心。

(摘自《编辑部的故事》)

练　习

一、听两遍第一部分，选择正确答案：
  1. 那位交通警察认为大家工作得怎么样？
     a. 认真　　b. 很累　　c. 辛苦
  2. 那位警察为什么心里不安？
     a. 工作辛苦　　b. 天太热
     c. 李冬宝工作很累
  3. 李冬宝愿意当安全员吗？
     a. 愿意　　b. 不愿意　　c. 没说
  4. 李冬宝小时候为什么想当警察？
     a. 怕警察　　b. 喜欢警察
     c. 警察勇敢
  5. 李冬宝现在还想当警察吗？
     a. 想当　　b. 不想当　　c. 没说

二、听第三遍第一部分，详细回答下列问题：
   小时候，李冬宝他妈经常拿什么东西吓唬他？

三、听一遍第二部分，判断正误：
  1. 李冬宝站在马路中间。
  2. 警察没娶媳妇。
  3. 今天没有戏看。

四、听第二遍第二部分，选择正确答案：

1. 李冬宝想借警察的什么东西？
   a. 帽子　　b. 警服　　c. 穿的
2. 警察为什么不借给他？
   a. 没有权力　　b. 犯了错误
   c. 他自己要穿
3. 安全员都戴着什么东西？
   a. 红箍　　b. 白手套　　c. 红帽子
4. 李冬宝认为安全员跟警察是什么关系？
   a. 朋友　　b. 知音　　c. 同事

五、听两遍第三部分，选择正确答案：
1. 工作的时候大家在做什么？
   a. 抽烟　　b. 执勤　　c. 喝汽水
2. 大家现在在什么地方谈话？
   a. 马路中间　　b. 马路边上
   c. 树下面
3. 警察一年四季要戴着什么？
   a. 帽子　　b. 手套　　c. 雨衣
4. 去年交通警察加了多少班？
   a. 20万个工作日
   b. 20多万个工作日
   c. 10万多个工作日
5. 交通警察加的班相当于多少工人干一年的活？
   a. 七百　　b. 一百　　c. 几百
6. 去年什么时候死了六个人？
   a. 年底　　b. 加班的时候

        c. 十二个月中
六、听第三遍第三部分，判断正误：
    1. 交通警察很辛苦，但是很威风。
    2. 那位警察今天不舒服。
    3. 那位警察说执法不严真会出事。
    4. 交通警察如果执法很严，自己会有危险。
    5. 那位警察认为交朋友太难。
    6. 那位警察只有十个朋友。
    7. 有九个朋友都向那位警察要过执照。
    8. 领执照的人求那位警察还给他们执照的时候样子很难看。
    9. 领到执照后，他们都说那位警察很好。
七、听一遍第四部分，判断正误：
    1. 安全员建议那位警察对违章的人不要客气。
    2. 那位警察同意安全员的建议。
    3. 没有人心疼交通警察。
    4. 那位警察接受了李冬宝的建议。
八、听两遍第四部分，详细回答下列问题：
    1. 安全员建议那位警察怎样对待违章的人？
    2. 那位交通警察什么时候也发火？

乙　爱情对白

①李冬宝：我觉得我有必要开导开导你。
　戈　玲：嘿，你算了吧，我压根就没把这当回事儿，哪儿那么容易就撞咱地球上啦！唉，我得赶紧去，

一会儿没米饭了。
李冬宝：你们女同志想问题就是简单，什么事儿都得有备无患，尤其是这种天灾人祸，更不能掉以轻心。
戈　玲：你刚才不是说占线了吗？总不能打不通电话连饭都不吃吧？
李冬宝：我就不是为等电话，我的意思你还不明白吗？
戈　玲：唉，你怎么神经啦？不等电话你在这儿磨蹭什么呀？我先下去。
李冬宝：唉，等会儿，你先坐下，啊，我跟你说，吃饭咱们是次要的，趁着没人，咱们俩好好聊聊。
戈　玲：唉，你要聊什么呀？还占着吃饭的时间，还避着人？
②李冬宝：你看，急了不是吗？咱俩工作中配合得挺默契，你是不是想跟老刘似的死到临头先吃饱了再说？多没出息呀！真看错你了。
戈　玲：嘿、嘿，那是你说的啊。行行行，我豁出去不吃饭等着你，听听。
李冬宝：这就对了，没有特别重要的事儿，我也不会让你饿着，可是这事，它耽搁不得，刚才俩人那话，你不信，我也不信，可是你往深里想。
戈　玲：往深里想？他们是特务？
李冬宝：往深里想，就是不怕一万就怕万一，万一哪天轰隆一声，咱都没了，我都三十好几呢，媳妇也没娶，你能看着我打着光棍就告别人生吗？

戈　玲：唉、唉、唉，不行啊，你这可是趁火打劫，难道你真忍心把你的幸福建立在别人的痛苦之上么？

李冬宝：痛苦也痛苦不了几天啦。

戈　玲：要是跟你登了记，万一有劫后余生的机会，我这不就成了逃出虎口又入狼窝吗？

③李冬宝：什么事都得做最坏的打算，你得这么想，咱得当个全活人吧，我何尝不想找一个称心如意的相敬如宾白头到老？可是总共它没几天活头了，好人发挥不了几天优势，坏人也坑害不了我半拉月，真的，谁也别挑谁了。

戈　玲：唉、唉，你别逼着我好不好？你得让我好好想想。

李冬宝：是得想想了，过了这村可没这店了。

戈　玲：可我们俩整天恶语相伤，又没有爱情，能成夫妻吗？

李冬宝：忘了吧，咱中国有句老话"有情人难成眷属"，意思就是说，真正能结婚的那都是找寒了心、扛不住孤独的大男大女。我爸跟我妈有什么感情啊，不是照样生儿育女。

戈　玲：我看这样吧。

李冬宝：嗯。

戈　玲：如果真的咱们左右都没活路了，再下决心闭着眼往你这火炕里跳也不迟，目前你得一颗红心两种准备，别太悲观了。我总觉得不至于咱们那么命短啊。

李冬宝：命短倒不要紧，只要有希望，听你这番话，我倒希望这是一真事儿。

戈　玲：你不觉得你心里太狭窄了吗？生活多美好啊！

牛大姐：唉，你们俩还嘀咕什么呢？再不吃可就什么都没啦啊。

李冬宝：嗯。

戈　玲：嗯。

(摘自《编辑部的故事》)

练　习

一、听第一遍第一部分，选择正确答案：
 1. 谈话发生在什么时候？
    a. 上班的时候　　b. 吃饭的时候
    c. 吃饭以前
 2. 说话之前男的做了一件什么事？
    a. 打电话　　b. 吃饭　　c. 等电话

二、听第二遍第一部分，判断正误：
 1. 女的不相信星星会撞到地球上。
 2. 男的认为女的想问题简单。
 3. 男的认为什么事情都应该准备好。
 4. 刚才电话占线了。
 5. 男的有神经病。
 6. 女的不明白男的为什么不去吃饭。

三、听第三遍第一部分，选择正确答案：
 1. 女的喜欢吃什么？

a．面包   b．米饭   c．面条
  2．男的在等着做什么？
   a．打电话   b．吃饭   c．跟女的谈话
  3．女的知道不知道男的在等着做什么？
   a．知道   b．不知道   c．知道一点
  4．他们谈话的时候有别人在场吗？
   a．有   b．没有   c．不知道

四、听两遍第二部分，判断正误：
  1．男的说女的像老刘一样没出息。
  2．女的生气了。
  3．男的有非常重要的事要告诉女的。
  4．女的认为男的谈到的两个男的是特务。
  5．男的有三十多岁。
  6．女的很难受。

五、听第三遍第二部分，选择正确答案：
  1．男的跟女的一起工作得怎么样？
   a．很好   b．不太好   c．糟糕
  2．女的同意跟男的谈谈吗？
   a．同意   b．不同意   c．不太同意
  3．男的结婚了没有？
   a．结婚了   b．没结婚   c．不知道
  4．男的建议女的做什么？
   a．跟他结婚 b．跟他交朋友
   c．跟他讨论工作
  5．女的接受男的建议吗？

a．不接受　　b．接受　　c．可能接受

六、听第四遍第二部分，并填空：

1．我<u>豁</u>出去不吃饭等着你，听听。

2．可是这事，它<u>耽搁</u>不得。

3．刚才俩人那话，你不信，我也不信，可是你往<u>深</u>里想。

4．不行啊，你这可是<u>趁火打劫</u>，难道你真<u>忍心</u>把你的幸福建立在别人的痛苦之上么？

七、听两遍第三部分，判断正误：

1．男的非常喜欢女的，很想跟她结婚。

2．男的和女的每天互相说对方的坏话。

3．男的的爸爸和妈妈没有感情。

4．男的希望星星真的撞到地球上。

5．女的认为男的心眼太小。

八、听下列句子，选择正确答案：

1．女：唉，唉，你别逼着我好不好？你得让我好好想想。

男：是得想想了，过了这村可没这店了。

男的话是什么意思？

a．去过很多农村

b．很多农村里没有商店

c．错过这个机会就很难再得到它了

2．男：忘了吧，咱们中国有句老话"有情人难成眷属"，意思就是说，真正能结婚的那都是找寒了心，扛不住孤独的大男大女。

男的话是什么意思？
a．结了婚的人结婚的时候都没有感情
b．结了婚的人结婚的时候很少有感情
c．结了婚的人结婚的时候大部分有感情

3. 女：如果真的咱们左右都没活路了，再下决心闭着眼睛往你这火坑里跳也不迟。

女的话是什么意思？
a．没有办法就跳火坑
b．只有死路一条的时候才跳火坑
c．没有活路的时候才嫁给男的

九、听第三遍第三部分，详细回答下列问题：
男的为什么说"谁也别挑谁了"？

汉语中级听力教程
Chinese Intermediate Listening Course
中國語中級ヒアリングテキスト

下册　Part II

生词和练习 New Words and Exercises

潘兆明　主编

潘兆明　杨德峰　编著
李红印　刘元满

北京大学出版社

图书在版编目(CIP)数据

汉语中级听力教程 下册/潘兆明主编.—北京:北京大学出版社,1998.5

ISBN 978-7-301-02287-0

Ⅰ.汉… Ⅱ.潘… Ⅲ.对外汉语教学:视听教学—教材 Ⅳ.H195.4

书　　　　名:	汉语中级听力教程(下册)
著作责任者:	潘兆明　主编
责任编辑:	郭　力
标准书号:	ISBN 978-7-301-02287-0/H·225
出版发行:	北京大学出版社
地　　　　址:	北京市海淀区成府路205号　100871
网　　　　址:	http://www.pup.cn
电子邮箱:	zpup@pup.pku.edu.cn
电　　　　话:	邮购部 62752015　发行部 62750672　编辑部 62752028
	出版部 62754962
印刷者:	北京大学印刷厂
经销者:	新华书店
	850毫米×1168毫米　大32开本　16.875印张　340千字
	1994年2月第1版　2010年8月第9次印刷
定　　　　价:	38.00元(下册全二册)

未经许可,不得以任何方式复制或抄袭本书之部分或全部内容。

版权所有,侵权必究　举报电话:010−62752024

电子邮箱:fd@pup.pku.edu.cn

目 录

第一课 ··· 1
　甲　我最大的爱好——钓鱼 ····························· 1
　乙　放长线钓大鱼 ·· 6
第二课 ··· 11
　甲　老有所乐 ·· 11
　乙　老年人的再婚 ·· 15
第三课 ··· 20
　甲　人情大世界 ··· 20
　乙　这事能怪我吗？ ····································· 26
第四课 ··· 30
　甲　云南之行 ·· 30
　乙　辨真识假器 ··· 35
第五课 ··· 39
　甲　花钱买满意 ··· 39
　乙　真让人担心 ··· 43
第六课 ··· 48
　甲　广告六则 ·· 48
　乙　女人与广告 ··· 55
第七课 ··· 60
　甲　铁路运输与自然灾害 ······························· 60

乙　那边儿闹水灾了 …………………………………… 64

第八课 ……………………………………………………… 68
　甲　小动作，大学问 …………………………………… 68
　乙　他们的声音太大了 ………………………………… 73

第九课 ……………………………………………………… 78
　甲　简短新闻五则 ……………………………………… 78
　乙　飞来的灾难 ………………………………………… 86

第十课 ……………………………………………………… 91
　甲　我和茶 ……………………………………………… 91
　乙　这下我就放心了 …………………………………… 96

第十一课 …………………………………………………… 101
　甲　从宇宙看长城 ……………………………………… 101
　乙　不到长城非好汉 …………………………………… 105

第十二课 …………………………………………………… 110
　甲　人民币上的风景名胜 ……………………………… 110
　乙　我想自由几天 ……………………………………… 116

第十三课 …………………………………………………… 121
　甲　同名现象的解决办法 ……………………………… 121
　乙　起名儿 ……………………………………………… 125

第十四课 …………………………………………………… 129
　甲　中国的"小太阳" ………………………………… 129
　乙　现在的孩子呀！ …………………………………… 134

第十五课 …………………………………………………… 139
　甲　报道三则 …………………………………………… 139

乙　罐头的出路 ································ 146

第十六课 ·· 149
　　甲　减肥新招儿 ································ 149
　　乙　到海边去 ·································· 154

第十七课 ·· 158
　　甲　喝酒请到内蒙去 ···························· 158
　　乙　我也有同感 ································ 163

第十八课 ·· 169
　　甲　中国古代饮食博览馆 ························ 169
　　乙　饮食与健康 ································ 175

第十九课 ·· 180
　　甲　相声杂谈 ·································· 180
　　乙　相声：打电话 ······························ 186

第二十课 ·· 194
　　甲　体育新闻五则 ······························ 194
　　乙　行吗?! ····································· 200

第二十一课 ······································ 205
　　甲　他犯了什么罪？ ···························· 205
　　乙　为什么给他判刑？ ·························· 210

第二十二课 ······································ 214
　　甲　台湾歌星齐秦采访节选（上） ················ 214
　　乙　台湾歌星齐秦采访节选（下） ················ 218

第二十三课 ······································ 221
　　甲　这是真的吗？ ······························ 221

乙　怎么办？ ……………………………… 226
第二十四课 ……………………………………… 230
　　甲　原来如此 ……………………………… 230
　　乙　爱情对白 ……………………………… 234

词汇总表 ………………………………………… 241

第 一 课

甲　我最大的爱好——钓鱼

生　词

1.	爱好	（名）	àihào	hobby	好み
2.	钓（鱼）	（动）	diào（yú）	fish	魚釣り
3.	春秋	（名）	chūnqiū	year	年
4.	头发	（名）	tóufa	hair	髪
5.	减退	（动）	jiǎntuì	become less	減る
6.	举办	（动）	jǔbàn	hold	催す
7.	银牌	（名）	yínpái	silver medal	銀メダル
8.	水库	（名）	shuǐkù	reservoir	ダム
9.	新手	（名）	xīnshǒu	new hand	新米
10.	要领	（名）	yàolǐng	essentials	要領
11.	自信	（形）	zìxìn	self-confident	自信
12.	怪	（形）	guài	strange	怪しい
13.	钓竿	（名）	diàogānr	fishing rod	釣り竿
14.	鱼漂	（名）	yúpiāo	cork on a fishing line	つりの浮き

15.	出丑	（动）	chūchǒu	make a fool of oneself	恥をかく
16.	老农	（名）	lǎonóng	old farmer	年寄百姓
17.	竹竿	（名）	zhúgānr	bamboo pole	竹竿
18.	鲢鱼	（名）	liányú	silver carp	したみ
19.	饵料	（名）	ěrliào	bait	えさ
20.	耐心	（名）	nàixīn	patience	辛抱強い
21.	上钩	（动）	shànggōu	swallow the bait	釣り針にかかる
22.	好家伙	（叹）	hǎojiāhuo	good heavens	すごい
23.	紧（接着）	（副）	jǐn (jiēzhe)	in quick succession	すぐに（引きつづき）
24.	尼龙（线）	（名）	nílóng (xiàn)	nylon (line)	ナイロン（糸）
25.	猛	（形）	měng	suddenly	急に
26.	意识	（动）	yìshi	realize	意識する
27.	赶快	（副）	gǎnkuài	at once	急いで
28.	放（线）	（动）	fàng (xiàn)	throw (a line)	（糸を）放す
29.	足（有）	（副）	zú (yǒu)	as much as	たっぷり
30.	尺	（名）	chǐ	chi	尺
31.	浮	（动）	fú	emerge	浮き上がる
32.	眼看	（副）	yǎnkàn	in a moment	見る間に
33.	狡猾	（形）	jiǎohuá	cunning	ずるい

34.	窜	（动）	cuàn	run away quickly	走って逃げる
35.	惊慌	（形）	jīnghuāng	panicstricken	あわてる
36.	把握	（名）	bǎwò	sure	自信
37.	周旋	（动）	zhōuxuán	deal with	相手になる
38.	回合	（名）	huíhé	round	わたり合う回数
39.	搏斗	（动）	bódòu	struggle	組みうちする，格闘する
40.	终于	（副）	zhōngyú	at last	ついに
41.	收获	（名）	shōuhuò	achievement	收獲

语法点

1. 说来也怪…　　说来也怪，在岸上怕得要死，可下水一游也就不紧张了。
2. 凭…　　　　　你应该凭自己的劳动去赚钱。
3. 好家伙…　　　好家伙！这么冷的天你怎么还穿短裤。
4. 足（有）…　　这棵白菜足有十几斤。

背景

　　每个人都有自己的爱好，每一种爱好都有它的情趣，课文中的"我"就非常爱好钓鱼，这里他讲了一个有趣的故事。

练　习

一、听一遍全文，简单回答下列问题：

1. 课文中的"我"有多大年纪了？
2. 课文中提到了几个人？
3. 课文中有几个人钓到了鱼？

二、听一遍第一、二、三段，选择正确答案：
1. a. 五十分钟　　　　　b. 一小时
   c. 六十多分钟　　　　d. 一个多小时
2. a. 池边　　b. 湖边　　c. 水库　　d. 河里
3. a. 一根　　b. 三根
   c. 两根　　d. 四根
4. a. 今天的鱼很少
   b. 刮风了
   c. 听到别人钓上了鱼
5. a. 渔民　　b. 农民　　c. 工人　　d. 老师

三、再听一遍第一、二、三段，判断正误：
1.　　2.　　3.　　4.

四、听一遍第四、五两段，简单回答下列问题：
1. "我"最后一共钓到几条大鱼？
2. "我"钓到的第一条大鱼有多重？
3. "我"是不是很容易地就钓到了第一条大鱼？

五、再听两遍第四、五段，选择正确答案：
1. a. "我"看到了水里的鱼
   b. "我"钓鱼多年，感觉到了
   c. 旁边的年轻人告诉了他
2. a. 钓到了三条鲢鱼
   b. 钓到了两条 2.5 公斤重的大鱼

c. 没有在年轻人面前出丑

　　d. 增加了钓大鱼的新经验

六、根据第四、五两段的内容,填空并朗读:

　　1. 我马上_____到一条大鱼上钩了。

　　2. 这条大鱼十分_____。

　　3. 然而我并没有_____,而是很有_____地跟它周旋。

　　4. 经过三、四个_____的搏斗,这条鲢鱼终于被我钓上来了。

七、再听一遍全文,用自己的话讲一讲"我"钓第一条大鱼的经过。

八、听句子,选择正确答案:

　　1. a. 他在戏曲舞台上度过了两个春天和秋天

　　　 b. 他在戏曲舞台上度过了一年又一年

　　　 c. 他在戏曲舞台上度过了一个春天,又度过了一个秋天

　　2. a. 动作的需要

　　　 b. 动作的重要

　　　 c. 动作的要点

　　3. a. 小王这一次在大家面前穿的衣服不好看

　　　 b. 小王这一次在大家面前出了很大的错误

　　　 c. 小王这一次在大家面前丢了很大的面子

乙　放长线钓大鱼

生　词

1.	欺负	（动）	qīfu	bully	なめる、いじめる
2.	动静	（名）	dòngjing	movement	動き
3.	性急	（动）	xìngjí	impatient	せっかちだ
4.	初学	（动）	chū xué	begin to learn	初めて習う
5.	犯	（动）	fàn	make	犯す
6.	毛病	（名）	máobìng	mistake	欠点、間違い
7.	吓	（动）	xià	frighten	おどろく
8.	亲自	（副）	qīnzì	oneself	自分で
9.	气不打一处来		qì bù dǎ yí chù lái	angry for more than one reason	一方ならぬ憤りがわく
10.	眼红	（动）	yǎnhóng	jealous	羨しく妬ましい、しっとする
11.	沉住气		chén zhù qì	keep calm	落ち着いて
12.	瞒	（动）	mán	hide	かくす（不瞒你说＝実を言えば）
13.	顺	（形）	shùn	smooth	（仕事が）うまく行く
14.	气人	（动）	qìrén	make angry	怒らせる

15.	冒牌	（动）	màopái r	imitate	（商品の）マークをかたる
16.	受骗	（动）	shòu piàn	be cheated	騙される
17.	岂	（副）	qǐ	isn't…？	…だけには止まらない
18.	智力	（名）	zhìlì	intelligence	知的能力
19.	傻	（形）	shǎ	stupid	ばかな
20.	心甘情愿	（成）	xīngān qíngyuàn	most willingly	心から願う
21.	人类	（名）	rénlèi	mankind	人類
22.	弱点	（名）	ruòdiǎn	weak point	弱点
23.	经不起		jīng bu qǐ	can't stand	堪えない
24.	诱惑	（动）	yòuhuò	tempt	誘惑する
25.	占便宜		zhàn piányi	gain advantages	甘い汁を吸う
26.	打比方		dǎ bǐfang	draw an analogy	例えば
27.	比喻	（名、动）	bǐyù	metaphor	たとえ
28.	贴切	（形）	tiēqiè	aptly worded	適切な、ぴったり合う
29.	说法	（名）	shuōfǎ	saying	言い方

专　　名

1.	老钱		Lǎo Qián	（称呼）	Old Qian	銭さん
2.	老蔡		Lǎo Cài	（称呼）	Old Cai	蔡さん

语法点

1. 动不动就…　　　你这是怎么了？动不动就喊累，也太差劲了。
2. 亲自…　　　　你最好亲自去一趟，和他当面谈谈。
3. 气不打一处来…　一听这话，我就气不打一处来。他凭什么管我的私事儿？
4. 岂（止、有）…　①岂有此理！
　　　　　　　　　②这次食物中毒岂止二十人，最少也有五十多。
5. 经不起…　　　　他身体太弱，经不起旅途的劳累，回来没几天就病倒了。

背景

　　两个好朋友工作之余常一起去钓钓鱼，看看风景，自得其乐。下面是两个钓鱼爱好者钓鱼时的谈话。

练　习

一、听一遍全文，简单回答下列问题：
  1. 谁先钓上第一条鱼？是老钱还是老蔡？
  2. 谁家最近有麻烦？
  3. 最后有一条鱼咬谁的钩了？
二、再听两遍全文，选择正确答案：
  1. a. 老钱　　b. 老蔡　　c. 不知道
  2. a. 生气　　b. 性急　　c. 惊慌

3. a. 看到人家钓上一条鱼
   b. 看到老蔡又钓上一条鱼
   c. 看到人家钓鱼很容易
   d. 看到老蔡没有钓上
4. a. 在   b. 不在   c. 没有说
5. a. 皮鞋不是新的
   b. 皮鞋太小，穿不上
   c. 皮鞋不是真皮的，而且质量很差
   d. 皮鞋太贵了
6. a. 怎么才能钓上鱼
   b. 人们的智力水平为什么一天天提高
   c. 谁可能更傻
   d. 为什么有人会愿意上当
7. a. 受不了诱惑   b. 白吃东西
   c. 跟鱼一样   d. 爱占小便宜

三、根据对话内容，选择正确答案：

1. a. 老钱坐在那儿一动不动，等着鱼上钩
   b. 没有鱼咬老钱的钩
   c. 老钱附近的水里没有声音
   d. 周围钓鱼的人很少，很安静
2. a. 鱼都吓跑了   b. 鱼都跑来了
   c. 鱼都咬钩了
3. a. 等一会儿再钓条大的
   b. 要沉住气
   c. 别眼红

4. a. 实话告诉你
   b. 不骗你的话
   c. 不是说你
   d. 不对你说
5. a. 现在上当受骗的只有你爱人一个
   b. 现在上当受骗的就是你爱人一个吗
   c. 现在上当受骗的不止你爱人一个
6. a. 谁都不聪明
   b. 不知道谁傻
   c. 大家都不笨

四、根据对话内容填空并朗读：
1. 你说这鱼是不是也_____新手呀？
2. 最近我们家特别_____。
3. 现在_____货可不少哇。
4. 你_____得真贴切。

五、再听一遍全文，回答下列问题：
1. 老蔡和老钱在聊天儿时用了两个比喻，第一个比喻是什么？第二个比喻又是什么？
2. 讲一讲老蔡是如何解释人们总是上当受骗的原因的。

第 二 课

甲 老有所乐

生 词

1.	老有所乐		lǎoyǒu suǒlè	happiness in one's old days / 年寄りの楽しみ
2.	产生	（动）	chǎnshēng	come into being / 発生する
3.	失落	（形）	shīluò	lose / 喪失
4.	…感		gǎn	feeling / 感じ
5.	无所事事	（成）	wúsuǒ shìshì	have nothing to do / 何もしないでぶらぶらしている
6.	身心	（名）	shēnxīn	body and mind / 心身
7.	户外	（名）	hùwài	outdoor / 室外
8.	寻找	（动）	xúnzhǎo	look for / 探す
9.	调节	（动）	tiáojié	adjust / 調節する
10.	丰富	（动）	fēngfù	enrich / 豊かにする
11.	花坛	（名）	huātán	flower bed / 花壇
12.	自发	（形）	zìfā	spontaneous / 自発的

13.	交谊舞	（名）	jiāoyìwǔ	formal dance	社交ダンス
14.	扭秧歌		niǔyāngge	do the yangko dance	秧歌おどり
15.	唱戏	（动）	chàngxì	act in an opera	演劇をやる
16.	天地	（名）	tiāndì	world	世界
17.	津津有味	（成）	jīnjīn yǒuwèi	with great interest	興味深い
18.	拉（琴）	（动）	lā (qín)	play	弾く
19.	不约而同	（成）	bùyuē'értóng	happen to coincide	期せずして一致する
20.	反串	（动）	fǎnchuàn	play a part (in a play)	俳優が専門外の役を演じる（男役が女形を演じるなど）
21.	角色	（名）	juésè	role (in a play)	役者
22.	切磋	（动）	qiēcuō	learn from each other by exchanging views	互いにみがきあう
23.	…之余		…zhī yú	apart from	正式なこと以外のもの（時間など）
24.	技艺	（名）	jìyì	skill	技芸

25.	烦燥	(形)	fánzào	boring and annoyed	いらだつ
26.	书法	(名)	shūfǎ	calligraphy	書道
27.	绘画	(动)	huìhuà	painting	絵画
28.	嗓子	(名)	sǎngzi	throat	のど
29.	影响	(动)	yǐngxiǎng	interrupt	影響する
30.	凑	(动)	còu	gather	ちょうど良いところで出会う
31.	空气	(名)	kōngqì	air	空気
32.	干扰	(动)	gānrǎo	interruption	邪魔する
33.	空间	(名)	kōngjiān	space	空間
34.	形势	(名)	xíngshì	situation	情勢、世情
35.	家常	(名)	jiācháng	daily life of a family	日常のもの
36.	交流	(动)	jiāoliú	exchange	交流
37.	经验	(名)	jīngyàn	experience	経験
38.	患	(动)	huàn	suffer from	かかる
39.	慢性病	(名)	mànxìngbìng	chronic disease	慢性病
40.	喊	(动)	hǎn	shout	叫ぶ
41.	呼吸	(动)	hūxī	breathe	呼吸する
42.	寄托	(动)	jìtuō	place (hope, etc) on	（希望、感情等）寄せる
43.	必不可少		bìbùkěshǎo	absolutely necessary	欠くべからざる

专　名

玉渊潭公园　　　　　Yùyuāntán　　Yuyuantan　玉淵潭公園
　　　　　　　　　　Gōngyuán　　Park

语法点
1. …感：　　　　　　她很慈祥，给人一种亲切感。
2. …之余：　　　　　小王工作之余常常自己设计服装。
3. 可＋动词：　　　　这部电影没什么可看的。
4. A 的 A，B 的 B：　放假了，朋友们回国的回国，旅行的旅行，只有我一个人留在学校。

背景

人到老年，生活内容跟年轻时代比发生了很大变化。怎样安排好老年的生活呢？

练　习

一、听课文第一、二段，回答下列问题：
1. 人到老年以后，常会产生什么样的感觉？
2. 老年人适宜参加些什么活动？
3. 参加这些活动有什么好处？
4. 文章主要是针对哪些老人而谈的？

二、听课文第四、五、六段，回答下列问题：
1. 文中举了什么地方的例子？
2. 人们在这里做什么？

3. 唱京剧的主要是些什么人？
4. 戏迷可以分哪几种？
5. 戏迷什么时候到这儿来？
6. 戏迷们来这儿的目的是什么？
7. 他们离退休以后主要做什么？
8. 他们为什么不在家唱？
9. 为什么他们喜欢这个地方？
10. 大家在一起做什么？
11. 有些老人的慢性病是怎样好转的？

三、听最后两段，回答：老人为什么每天要到这里来？

四、根据课文内容，判断正误：
1.　　2.　　3.　　4.
5.　　6.　　7.　　8.

五、在你们国家，老年人的生活有什么特点？

乙　老年人的再婚

生　词

1. 再婚	（动）	zàihūn	remarry	再婚する
2. 关心	（动）	guānxīn	concern	関心を寄せる
3. 支持	（动）	zhīchí	support	支持する
4. 成立	（动）	chénglì	establish	成立する
5. 婚姻介绍所		hūnyīn jièshàosuǒ	prospective spouse service	結婚相談所

6.	障碍	（名）	zhàng'ài	obstacle	障害
7.	登记	（动）	dēngjì	register	結婚の届けを出す
8.	性别	（名）	xìngbié	sex	性別
9.	保密	（动）	bǎomì	keep sth. secret	秘密を保つ
10.	秘密	（名）	mìmì	secret	秘密
11.	不幸	（名）	búxìng	misfortune	不幸な
12.	和睦	（形）	hémù	harmony	むつまじい
13.	相伴终生		xiāngbàn zhōngshēng	a life-long company	一生添い遂げる
14.	如愿以偿	（成）	rúyuàn yǐcháng	have one's wish fulfilled	願い通りに希望をかなえる
15.	天灾人祸	（俗）	tiānzāi rénhuò	natural and man-made calamities	天災に人災
16.	丧偶	（动）	sàng'ǒu	bereft of one's spouse	配偶者を失う
17.	不和	（形）	bùhé	not get along well	仲が悪い
18.	离异	（动）	líyì	divorce	離婚する
19.	弥补	（动）	míbǔ	make up	補う
20.	缺憾	（名）	quēhàn	pity, regret	遺憾な点
21.	百年之好	（俗）	bǎinián zhīhǎo	lifetime marriage	死ぬまで愛しあう

22.	封建时代		fēngjiàn shídài	feudal society	封建時代
23.	有失体面		yǒu shī tǐmiàn	a loss of face	面目を失う
24.	礼教	（名）	lǐjiào	ethical code	礼法と道徳
25.	束缚	（动）	shùfù	bind up	束縛する
26.	娶	（动）	qǔ	marry	妻をめとる
27.	合情合理	（俗）	héqíng hélǐ	fair and reasonable	情理にかなう，もっともなことである
28.	给予	（动）	gěiyǔ	give	与える
29.	强大	（形）	qiángdà	strong	強大な
30.	关	（名）	guān	barrier	越え難い関門
31.	背着	（动）	bèizhe	hide from	ひそかに，人に隠して
32.	琢磨	（动）	zuómo	think over	考えをめぐらす
33.	阻拦	（动）	zǔlán	stop	阻止する
34.	两性	（名）	liǎngxìng	both sexes	男性と女性
35.	不可告人	（成）	bùkě gàorén	hidden	（はずかしくて）他人に話せない
36.	正经	（形）	zhèngjing	decent	品行が正しい
37.	扭曲	（动）	niǔqū	twist	ねじまがる
38.	孤独	（形）	gūdú	lonely	孤独

39. 愁云　　（名）　　chóuyún　　worry, anx-　悲しみ苦し
　　　　　　　　　　　　　　　　iety　　　　む表情

专　名

宋代　　Sòng Dài　　Song Dyngsty　　宋朝

语法点
琢磨什么　　①别人都走了，你还待在这儿，琢磨什么呢？
　　　　　　②想买就买吧，有什么好琢磨的！

背景
再婚对年轻人来说是很正常的事，但对老年人来说就没那么容易了。两个节目主持人正在谈论这个问题。

练　习

一、根据对话内容，回答下列问题：
　1. 什么地方成立了婚姻介绍所？
　2. 登记的男女比例如何？
　3. 女性来登记时常提出什么要求？
　4. 她们为什么提出这种要求？
　5. 在婚姻生活中，人们有什么愿望？
　6. 哪些原因会使人失去配偶？
　7. 中国封建时代前期对再婚怎么看？
　8. 宋代以后对再婚怎么看？
　9. 老人再婚会遇到什么障碍？

10. 有些年轻人为什么对老年人再婚表示反感？
11. "再婚难"在什么地方最严重？
12. 要求再婚的老年人为什么往往不谈"爱情"二字？
13. 作儿女的反对老人再婚，会造成什么后果？

二、根据对话内容，判断正误：

1.　　2.　　3.　　4.　　5.
6.　　7.　　8.　　9.

三、从对话中找出与下面意思相对应的语句：

1.
2.
3.
4.
5.

四、根据对话内容填空：

1. 老年人的再婚问题得到了人们的_____和社会的_____。
2. 儿女这一_____也不好过。
3. 不仅不支持，甚至还加以_____。
4. 这真是对老年人心理的_____啊！

第 三 课

甲　人情大世界

生　词

1. 人情	（名）	rénqíng	human relationship	人情、慶弔事の祝い、贈り物
2. 迷宫	（名）	mígōng	maze	迷宮
3. 礼	（名）	lǐ	gift	礼節
4. 诞生	（动）	dànshēng	come into being	生まれる
5. 出生	（动）	chūshēng	be born	生まれる
6. 满月	（动）	mǎnyuè	one month (old)	満ひと月
7. 娶亲	（动）	qǔqīn	marry	妻をめとる
8. 入赘	（动）	rùzhuì	marry into and live with one's bride's family	婿入りする

9.	寿礼	（名）	shòulǐ	birthday present (for an elderly person)	年寄りの誕生日祝いの贈り物
10.	闭	（动）	bì	shut, close	閉じる
11.	上帝	（名）	shàngdì	God	神様（キリスト教）
12.	丧葬	（名）	sāngzàng	funeral	葬儀と埋葬
13.	礼仪	（名）	lǐyí	rite	礼儀
14.	派生	（动）	pàishēng	generate	派生する
15.	项目	（名）	xiàngmù	item	項目
16.	压岁钱	（名）	yāsuìqián	money given to children as a New Year gift	お年玉
17.	定亲	（动）	dìngqīn	engage	婚約する
18.	彩礼	（名）	cǎilǐ	betrothal gifts	結納の金品
19.	情义	（名）	qíngyì	ties of friendship	義理と人情
20.	毛毯	（名）	máotǎn	woollen blanket	毛布
21.	玩具	（名）	wánjù	toy	玩具，おもちゃ

22.	红白喜事	（名）	hóngbái xǐshì	weddings and funerals	慶事と弔事
23.	礼价	（名）	lǐjià	price of a gift	結婚などの儀式に参加するとき出すお金，御祝儀の額
24.	涨	（动）	zhǎng	go up	値が上がる
25.	包办	（动）	bāobàn	(parents) arrange	親が子供の結婚を勝手に決めてしまう
26.	婚姻	（名）	hūnyīn	marriage	縁組み
27.	费用	（名）	fèiyòng	expenses	費用
28.	个别	（形）	gèbié	one or two	める〜
29.	地区	（名）	dìqū	area	地区
30.	巨大	（形）	jùdà	huge	巨大な
31.	沉重	（形）	chénzhòng	heavy	重々しい
32.	推	（动）	tuī	push	推し進める
33.	不知不觉	（成）	bùzhībùjué	unconsciously	知らず知らず
34.	光彩	（名）	guāngcǎi	honourable	面目を施す
35.	凡是	（副）	fánshì	all of	およそ
36.	显	（动）	xiǎn	noticeable	現れる，示す

37.	入不敷出	（成）	rùbùfūchū	unable to make ends meet	収支が合わない
38.	债	（名）	zhài	debt	借金
39.	随礼	（动）	suílǐ	present a gift as others do	みんなと同調して礼品を贈る
40.	不得安宁	（成）	bùdé'ānníng	disturbance	落ち着かない
41.	埋怨	（动）	mányuàn	complain	怨む
42.	离婚	（动）	líhūn	divorce	離婚する
43.	毁灭	（动）	huǐmiè	destroy	破壊する
44.	富裕	（形）	fùyù	well-off	ゆとりのある
45.	显示	（动）	xiǎnshì	display	明らかにする、誇示する
46.	富有	（形）	fùyǒu	rich	大金持ちである

专　名

开江县	Kāijiāng Xiàn	Kaijiang County	開江県

语法点

1. 对…来说　　这点钱，对我来说不算什么。
2. 拿…来说，拿产品质量来说，最近有了很大的提高。

23

3. 个别　　　北京很多地方我都去过,只有个别地方没去过。
4. 竟　　　　学了一年汉语竟一句话都不会说。
5. 此后　　　去年五月小王到我这儿来过一次,此后再也没来过。
6. 凡是　　　凡是北京的小吃,我都吃过了。
7. 终究　　　事实终究是事实,谁也不能否认。

背景

中国人非常重视礼节,讲究"礼尚往来",可是很多中国人现在却为此感到很苦恼。

练　习

一、听第一遍,回答下列问题:
1. 课文中谈到哪些人情问题?
2. 作者对人情是什么态度?

二、听第二遍,判断正误:
1.　　2.　　3.　　4.　　5.

三、听第二段,选择正确答案:
1. a. 出生礼、满月礼、入赘礼、娶亲礼、嫁女礼
   b. 出生礼、满月礼、入赘礼、娶亲礼、嫁女礼、寿礼
   c. 出生礼、满月礼、入赘礼、娶亲礼、嫁女礼、寿礼、丧葬礼
2. a. 见面礼、定亲礼、压岁钱、彩礼
   b. 见面礼、定亲礼、压岁钱、彩礼、衣服
   c. 见面礼、定亲礼、压岁钱、彩礼、布料

3. a. 见面礼　　b. 压岁钱　　c. 衣服
4. a. 衣服　　　b. 压岁钱　　c. 布料

四、听第二段，回答下列问题：
1. 什么叫满月礼？
2. 什么叫寿礼？
3. 丧葬礼指什么？
4. 定亲礼指什么？

五、听第四段，选择正确答案：
1. a. 2元　　b. 25元　　c. 2元到5元
2. a. 25元　　b. 20元或者几百元
   c. 最少20元，最多几百元
3. a. 很多　　b. 有一些　　c. 很少

六、听第六段，回答下列问题：
1. 李明、吴丽华结婚时情况怎么样？
2. 为什么一年后，他们开始入不敷出？
3. 他们全家人为什么整天不得安宁？
4. 他们为什么要离婚？

七、听第六段，复述课文。

八、听第七段，归纳要点：
中国人情背后的秘密是：
① _____
② _____
③ _____

乙　这事能怪我吗？

生　词

1.	烦	（形）	fán	annoyed	煩わしい
2.	别扭	（形）	bièniu	be at odds	ひねくれた、意见が合わめない
3.	磕磕碰碰		kēkē pèngpèng	squabble	衝突
4.	不由得	（副）	bù yóude	can't help	思わず
5.	积蓄	（名）	jīxù	sayings	貯蓄
6.	盼	（动）	pàn	hope, expect	待ち望む
7.	凑	（动）	còu	collect	よせ集める
8.	够呛	（形）	gòuqiàng	terrible	たまらない
9.	惨	（形）	cǎn	to a serious degree	みじめな
10.	堂弟	（名）	tángdì	cousins on the paternal side	伯叔父の子，従弟
11.	紧巴巴	（形）	jǐn bābā	short of money	窮迫しているさま
12.	表弟	（名）	biǎodì	male maternal cousins	母方関係の従弟

13.	行情	（名）	hángqíng	quotations	相場の動き（on the market）
14.	合计	（动）	héjì	consult	相談する

语法点

1. 不由得　　他说得简直像真的似的，不由得你不相信。
2. 为　　　　为陪我妈妈去旅游，我请了一周假。
3. 光　　　　不能光看成绩，看不见缺点。
4. 怪不得　　下雪了，怪不得这么冷！

背景

礼仪交往过多，送不送礼，送多少，常常会引起家庭矛盾，甚至会影响夫妻间的感情。

练　习

一、听第一遍，选择正确答案：

1. a. 夫妻　　b. 同事　　c. 师生
2. a. 办公室　　b. 家里　　c. 路上
3. a. 不好　　b. 一般　　c. 很好
4. a. 五点　　b. 五点半　　c. 不清楚
5. a. 有人在等她　　b. 要去吃饭
   c. 要回去做饭
6. a. 女的先走了　　b. 男的先走了
   c. 一起走了

二、听第二遍，判断正误：

1.　　2.　　3.　　4.　　5.　　6.　　7.

三、听第三遍，选择正确答案：
1. a. 正常　　b. 不正常　　c. 没有说
2. a. 花很多钱　　b. 给家里寄钱
   c. 送别人钱
3. a. 足够　　b. 不够　　c. 差不多
4. a. 4个　　b. 3个　　c. 7个
5. a. 3个　　b. 7个　　c. 没有说
6. a. 比男的好　　b. 比男的更糟糕
   c. 跟男的情况一样
7. a. 不够　　b. 够　　c. 马马虎虎

四、根据对话内容详细回答下列问题：
1. 男的为什么不想回家？
2. 女的认为送礼应该怎么做？
3. 男的认为送礼应该怎么做？

五、下列每题后都有三个词语，请指出与划线部分相当的词语：
1. 这么说，你们还真够呛。
   a. 受不了　　b. 难受　　c. 忍不住
2. 一般的朋友倒不一定非得那么讲究，意思意思就行了。
   a. 表示一下心意　　b. 马马虎虎
   c. 有意义
3. 别人不说，自己也觉得拿不出手。
   a. 手拿不出来　　b. 手伸不出来
   c. 不好意思

4. 照现在的行情，少说也得一百六。
　　a．行动和情况　　b．一般情况
　　c．特别情况
5. 还是回去好好合计合计。
　　a．算一算　　b．研究研究
　　c．商量商量

六、跟读下列句子：

1. 这事不由得你不生气，为这事，她跟我闹了好几回。
2. 你说了半天，倒是什么事呀？
3. 嗨，还不是钱呗。
4. 话虽这么说，但做起来难呐！

第 四 课

甲　云南之行

生　词

1.	憨厚	（形）	hānhòu	simple and honest	まっ正直な
2.	讨价还价	（成）	tǎojià huánjià	bargin	かけひき
3.	追	（动）	zhuī	run after	追いかける
4.	土话	（名）	tǔhuà	local dialect	方言
5.	退还	（动）	tuìhuán	return	返す
6.	深信不疑	（成）	shēnxìn bùyí	undoubtedly	信じて疑わない
7.	安顿	（动）	āndùn	settle down	落ち着く
8.	少数民族		shǎoshù mínzú	minority nationality	少数民族
9.	少女	（名）	shàonǚ	young girl	少女
10.	绣	（动）	xiù	embroider	刺繍する
11.	兜儿	（名）	dōur	bag	ポシェット
12.	过意不去		guòyì búqù	feel apologetic	済まないと思う

13.	欺骗	（动）	qīpiàn	cheat	うそを言って人をだます
14.	景点	（名）	jǐngdiǎn	a scenic spot	風光明媚な所
15.	竟然	（副）	jìngrán	unexpectedly	意外にも
16.	寸步不离	（成）	cùnbù bùlí	follow sb. closely	寸歩も離れず
17.	无奈	（形）	wúnài	have no choice	どうにもならない
18.	掏	（动）	tāo	take out	手探りする
19.	情景	（名）	qíngjǐng	situation	ありさま，様子
20.	惭愧	（形）	cáikuì	(feel) ashamed	恥じる
21.	捉大头		zhuō dàtóu	to make profit out of the rich	欺して金を使わせる
22.	小利	（名）	xiǎolì	small profit	少ない利益
23.	玩心眼儿		wánr xīnyǎnr	play a trick on	悪だくみをする
24.	标价	（动）	biāojià	marked price	標示した価格
25.	交易	（名）	jiāoyì	trade	取り引き
26.	愤怒	（形）	fènnù	angry	憤る
27.	窝囊	（形）	wōnang	hopelessly stupid	くやしい

28.	轻信	（动）	qīngxìn	easily believe	やすやすと信じる
29.	真诚	（形）	zhēnchéng	sincere	真摯な
30.	实在	（形）	shízài	honest	誠実な
31.	杏儿	（名）	xìngr	apricot	あんず
32.	固执	（形）	gùzhi	stubborn	強情な
33.	无邪	（形）	wúxié	innocent	無邪気な
34.	揪	（动）	jiū	seize	つかむ
35.	衣襟	（名）	yījīn	the one or two pieces making up the front of a Chinese jacket	えり
36.	州府	（名）	zhōufǔ	provincial capital	行政区画名，州の政府
37.	恨	（动）	hèn	hate	恨む
38.	肚子	（名）	dùzi	stomach	腹
39.	放心大胆		fàngxīn dàdǎn	be at ease	安心して大胆に
40.	秤	（名）	chèng	steelyard	はかり
41.	串	（量）	chuànr	measure word	さげたものの単位
42.	懒得	（动）	lǎnde	don't want to	する気がしない
43.	逃	（动）	táo	run away	逃げ去る

44.	擦	（动）	cā	wipe away (sweat)	拭く
45.	小偷	（名）	xiǎotōu	thief	泥棒
46.	感觉	（动、名）	gǎnjué	feel	感覚
47.	天地之别	（成）	tiāndì zhībié	a world of difference	天壌の別、天と地ほどの違い

专　名

1.	云南	Yúnnán	Yunnan	雲南（省）
2.	石林	Shílín	Shilin	石林
3.	西双版纳	Xīshuāngbǎnnà	Xishuangbanna	西双版納
4.	景洪	Jǐnghóng	Jinghong	景洪

语法点

1. 竟然　　一年的任务竟然半年就完成了。
2. 真不知　问他什么他都不说话，真不知他到底怎么了。

背景

人们都有买东西的有趣经历，本文是一个作者在云南买东西的感受，听听他怎么说。

练　习

一、听前五段，回答下列问题：
　　1. 作者以前到过云南吗？

2. 作者去云南前对那儿有什么印象？
　　3. 作者先到了哪个城市？
　　4. 在云南作者买了什么东西？花了多少钱？
　　5. 昆明的少女们怎样卖东西？
　　6. 看到外国人买东西的情景，作者怎样想？
　　7. 作者的同事买同样的东西花了多少钱？
　　8. 看到同事买东西的情景，作者又怎样想？

二、听第六、七、八段，回答下列问题：
　　1. 在西双版纳，作者买了什么东西？
　　2. 作者花了多少钱？
　　3. 小姑娘讨价还价吗？
　　4. 在景洪，水果价钱怎么样？
　　5. 作者在那里买了什么东西？
　　6. 卖主为什么追他们？
　　7. 卖主追到他们了吗？
　　8. 作者回来后在想什么问题？

三、根据课文内容，选择正确答案：
　　1. a. 一次　　b. 两次　　c. 三次
　　2. a. 香蕉　　b. 菠萝　　c. 杏儿
　　3. a. 广州　　b. 西双版纳　　c. 昆明
　　4. a. 份量不够　　b. 吃不了　　c. 不好吃

四、作者在西双版纳买杏儿时，是怎样变得"听话"的？
五、作者在云南买东西有好几次情绪变化，试讲出来。
六、根据课文意思，选择填空：
　　1. 开始我对朋友的话_____。（毫不怀疑、半信半

疑）
2. 看到外国人买了东西，我心里更_____。（愉快、过意不去）
3. 她们对外国人都不____。（欺骗、讨价还价）
4. 我突然看见了她那双____的大眼睛。（纯洁、漂亮）
5. 我们擦擦头上的汗，好像我们是____的小偷。（逃跑、被抓）
6. 昆明和西双版纳给人的感觉_____。（不太一样、完全不同）

七、根据课文内容，填表：

作者是哪里人？	
作者性格怎样？	
作者所到之地的顺序	

乙　辨真识假器

生　词

1. 辨真识假器　　biànzhēn shíjiǎ qì　　the small instrument that can distinguish the genuine from the fake　　真偽識別機械

2.	辨别	（动）	biànbié	distinguish	弁別する
3.	晕头转向	（成）	yūntóu zhuànxiàng	confused	頭がくらくらして方角も分らなくなる
4.	烦	（形）	fán	be fed up with	煩わしい
5.	天使	（名）	tiānshǐ	angel	天使
6.	屏幕	（名）	píngmù	screen	画面
7.	精致	（形）	jīngzhì	delicate	精巧で細密である
8.	电钮	（名）	diànniǔ	button	スイッチ
9.	亮	（动）	liàng	turn on	ひかる
10.	废铁	（名）	fèitiě	scrap iron	くず鉄
11.	顶用	（形）	dǐngyòng	useful	役に立つ
12.	走后门		zǒu hòuménr	go through private channels	裏口から工作する
13.	束	（量）	shù	measure word	たば
14.	人造	（形）	rénzào	man-made	人造
15.	镜子	（名）	jìngzi	mirror	鏡
16.	柜	（名）	guì	cupboard	カウンター，棚
17.	清理	（动）	qīnglǐ	clear away	徹底的に処理する
18.	真伪	（名）	zhēnwěi	genuine and fake	真偽

19.	购买	（动）	gòumǎi	buy	購入する
20.	老头儿	（名）	lǎotóur	old man	年寄りの男
21.	火眼金睛	（成）	huǒyǎn jīnjīng	sharp-eyed	眼光のするどい目
22.	谨防	（动）	jǐnfáng	beware of	慎重に防ぐ
23.	假冒	（动）	jiǎmào	fake	本ものに見せかける
24.	丧气	（形）	sàngqì	lose heart	しょげる
25.	劝	（动）	quàn	persuade	仲直りさせる
26.	摔	（动）	shuāi	throw	投げ捨てる
27.	不料	（副）	búliào	unexpectedly	思いがけなく
28.	闪	（动）	shǎn	flast	きらきら光る
29.	一个劲儿	（副）	yīgèjìnr	continuous	休みなく

语法点

1. 走后门　　这个工作是他走后门得到的。
2. 不料　　　我们早就计划这个周末骑车去郊游,不料一早就刮起了大风,只能告吹。
3. 一个劲儿　别一个劲儿地催,我越着急越慢。

背景

现在市场上伪劣商品很多。为了避免上当,人们在想各种办法。市场上又出现了一种"辨真识假器",它的效果怎么样呢?……

练 习

一、根据对话内容，回答下列问题：
1. 小高最近忙什么？
2. 小高对广告有什么看法？
3. 小高看见的广告是什么人做的？
4. 小高的"辨真识假器"是很容易买到的吗？
5. 小高买了什么东西？当时他觉得"辨真识假器"怎么样？
6. "辨真识假器"亮绿灯和红灯时各表示什么意思？
7. 大李看的广告是什么人做的？
8. 大李的"辨真识假器"用过没有？
9. 两个人的"辨真识假器"相对时亮了什么灯？
10. 小高对这个结果感到意外吗？
11. 小高的孩子为什么跟别的孩子打起来？

二、根据对话内容，判断正误：
1.　　2.　　3.　　4.　　5.

三、小高看的广告是怎么做的？

四、大李看的广告是怎么做的？

五、商店里为什么不把假货清理出去？

第 五 课

甲　花钱买满意

生　词

1. 满意　　（动）　mǎnyì　　　satisfy　　　　満足する
2. 散场　　（动）　sànchǎng　（of a the-　芝居などが
　　　　　　　　　　　　　　　atre, cine-　終わる
　　　　　　　　　　　　　　　ma, etc.)
　　　　　　　　　　　　　　　empty after
　　　　　　　　　　　　　　　the show
3. 汗　　　（名）　hàn　　　　sweat　　　　汗
4. 搭　　　（动）　dā　　　　 spend　　　　損をする
5. 饮料　　（名）　yǐnliào　　drink　　　　飲み物
6. 愉悦　　（形）　yúyuè　　　delight　　　たのしい
7. 精神　　（形）　jīngshen　 spirit　　　 気持ち，精
　　　　　　　　　　　　　　　　　　　　　　神
8. 夜校　　（名）　yèxiào　　 night　　　　夜学
　　　　　　　　　　　　　　　school
9. 日常　　（形）　rìcháng　　daily　　　　日常
10. 消费　　（名）　xiāofèi　 consume　　　消費する
11. 也许　　（副）　yěxǔ　　　maybe…　　　 かも知れな
　　　　　　　　　　　　　　　　　　　　　　い

12.	留意	（动）	liúyì	keep one's eyes open	気にとめる
13.	因素	（名）	yīnsù	factor	要素
14.	贯串	（动）	guànchuàn	run through	つきぬける
15.	卖主	（名）	màizhǔ	seller	売り手
16.	选择	（动）	xuǎnzé	choose	選択する
17.	品种	（名）	pǐnzhǒng	variety	品種
18.	比较	（动）	bǐjiào	compare	比べる
19.	排除	（动）	páichú	eliminate	排除する
20.	置…于不顾		zhì…yú búgù	do not care	ほったらかして置く
21.	恰恰	（副）	qiàqià	exactly	ちょうど
22.	表明	（动）	biǎomíng	show	表明する
23.	官商	（名）	guānshāng	state-run business	国営の商売
24.	一统天下	（成）	yītǒng tiānxià	completely control	天下を完全に支配する
25.	局面	（名）	júmiàn	situation	局面
26.	剥夺	（动）	bōduó	deprive	剥奪する
27.	趾高气扬	（成）	zhǐgāo qìyáng	be swallen with arrogance	意気揚々として
28.	低三下四	（成）	dīsān xiàsì	humble	へりくだって
29.	发达	（形）	fādá	developed	発達する
30.	至少	（副）	zhìshǎo	at least	少なくとも
31.	重新	（副）	chóngxīn	again	もう一度

32.	提醒	（动）	tíxǐng	remind	注意を促す
33.	绸缎庄	（名）	chóuduànzhuāng	silk and satins	絹織物の商店
34.	热情	（形）	rèqíng	warm	熱心に
35.	空手	（副）	kōngshǒu	empty-handed	素手で，何も買わないで
36.	买卖	（名）	mǎimài	business, trade	商売
37.	花样	（名）	huāyàng	method	模様，様式
38.	奖券	（名）	jiǎngquàn	lottery ticket	宝くじ
39.	雇	（动）	gù	hire	雇う
40.	投资	（动）	tóuzī	invest	投資する
41.	亏本	（动）	kuīběn	lose money in business	損をする
42.	装修	（动）	zhuāngxiū	ornament, fit up	装飾する
43.	周到	（形）	zhōudào	considerate	ゆきとどく
44.	另当别论	（成）	lìngdāng biélùn	another matter	…を別とする
45.	就…来说		jiù…láishuō	as far as … is concerned	…について
46.	趋势	（名）	qūshì	tendency	傾向

语法点

1. 也许　　　　他也许会来，如果他知道的话。

2. 置…于不顾	为了拍摄狮子的生活情况，他们置自己的安全于不顾，每天都在森林里等待狮子的出现。	
3. 至少	今天的气温至少有32℃，明天还会更高。	
4. 就…来说/看	就你的身体条件来说，爬上这座山没有问题。	

背景

花钱可以买到很多东西，物质的、精神的。本文从"满意"这个角度来分析人们的消费心理。

练 习

一、听第一段，回答下列问题：
　　1. 看得见摸得着的是什么东西？
　　2. 看电影之后得到的是什么？
　　3. 去舞场得到的又是什么？
　　4. 上夜校能有什么收获？
二、听第二、三段，回答下列问题：
　　1. 什么因素在消费行为中贯串始终？
　　2. 人们购物时，一般考虑哪几个方面？
　　3. 什么情况下人们将不考虑购物时的几个因素？
　　4. 消费心理的另一方面是什么？
三、听第四、五段，回答下列问题：
　　1. 过去买卖双方关系怎么样？是什么原因造成的？
　　2. 现在双方关系怎么样？为什么会有这种变化？
　　3. 什么成了消费者追求的目标？

4. 在早年的绸缎庄里，店主是怎样做买卖的？
5. 现在的卖主用什么样的方法销售？
6. 购买电冰箱一例，为什么说"有点冤枉"？

四、听第六、七段，回答下列问题：
1. 卖主投资的目的是什么？
2. 气派大的饭店最后为什么要多收费？
3. 作者认为社会发展的一个趋势是什么？

五、根据课文内容，选择正确答案：
1. a. 价格　　b. 质量　　c. 服务态度
2. a. 质量好　　b. 让人高兴　　c. 便宜

六、根据课文内容填空：
1. 有买家具、电器＿＿＿＿的，有买东西＿＿＿＿的。
2. 卖主既然要使人满意，总要＿＿＿；既＿了＿，就要＿＿＿。

乙　真让人担心

生　词

1. 行业	（名）	hángyè	occupation	ビジネス
2. 不惜	（动）	bùxī	not hesitate (to do sth.)	惜しまず
3. 重金	（名）	zhòngjīn	high price	大金
4. 宝贝	（名）	bǎobèi	darling (baby)	可愛い赤ちゃん
5. 优厚	（形）	yōuhòu	superior	手厚い
6. 家长	（名）	jiāzhǎng	parents	世帯主

7.	精美	（形）	jīngměi	refined	精巧で美しい
8.	以…为荣		yǐ…wéiróng	take … as a glory	…を…光栄だと思う
9.	布置	（动）	bùzhì	decorate	かざり立てる
10.	手枪	（名）	shǒuqiāng	pistol	ピストル
11.	估计	（动）	gūjì	estimate	推量する
12.	不下…	（动）	búxià…	approximate	少なくも
13.	侧面	（名）	cèmiàn	an aspect	側面
14.	过…	（副）	guò…	too, overdo	…すぎる
15.	出手	（动）	chūshǒu	spend (money)	金を出す
16.	繁荣	（形）	fánróng	prosperous	繁栄
17.	过分	（形）	guòfèn	excessive	行き過ぎている
18.	溺爱	（动）	nì'ài	spoil	溺愛する
19.	疼爱	（动）	téng'ài	love dearly	可愛がる
20.	重	（动）	zhòng	pay attention to	重んじる
21.	物质	（名）	wùzhì	material	物質
22.	刺激	（动）	cìji	stimulate	刺激する
23.	莫名其妙	（成）	mòmíng qímiào	unable to make head or tail of sth.	さっぱり訳がわからない

24.	攀比	（动）	pānbǐ	keep up with the Joneses	比べる
25.	炫耀	（动）	xuànyào	show off	ひけらかす
26.	表现	（动）	biǎoxiàn	show off	表現する
27.	…欲	（名）	…yù	desire	欲
28.	虚荣心	（名）	xūróngxīn	vanity	虚荣心
29.	温床	（名）	wēnchuáng	hotbed	温床
30.	染	（动）	rǎn	acquire (a bad habbit)	そまる
31.	不良	（形）	bùliáng	unbealthy	よくない
32.	习气	（名）	xíqì	habit	悪習
33.	邪路	（名）	xiélù	evil way	不正な道
34.	体现	（动）	tǐxiàn	reflect	具体的に表現する
35.	投入	（动）	tóurù	invest	投資する
36.	塑造	（动）	sùzào	form	型にはめて造り上げる
37.	回味	（动）	huíwèi	ponder over	深く考える

语法点

1. 以…为荣　她以丈夫的成就为荣。
    以讲卫生为荣。
2. 不下…　参加这次马拉松长跑的不下2000人。
3. 过＋形容词　鱼缸里的鱼不那么精神了,大概是氧气过少,得换换水了。

背景

儿童消费水平过高引起了一些人的担忧,两个节目主持人正在谈论这个问题。

练 习

一、根据对话内容,回答下列问题:
1. 现在的小家庭中什么消费最高?
2. 年轻的父母们有一种什么心理?
3. 送礼的人为什么买的礼物越来越贵?
4. 文中认为儿童消费增长的原因有几个?主要是什么?
5. 父母对孩子的教育跟过去相比有什么变化?
6. 那些大量为孩子花钱的家长是出于什么样的心态?
7. 什么样的人容易学坏?
8. 文中认为应该怎样引导孩子的消费习惯?

二、根据对话内容,选择正确答案:
1. a. 汽车　　b. 游戏机　　c. 小动物
2. a. 男主持人　　b. 男主持人的同学
   c. 男主持人的朋友
3. a. 谁给自己的孩子买的东西多
   b. 谁家的孩子长得漂亮
   c. 谁家的孩子听话

三、根据对话内容,判断正误:
　　1.　　2.　　3.　　4.

四、根据对话内容，填空：
1. 以自己的孩子吃最_____的，玩最_____的为荣。
2. 送礼的人_____也越来越大。
3. 主要原因在于他们的父母过分地_____。
4. 家长们之间有一种莫名其妙的攀比_____。
5. 这话____回味。

第 六 课

甲　广告六则

生　词

（一）

1. 广告　　　（名）　guǎnggào　　advertisement　　広告
2. 芝麻　　　（名）　zhīma　　　　sesame　　　　　ごま
3. 糊　　　　（名）　hú　　　　　　paste　　　　　ねばねばした液体
4. 粉　　　　（名）　fěn　　　　　 powder　　　　こな
5. 口袋　　　（名）　kǒudài　　　 bag　　　　　　ポケット
6. 一模一样　（成）　yīmú yīyàng　exactly the same　全く同じい
7. 牌儿　　　（名）　páir　　　　 brand　　　　　マーク、商標

（二）

1. 过敏　　　（动）　guòmǐn　　　allergic　　　　アレルギー
2. 难受　　　（形）　nánshòu　　 feel unwell　　堪え難い，つらい
3. 风疙瘩　　（形）　fēng gēda　 rash　　　　　 じんましん

4.	花粉	（名）	huāfěn	pollen	花粉
5.	易发	（动）	yìfā	likely to catch (desease)	かかり易い
6.	犯困	（动）	fànkùn	feel sleepy	眠気を催す

（三）

1.	化妆	（动）	huàzhuāng	put on make-up	化粧する
2.	系列	（名）	xìliè	a set of	シリーズ
3.	美容	（动）	měiróng	improve looks	美容
4.	含有	（动）	hányǒu	contain	含む
5.	人体	（名）	réntǐ	human body	人体
6.	必需	（动）	bìxū	necessary	必要な
7.	微量	（形）	wēiliàng	micro	微量
8.	元素	（名）	yuánsù	element	元素
9.	循环	（名）	xúnhuán	circulation	循環する
10.	嫩白	（形）	nènbái	delicate and white	せん細で美しい
11.	滋润	（形）	zīrùn	moisturize	うるおい
12.	效果	（名）	xiàoguǒ	effect	効果

（四）

1.	药丸	（名）	yàowánr	pill	丸薬
2.	服（药）	（动）	fú (yào)	take	（薬を）のむ

3.	中药	（名）	zhōngyào	Chinese medicine	漢方薬
4.	肺	（名）	fèi	lung	肺臓
5.	液	（名）	yè	liquid	液，汁
6.	糖浆	（名）	tángjiāng	syrup	シロップ
7.	镇咳	（动）	zhènké	relieve a cough	咳止め
8.	祛	（动）	qū	make (expectoration easy)	去る，散らす
9.	痰	（名）	tán	phlegm	痰
10.	平喘	（动）	píngchuǎn	relieve asthma	喘息を治す
11.	清脆	（形）	qīngcuì	clear and melodious	音声が軽快である
12.	甜美	（形）	tiánměi	sweet	甘ったるく美しい
13.	除	（动）	chú	get rid of	取り除く

（五）

1.	金鱼	（名）	jīnyú	gold fish	金魚
2.	洗涤灵	（动）	xǐdílíng	detergent	洗剤
3.	露脸	（动）	lòuliǎn	look good as a result of honour	面目を施す
4.	好些	（形）	hǎoxiē	many	多い
5.	使	（动）	shǐ	use	使う

6. 体会	(动)	tǐhuì	under-standing	体得する
7. 餐具	(名)	cānjù	tableware	食事の道具
8. 厨房	(名)	chúfáng	kitchen	台所
9. 自打	(介)	zìdǎ	since	…から
10. 勤	(形)	qín	frequent	熱心にする、まめにする
11. 老伴儿	(名)	lǎobànr	(of an old married couple) husband or wife	つれあい（年寄り夫婦の一方）

（六）

1. 类型	(名)	lèixíng	type	類型
2. 牙周	(名)	yázhōu	periodontosis	歯齦、歯茎
3. 疾病	(名)	jíbìng	disease	病気
4. 口腔	(名)	kǒuqiāng	oral cavity	口腔
5. 有害	(动)	yǒuhài	harmful	有害
6. 细菌	(名)	xìjūn	germ	細菌
7. 致病	(动)	zhìbìng	cause disease	病気を招く
8. 罪魁祸首	(成)	zuìkuí huòshǒu	chief criminal	元凶
9. 明显	(形)	míngxiǎn	obvious	はっきり
10. 有效	(形)	yǒuxiào	effective	有効である

11.	抑制	（动）	yìzhì	restrain	おさえる
12.	存活	（动）	cúnhuó	exist	生存する
13.	预防	（动）	yùfáng	prevent	予防する
14.	认准	（动）	rènzhǔn	make sure	はっきり見分ける

专　名

1.	广西	Guǎngxī	Guangxi	広西
2.	甜甜	Tiántian（人名）	Tiantian	甜甜（人名）
3.	息斯敏	Xīsīmǐn	Hismanal	シスミン
4.	杨森	Yángsēn	Yangsen	ヤンスン
5.	霞飞	Xiáfēi	Xiafei	霞飛
6.	两面针	Liǎngmiànzhēn	Liangmianzhen	両面針
7.	柳州	Liǔ Zhōu	Liuzhou	柳州

语法点

1. 易＋动词　　　　在北京春天易患流行性感冒。
2. 含有　　　　　　我厂生产的方便面不含防腐剂，味道鲜美，是居家旅游的良好食品。
3. 自打…　　　　　自打有了孩子，这对夫妇就一天也没清闲过。
4. 有（害、效、用）这种杀虫剂能有效地杀死蚊蝇，对人体无害。
5. 灵　　　　　　　这种药治感冒特别灵，一吃就好。

背景

现在生活中到处都有广告,电视上、广播里、大街上。对此有人喜欢有人烦。可是不管怎样,广告仍然存在而且越来越多。

练 习

一、听两遍第一则广告,选择正确答案:
1. a. 看的　　b. 穿的
   c. 吃的　　d. 玩的
2. a. 一种　　b. 两种
   c. 三种　　d. 四种

二、再听两遍第一则广告,简单回答下列问题:
1. 谈话的男女是什么关系?
2. 男的要考考女的,他要考什么?
3. 广告中的商品是哪个工厂生产的?
4. 广告中的商品是什么牌子?

三、听两遍第二则广告,简单回答下列问题:
1. "息斯敏"是什么东西?
2. 广告中有一位男士,他得了什么病?

四、再听两遍第二则广告,选择正确答案:
1. a. 风疙瘩也是过敏吧?
   b. 这是皮肤过敏吧?
   c. 风疙瘩不是过敏吧?
2. a. 春秋　　b. 息斯敏　　c. 花粉
   d. 风疙瘩　　e. 灰尘

3. a．一天一片　　b．息斯敏　　c．不犯困

五、听两遍第三则广告，简单回答下列问题：
1. 男女两个人准备干什么？
2. 这是一则关于什么商品的广告？
3. 广告中的商品叫什么名字？

六、听三遍第三则广告的旁白，回答下列问题：
1. 广告中的商品是不是首次生产？
2. 广告中的商品含有什么营养成分？
　　含有十多种＿＿＿＿＿＿＿，以及多种＿＿＿＿＿。
3. 这种商品有什么优点？
　　可以促进＿＿＿＿＿，＿＿＿＿皮肤。

七、听两遍第四则广告，简单回答下列问题：
1. 广告中的药品是给什么人吃的？
2. 广告中的药品可以治什么病？
3. 广告中的药品是哪个药厂生产的？

八、再听两遍第四则广告，选择正确答案：
1. a．药片　　b．药水　　c．药丸
2. a．三个　　b．两个
　　c．一个　　d．四个

九、复述广告最后小女孩说的话。

十、听两遍第五则广告，简单回答下列问题：
1. 说话的男子是老人还是年轻人？为什么？
2. 说话的男子开始时跟谁说话？最后又跟谁说话？
3. 广告中的商品主要是用来干什么的？

十一、再听一遍第五则广告,简单回答下列问题:
1. 广告中的商品是什么牌子?
2. 广告中的男的过去不喜欢干什么?现在呢?
3. 最后男的让他的妻子去干什么?

十二、再听一遍第五则广告,注意这一广告的语言特色(北京话、口语),解释下列加点词语的意思:
1. 这种东西在咱北京还真露脸。
2. 听说全国好些地方都使这种东西。
3. 用它洗水果什么的还真不赖。
4. 过去我不爱洗衣服,自打有了洗衣机,我洗衣服可勤了。

十三、听两遍第六则广告,简单回答下列问题:
1. 这是一则什么商品的广告?
2. 广告中的商品是哪个工厂生产的?

十四、再听两遍第六则广告,回答下列问题:
1. 这一商品是什么牌子?
2. 广告告诉我们全国有多少人得了牙周疾病?
3. 广告认为是什么东西导致了牙周疾病?

乙 女人与广告

生 词

1. 进入	(动)	jìnrù	entre into	はいる
2. 文明	(形)	wénmíng	civilization	文明
3. 象征	(动)	xiàngzhēng	symbol	象徴する

4.	共同	（形）	gòngtóng	common	共通の
5.	家伙	（名）	jiāhuo	(little)chap	あいつ
6.	入迷	（动）	rùmí	be fascinated	ファンになる
7.	相反	（形）	xiāngfǎn	opposite	相反する
8.	讨厌	（动）	tǎoyàn	dislike	嫌う
9.	换台	（动）	huàntái	change channel	チャンネルを換える
10.	突出	（形）	tūchū	outstanding	一番目立つ
11.	同感	（名）	tónggǎn	same feeling	同感
12.	献	（动）	xiàn	dedicate	ささげる、上げる
13.	难道	（副）	nándào	an adverb used to make tag questions emphatic	まさか…ではないだろうね
14.	加	（动）	jiā	plus	その上に
15.	粗俗	（形）	cūsú	vulgar	粗末で俗っぽい
16.	片面	（形）	piànmiàn	one-sided	一方的
17.	回忆	（动）	huíyì	call to mind	回想する
18.	深刻	（形）	shēnkè	profound	深刻な
19.	排斥	（动）	páichì	exclude	排斥する
20.	女性	（名）	nǚxìng	female	女性
21.	个性	（名）	gèxìng	individuality	個性

22.	实质	（名）	shízhì	essence	実質
23.	与众不同	（成）	yǔzhòng bùtóng	out of the ordinary	一般のものと異なる
24.	必	（副）	bì	must	必ず
25.	达到	（动）	dádào	reach	遂げる
26.	目的	（名）	mùdì	purpose	目的

专　名

1.	威力	Wēilì	Weili	威力
2.	牡丹	Mǔdān	Peony	牡丹
3.	丰田	Fēngtián	Toyota	豊田

语法点

1. 难道　　　河水难道会倒流吗？
2. 必　　　　你放心，我明天三点钟必到。
3. 达到…目的　经过一番努力，我终于达到了出国留学的目的。

背景

随着中国经济的改革开放，商业广告也越来越多，但怎样做广告，也是一门专门学问，下面两个人的一段对话就对中国目前广告中存在的问题提出了自己的看法。

练　习

一、听一遍全文，简单回答下列问题：

1. 男的喜欢看电视广告吗？
2. 现在做广告的最大问题是什么？

3. 最后男的着急开电视看什么？
二、再听一遍全文，选择正确答案：
1. a. 朋友　　b. 师生　　c. 父子
2. a. 汽车、电视　　　　b. 洗衣机、电视
   c. 录音机、洗衣机　　d. 计算机、洗衣机
3. a. 六个　　　　b. 十四个
   c. 二十个　　　d. 四个
4. a. 教室里　　　b. 商店里
   c. 办公室里　　d. 家里
5. a. 早上八点半　　b. 晚上八点三十分
   c. 八点

三、听一遍全文，判断正误：
1.　2.　3.　4.　5.　6.　7.

四、根据对话内容，选择正确答案：
1. a. 他和他儿子很谈得来
   b. 他和他儿子说一样的话
   c. 他和他儿子很能玩在一起
   d. 他和他儿子有一样的兴趣
2. a. 她想看又不想看
   b. 她想看却不能看
   c. 她想看却看不懂
3. a. 她也有很深的印象
   b. 她也有和过去一样的感觉
   c. 她和男的看法一致
4. a. 生活中男人也用洗衣机

  b．生活中男人当然不用洗衣机

  c．生活中男人用洗衣机吗

 5．a．漂亮 b．温柔 c．有个性 d．特别高

 6．a．广告不同于大众生活

  b．广告不同于一般的艺术

  c．广告要做得有特点，和别的广告不一样

五、根据对话内容，说出或写出对话中的三个广告的广告词：

 1．汽车广告：

 2．洗衣机广告：

 3．计算机广告：

六、根据对话内容，填空并朗读：

 1．小家伙一看广告就____。

 2．这是国内广告的一个最____的问题。

 3．这种看法也太____，太片面了。

 4．做广告不一定____女性。

七、讨论：

 1．谈一谈你对广告的看法。

 2．现在你们国家电视上什么商品广告做得比较多？

 3．试举一、两个你印象较深的广告词。

第 七 课

甲 铁路运输与自然灾害

生 词

1. 铁路	（名）	tiělù	railway	鉄道
2. 运输	（名）	yùnshū	transportation	運輸、輸送
3. 灾害	（名）	zāihài	disaster	災害
4. 国民	（名）	guómín	national	国民
5. 经济	（名）	jīngjì	economy	経済
6. 建设	（名）	jiànshè	construction	建設
7. 密切	（形）	mìqiè	close	密切な
8. 血脉	（名）	xuèmài	blood vessel	血脈、大動脈
9. 中断	（动）	zhōngduàn	(traffic) be held up	中断する
10. 累计	（动）	lěijì	accumulate	総計する
11. 直接	（形）	zhíjiē	direct	直接的な
12. 损失	（名）	sǔnshī	damage	損失を出す
13. 系统	（名）	xìtǒng	system	系統
14. 台风	（名）	táifēng	typhoon	台風
15. 暴雨	（名）	bàoyǔ	rainstorm	大雨

#	中文	词性	拼音	English	日本語
16.	洪水	(名)	hóngshuǐ	flood	洪水
17.	河流淤积		héliú yūjī	rivers are choked with silt	川の土砂が沈殿にたまる
18.	泥石流	(名)	níshíliú	mud-rock-flow	土石流
19.	地震	(名)	dìzhèn	earthquake	地震
20.	凌晨	(名)	língchén	before dawn	あかつき、深夜
21.	激发	(动)	jīfā	arouse	激発する
22.	桥	(名)	qiáo	bridge	橋
23.	机车	(名)	jīchē	locomotive	機関車
24.	邮政	(名)	yóuzhèng	mail, postal	郵便電信業務
25.	奔腾咆哮		bēnténg páoxiāo	roar and roll on in waves	水が激しく音をたてて流れる
26.	丧生	(动)	sàngshēng	die	死亡する
27.	罕见	(形)	hǎnjiàn	rare	まれに見る
28.	次生	(形)	cìshēng	secondary	副次的な
29.	颠覆	(动)	diānfù	overturn	転覆する
30.	岸	(名)	àn	bank	岸
31.	拦腰	(副)	lányāo	around the middle	中途から横切
32.	截断	(动)	jiéduàn	cut off	切断する
33.	泛滥	(动)	fànlàn	overflow	氾濫する
34.	淹没	(动)	yānmò	flood	溺れる

35.	低洼	(形)	dīwā	low-lying (land)	くぼ地
36.	以致	(连)	yǐzhì	as a result	…させられる
37.	沙石	(名)	shāshí	sand and stone	砂と石のまじったもの
38.	下游	(名)	xiàyóu	lower reaches (of a river)	下流
39.	堵塞	(动)	dǔsè	block up	ふさぐ
40.	数据	(名)	shùjù	statistics	データ
41.	商业	(名)	shāngyè	commerce, trade	商業
42.	总值	(名)	zǒngzhí	total value	総計
43.	能力	(名)	nénglì	ability	能力
44.	相距	(名)	xiāngjù	at a distance of	間隔
45.	上升	(动)	shàngshēng	increase	上昇する、高める
46.	设计	(名)	shèjì	design	設計
47.	关注	(动)	guānzhù	concern	関心をもつ

专 名

| 1. | 成昆铁路 | | Chéngkūn Tiělù | Chengkun Railway Line | 成都から昆明までの鉄道 |
| 2. | 大渡河 | | Dàdù Hé | Dadu River | 大渡河 |

语法点

1. 以致　　这一地区受到了严重的工业污染,以致粮食产量急剧下降。
2. 还是　　啤酒还是冰镇一下更好喝。
　　　　　你最好还是亲自去看一看再决定。

背景

自然灾害常常不可预料,会对人民生活造成很大危害。本文从铁路运输方面来分析探讨减灾问题。

练　习

一、听前三段,判断正误:

　　1.　　2.　　3.　　4.　　5.

二、听第四段,回答下列问题:

　　1. 泥石流冲翻列车后就停止了吗?
　　2. 大渡河因泥石流堵塞产生了什么后果?
　　3. 泥石流对大渡河沿岸地区造成了什么危害?
　　4. 泥石流过后沿河公路交通情况怎么样?
　　5. 泥石流对大渡河下游造成了什么危害?
　　6. 次生灾害有什么特点?

三、听第五段,回答下列问题:

　　1. 铁路部门一般对什么数据计算比较准确?
　　2. 什么损失比铁路部门的损失更大?

四、听最后两段,回答下列问题:

　　1. 1987年全国铁路运输量与多少年前相比增加了977%?

2. 北京到天津的铁路线上运输能力怎么样？

3. 哪些方面的因素影响了铁路的安全运输环境？

五、课文中列举了一些危害铁路的自然灾害，你能举出一些危害农业的灾害吗？请填表：

危害铁路的自然灾害	
危害农业的自然灾害	

乙　那边儿闹水灾了

生　词

1.	沉甸甸	（形）	chéndiāndiān	heavy	ずっしり重い
2.	捐款	（动）	juānkuǎn	donate money	金を寄付する
3.	人心惶惶	（成）	rénxīn huánghuáng	in a state of anxiety	人心が不安である
4.	淘汰	（动）	táotài	fall into disuse	淘汰する、不用になる
5.	帮一把		bāngyībǎ	help	助ける
6.	盯	（动）	dīng	stare	見つめる
7.	那位	（名）	nàwèi	my husband	家の主人
8.	当兵	（动）	dāngbīng	serve in the army	兵隊になる

9.	派	（动）	pài	send	派遣する
10.	粮食	（名）	liángshi	grain	食糧
11.	报名	（动）	bàomíng	sign up	申し込む
12.	一塌糊涂	（成）	yītāhútú	in a complete mess	めちゃくちゃに
13.	多亏	（副）	duōkuī	thanks to	～おかげで、幸いにも
14.	救援	（动）	jiùyuán	rescue	救援する
15.	及时	（形）	jíshí	timely	間に合う、適時な
16.	原始森林		yuánshǐ sēnlín	virgin forest	原始林
17.	烧	（动）	shāo	burn	焼く
18.	规律	（名）	guīlǜ	law	法則
19.	由	（动）	yóu	obey	よる、従う
20.	预测	（动）	yùcè	forecast	前もって予測する
21.	防患于未然	（俗）	fánghuàn yúwèirán	take preventive measures	災害を未然に防ぐ
22.	堤坝	（名）	dībà	dam	ダム
23.	意识	（名）	yìshi	awareness	意識
24.	灾情	（名）	zāiqíng	the condition of a disaster	罹災情況、災状
25.	平安	（形）	píng'ān	safe and sound	平穏無事な

26.	绷	（动）	bēng	stretch	ひっぱる，ぴんと張る
27.	弦	（名）	xián	bowstring	（楽器）弦
28.	赈灾	（动）	zhènzāi	aid the victims of natural disasters	罹災者を救済する
29.	演出	（动）	yǎnchū	perform	上演する
30.	实况转播		shíkuàng zhuǎnbō	live broadcast	実況放送
31.	剧场	（名）	jùchǎng	theatre	劇場
32.	雅座	（名）	yǎzuò	private room (in a theatre, etc)	特別席
33.	义演	（名、动）	yìyǎn	benefit performance	慈善興行
34.	过	（动）	guò	go past	越す

专　名

1. 安徽　　　　Ānhuī　　　Anhui　　　安徽
2. 唐山　　　　Tángshān　　Tangshan　　唐山
3. 大兴安岭　　Dàxīng'ān Lǐng　Da xing an ling　大興安嶺

语法点

1. 帮一把　　　　这个书架太重，一个人搬不动。
　　　　　　　　劳驾帮我一把。

2. 看把＋名＋形/动＋的　　听到这个消息他又唱又跳,看把他高兴的!

背景

安徽省遭了特大水灾,各地都在大力支援。一般市民对灾区情况关心程度如何呢?公共汽车上,两位妇女在聊天。

练　习

一、根据对话内容判断正误:
  1.　　2.　　3.　　4.　　5.
  6.　　7.　　8.　　9.　　10.

二、根据对话内容,回答下列问题:
  1. 人们一般捐的是些什么衣服?
  2. 现在各单位都在忙什么?
  3. 二兰的朋友认为造成严重水灾的原因是什么?
  4. 赈灾音乐会将有哪些人参加演出?
  5. 二兰的朋友为什么不去看演出?

三、二兰的朋友列举了三次大灾,请写下来:
  1.
  2.
  3.

四、讲讲你所知道的一次较大灾害。这次灾害造成了什么后果?当时的社会反应如何?

第 八 课

甲　小动作，大学问

生　词

1.	动作	（名）	dòngzuò	movement	動作
2.	指出	（动）	zhǐchū	point out	指摘する
3.	性格	（名）	xìnggé	personality	性格
4.	修养	（名）	xiūyǎng	cultivation	教養
5.	姿势	（名）	zīshì	gesture	姿勢
6.	拣	（动）	jiǎn	pick up	拾う
7.	家教	（名）	jiājiào	upbringing	家庭のしつけ
8.	张	（动）	zhāng	spread	ひろげる
9.	靠拢	（动）	kàolǒng	draw close	寄せる
10.	膝	（名）	xī	knee	膝
11.	弯腰	（动）	wānyāo	bend	腰をかがめる
12.	蹲	（动）	dūn	squat	しゃがむ
13.	并拢	（动）	bìnglǒng	keep together	合わせる
14.	装	（动）	zhuāng	pretend	真似する
15.	国籍	（名）	guójí	nationality	国籍

16.	阵	（量）	zhèn	measure word	風などを数える助数詞
17.	按	（动）	àn	press	押える
18.	民风	（名）	mínfēng	folk custom	民間の風俗
19.	一清二楚	（成）	yìqīng'èrchǔ	very clear	はっきりしている
20.	旧历年	（名）	jiùlìnián	Chinese Lunar New Year	旧暦の新年
21.	水龙头	（名）	shuǐlóngtóu	tap	蛇口
22.	罐	（名）	guàn	jug	かん
23.	插头	（名）	chātóu	plug	プラグ
24.	拔	（动）	bá	pull out	抜きとる
25.	漏	（动）	lòu	leak	漏る
26.	橡皮垫	（名）	xiàngpídiàn	rubber spacer	ゴムパッキング
27.	软垫	（名）	ruǎndiàn	soft spacer	パッキング、クッション
28.	材料	（名）	cáiliào	material	材料
29.	不佳	（形）	bùjiā	not so good	よくない
30.	密度	（名）	mìdù	density	密度
31.	大凡	（副）	dàfán	in most cases	およそ
32.	过于	（动）	guòyú	too much	…過ぎる
33.	喧闹	（形）	xuānnào	noisy	騒がしい
34.	声量	（名）	shēngliàng	volume	ボリューム

35.	稠	(形)	chóu	dense	稠密な
36.	纺织厂	(名)	fǎngzhī chǎng	textile mill	紡績工場
37.	故意	(副)	gùyì	deliberately	わざと
38.	道谢	(动)	dàoxiè	thank	お礼を言う
39.	惊讶	(形)	jīngyà	surprise	おどろく
40.	惹	(动)	rě	make	…させる
41.	转弯	(动)	zhuǎnwān	turn	角をまがる
42.	惊险	(形)	jīngxiǎn	dangerous	スリル
43.	缺乏	(动)	quēfá	lack	欠けている
44.	久而久之	(成)	jiǔ'érjiǔzhī	as time passes	長くつづけると
45.	养成	(动)	yǎngchéng	cultivate, form	養成する

语法点

1. 何必　　路不太远，何必坐车呢？
2. 大凡　　烤鸭有点腻，这一点大凡吃过烤鸭的人都知道。
3. 起初　　这件事起初只有他一个人知道，不知道怎么传出去的。
4. 久而久之　上小学的时候我就开始用左手写字，久而久之，就养成了用左手做事的习惯。

背景

　　每个人都有习惯动作，但很少有人注意，至于习惯动作背后的秘密，知道的人就更少了。

练　习

一、听第一遍，回答下列问题：
　　1. 教授是哪国人？
　　2. 课文中提到了哪些国家和地区？
二、听第二遍，选择正确答案：
　　1. a. 张开两腿　　b. 靠拢两腿
　　　 c. 一条腿压着另一条腿
　　2. a. 一条腿压着另一条腿　　b. 张开两腿
　　　 c. 靠拢两腿
　　3. a. 美国的　　b. 中国的　　c. 日本的
　　4. a. 中国的　　b. 日本的　　c. 法国的
　　5. a. 日本的　　b. 美国的　　c. 中国的
　　6. a. 春节　　b. 元旦　　c. 去年
　　7. a. 安全　　b. 用完了　　c. 坏了
　　8. a. 去过香港　　b. 香港人说话声音大
　　　 c. 香港很吵闹
　　9. a. 他的朋友感谢他
　　　 b. 他的朋友使劲关车门
　　　 c. 他的朋友生气了
三、听课文，指出下列哪些情况课文中没谈到：
　　行为反映习惯　　行为反映性格
　　行为反映修养　　行为反映爱好
　　行为反映特点　　行为反映家里的情况
　　行为反映国家的情况

四、根据课文内容，详细回答下列问题：
  1. 教授请中国学生去他家吃饭时发生了什么事？
  2. 发生在教授家里的事说明了什么？
  3. 教授的朋友怎样关车门，为什么？

五、下列每题后都有三个词语，请指出与划线部分相当的词语：
  1. 东西方民风之不同，一下看得<u>一清二楚</u>。
     a．清楚　　b．比较清楚
     c．清清楚楚
  2. 事后，仔细<u>琢磨</u>，终于想通了。
     a．研究　　b．考虑　　c．分析
  3. 大凡人挤人的地方，由于<u>过于</u>喧闹，人们说话时声量就不得不大一<u>些</u>。
     a．很　　b．非常　　c．太
  4. （教授）以为自己哪点做得不合适，<u>惹</u>对方不高兴呢。
     a．引起　　b．把　　c．被

六、根据课文内容填空：
  1. 由中国人坐的姿势和__东西的动作，可以看得出家教。
  2. 在大陆，水龙头一定容易__水。
  3. 至于__插头，更显示了大陆的电器容易出问题。
  4. 一个__然的机会，教授才弄清楚这完全是一个误会。
  5. 几十年下来，对车门不要说是____信任了，甚至都有了恐惧感。

七、请你谈一两件习惯动作反映社会情况的事例。

乙 他们的声音太大了

生　词

1. 看头	（名）	kàntou	sth. worth seeing	見どころ
2. 哈欠	（名）	hāqian	yawn	あくび
3. 挨	（动）	āi	next to	そばにある
4. 铺位	（名）	pùwèi	bed	布団を敷く所、ベッド
5. 一带	（名）	yídài	area	一帯，あたり
6. 哇哩哇啦	（拟）	wāliwālā	onomatopoeia	がやがや
7. 嗓门	（名）	sǎngménr	voice	のど，声
8. 折腾	（动）	zhēteng	turn from side to side	苦しめる
9. 宿	（量）	xiǔ	measure word	ひと晚
10. 稠密	（形）	chóumì	dense	密度が高い
11. 吵闹	（形）	chǎonào	noisy	騒がしい
12. 断定	（动）	duàndìng	conclude	断定する
13. 龙舟	（名）	lóngzhōu	dragon boat	竜首を船首に飾った舟
14. 观察	（动）	guānchá	observe	観察する
15. 集中	（动）	jízhōng	concentrate	集まる

16.	开小差	（动）	kāi xiǎochāi	absent-minded	気が散る
17.	嫌	（动）	xián	dislike	嫌う
18.	嚷嚷	（动）	rāngrang	shout，yell	わめく
19.	十有八九		shíyǒu bājiǔ	most likely	十中八九
20.	悬乎	（形）	xuánhu	unreliable	あぶない,たよりない
21.	定时	（动）	dìngshí	set time	タイマーをセットする

专　名

广东　　　　Guǎngdōng　　　Guangdong　　　広東（省）

语法点

1. 真是　　他怎么还不来，真是的。
2. 果然不假　小王说第二天要下雨，果然不假，第二天早上就下起来了。
3. 再说　　现在去找他，怕来不及了，再说他也不一定愿意来。
4. 悬乎　　一个月就能学好汉语？这也太悬乎了！
5. 千万　　明天千万不要下雨。

背景

有的人说话时嗓门比较高，他们是哪些人呢？有没有规律呢？请听对话。

练 习

一、听第一遍，选择正确答案：
1. a. 火车上　　b. 旅馆里　　c. 电影院
2. a. 出差　　b. 开会　　c. 旅游
3. a. 教师　　b. 工人　　c. 学生

二、听第二遍，判断正误：
1.　　2.　　3.　　4.　　5.
6.　　7.

三、听第三遍，选择正确答案：
1. a. 太困了　　b. 电视没意思
   c. 太累
2. a. 人很多　　b. 很吵闹　　c. 没有说
3. a. 旅游　　b. 做生意　　c. 比赛
4. a. 研究这个问题
   b. 注意这个问题
   c. 调查这个问题
5. a. 教师　　b. 工人　　c. 演员
6. a. 声音大　　b. 没修养　　c. 爱吵架
7. a. 起床时叫他　　b. 早点睡
   c. 明天开会
8. a. 他有闹钟　　b. 外边很吵闹
   c. 他可以叫他

四、听对话，归纳要点：
1. 年轻人昨天晚上为什么没睡好觉？

75

①

②

2. 年轻人认为教师声音大的原因是什么？

①

②

五、下列每题后都有三个词语，请找出与划线部分相当的词语：

1. 昨天晚上睡了<u>一宿</u>还没睡好哇。

    a. 一夜　　b. 半天　　c. 半夜

2. 我<u>平时</u>比较留意这些方面的事。

    a. 平常　　b. 常常　　c. 经常

3. <u>再说</u>，大声讲课，还能集中学生注意力。

    a. 再说一次　　b. 或者　　c. 另外

4. 不过你说的<u>十有八九</u>是老师，也太悬乎了。

    a. 很少　　b. 百分之八十九　　c. 十分之八九

5. 我<u>熬不住</u>了，我先睡了。

    a. 受不了　　b. 坚持不住

    c. 难受极了

6. 第一天，千万不能<u>睡过头</u>。

    a. 晚睡　　b. 早睡　　c. 起晚了

六、跟读下列句子：

1. 昨天晚上睡了一宿还没睡好哇。

2. 别提了，昨天晚上我根本就没睡着。

3. 那几个人也真是，一路上只听他们在说，哪来那么多好说的。

4. 你说的还真是那么回事,不说别的,我自己就是这样。

第 九 课

甲　简短新闻五则

生　词

（一）

1.	消息	（名）	xiāoxi	news	情報
2.	探险	（动）	tànxiǎn	explore	探険する
3.	靠近	（动）	kàojìn	near	近寄る
4.	森林	（名）	sēnlín	forest	森
5.	英尺	（量）	yīngchǐ	foot	フィート
6.	英寸	（量）	yīngcùn	inch	インチ

（二）

1.	艘	（量）	sōu	measure word	隻
2.	新型	（形）	xīnxíng	new type	新型の
3.	豪华	（形）	háohuá	luxurious	豪華な
4.	游轮	（名）	yóulún	boat	遊覧船
5.	明珠	（名）	míngzhū	bright pearl	真珠
6.	首航	（动）	shǒuháng	first voyage	処女航海

7.	代	（量）	dài	measure word	世代
8.	超	（形）	chāo	super	特級の スーパー
9.	设	（动）	shè	install	設置する
10.	总统	（名）	zǒngtǒng	president	大統領
11.	套间	（名）	tàojiān	suit	スイートルーム
12.	特等	（形）	tèděng	special class	特等
13.	标准	（名）	biāozhǔn	standard	標準
14.	双人	（名）	shuāngrén	double	ツイン（部屋など）
15.	载	（动）	zài	carry	乗せる

（三）

1.	报道	（动）	bàodào	report	報道
2.	统计	（动）	tǒngjì	statistics	統計をとる
3.	海湾	（名）	hǎiwān	gulf	入り海
4.	居民	（名）	jūmín	resident	住民
5.	人均	（名）	rénjūn	average per-head	平均一人
6.	采取	（动）	cǎiqǔ	take	講ずる，とる
7.	措施	（名）	cuòshī	measure	措置
8.	开辟	（动）	kāipì	open up	新設する
9.	渠道	（名）	qúdào	channel	道，手段
10.	扩大	（动）	kuòdà	enlarge	拡大する

11.	出口	（动）	chūkǒu	export	輸出する
12.	竞争	（动）	jìngzhēng	compete	競争する

（四）

1.	强烈	（形）	qiángliè	violent	強烈な
2.	造成	（动）	zàochéng	bring about	（ある結果を）もたらす
3.	至	（动）	zhì	to…	まで
4.	当地	（名）	dāngdì	local	現地
5.	人士	（名）	rénshì	person	人士
6.	震级	（名）	zhènjí	(earthquake) magnitude	震度
7.	震中	（名）	zhèngzhōng	epicentral area	震源
8.	约	（副）	yuē	about	約
9.	幢	（量）	zhuàng	measure word	建物を数えるときの助数詞
10.	建筑物	（名）	jiànzhùwù	building	建物
11.	倒塌	（动）	dǎotā	collapse	くずれ倒れる
12.	灾区	（名）	zāiqū	disaster area	災害地
13.	通讯	（名）	tōngxùn	communication	通信
14.	联络	（动）	liánluò	contact	連絡
15.	死亡	（动）	sǐwáng	death	死亡

16.	以来	（介）	yǐlái	since	以来

（五）

1.	萧条	（形）	xiāotiáo	slump	不景気な
2.	冷落	（形）	lěngluò	deserted	もの寂しい
3.	产房	（名）	chǎnfáng	delivery room	産室
4.	卫生局	（名）	wèishēngjú	public health bureau	衛生局
5.	报告	（名）	bàogào	report	報告，レポート
6.	至今	（动）	zhìjīn	up to now	今に至るまで
7.	市区	（名）	shìqū	city	市街地
8.	综合性		zōnghéxìng	comprehensive	総合
9.	妇女	（名）	fùnǚ	women	婦人
10.	儿童	（名）	értóng	children	児童
11.	接生	（动）	jiēshēng	deliver a child	助産する
12.	分析	（动）	fēnxī	analyse	分析する
13.	现象	（名）	xiànxiàng	phenomenon	現象
14.	及其	（连）	jíqí	and	及び
15.	家属	（名）	jiāshǔ	family members	家族
16.	陈旧	（形）	chénjiù	out-of-date	古い

17.	观念	(名)	guānniàn	idea, concept	観念
18.	命苦	(形)	mìngkǔ	cruel fate, misfortune	運が悪い
19.	躲	(动)	duǒ	avoid	さける
20.	猴	(名)	hóu	monkey	猿
21.	新生儿	(名)	xīnshēng'ér	new-born baby	新生児
22.	急剧	(副)	jíjù	rapid	急ぐ，急に
23.	引起	(动)	yǐnqǐ	cause	引き起す
24.	部门	(名)	bùmén	(government) department	部門
25.	重视	(动)	zhòngshì	attach importance to	重視する
26.	告诫	(动)	gàojiè	warn	戒める
27.	凑热闹		còurènao	add trouble to	さわぐ入る

专　名

1.	新华社		Xīnhuá Shè	Xinhua News Agency	新華社
2.	亚洲		Yà Zhōu	Asia	アジア
3.	伦敦		Lúndūn	London	ロンドン

4.	约翰·布拉什弗斯内尔	Yuēhàn·Bùlāshífúsīnèi'ěr	person's name	人名
5.	尼泊尔	Níbó'ěr	Nepal	ネパール
6.	喜玛拉雅山	Xǐmǎlāyǎ Shān	The Himalayas	ヒマラヤ山
7.	斯里兰卡	Sīlǐlánkǎ	Sri Lanka	スリランカ
8.	重庆	Chóngqìng	Chongqing	重慶
9.	武汉	Wǔhàn	Wuhan	武漢
10.	沙特阿拉伯	Shātè Ālābó	Saudi Arabia	サウジアラビア
11.	《中东报》	Zhōngdōng Bào	Middle East	《中東新聞》
12.	印度	Yìndù	India	インド
13.	安卡拉	Ānkǎlā	Angola	アンカラ
14.	土耳其	Tǔ'ěrqí	Turkey	トルコ
15.	格林威治	Gélínwēizhì	Greenwich	グリニッジ
16.	里氏	Lǐshì	Richter scale	り氏
17.	伊斯坦布尔	Yīsītǎnbù'ěr	Istanbul	イスタンブール
18.	沈阳	Shěnyáng	Shenyang	瀋阳

语法点

1. 人均　　到2000年，这个国家将达到人均收入800美元的水平。
2. 采取…措施　　我们要采取有效措施，彻底解决环境污染问题。

3. 以来　　　　自古以来，人们都用这种草治病。
4. 及其　　　　奥委会主席萨马兰奇及其随行人员已于昨日抵京。

背景

　　这五则新闻，都是从广播、报纸上选的，有国内的，也有国外的，内容涉及社会生活的不同方面。

练　习

一、听两遍第一则新闻，选择正确答案：
　　1. a. 经济　　　　b. 体育
　　　 c. 自然科学　　d. 亚洲国家
　　2. a. 尼泊尔　　b. 斯里兰卡
　　　 c. 英国

二、再听一遍第一则新闻，选择正确答案：
　　1. a. 最大的森林　　b. 世界上最大的象
　　　 c. 亚洲最大的象
　　2. a. 探险队的领导　　b. 记者
　　　 c. 英国政府领导　　d. 探险家
　　3. a. 11英尺3英寸
　　　 b. 11英尺1英寸
　　　 c. 10英尺6英寸
　　　 d. 11英尺2英寸

三、用自己的话复述约翰·布拉什弗斯内尔的话。

四、听两遍第二则新闻，简单回答下列问题：
　　1. 新闻中提到了几个城市？

2. "长江明珠"号是什么?

3. "总统套间"在此条新闻中指什么?

五、再听一遍第二则新闻,根据课文内容填空:

此船设有特等间、____间、双人间,可____一百五十六人。

六、听两遍第三则新闻,选择正确答案:

1. a. 科学　　b. 体育
   c. 经济　　d. 军事

2. a. 中国　　b. 海湾
   c. 斯里兰卡　d. 印度

3. a. 印度　　b. 中国
   c. 斯里兰卡　d. 沙特阿拉伯

七、根据新闻内容,判断正误:

1.

2.

八、听两遍第四则新闻,简单回答下列问题:

1. 土耳其东部今天发生了什么事情?

2. 哪个国家的记者采访了这件事?

3. 在这次灾难中最少有多少人死亡?

九、再听一遍第四则新闻,简单回答下列问题:

1. 在这一灾难中受破坏最厉害的是哪个地区?为什么?

2. 格林威治时间17时20分是土耳其东部时间几点?

3. 新闻中一位人士说"现在与灾区的通讯联络已经中断",这是什么意思?

4. 口头复述这一新闻的主要内容。

十、听两遍第五则新闻,简单回答下列问题:

1. 课文所说春节前出生的孩子是什么属相?春节后出生的孩子呢?

2. 春节前出生的孩子多还是春节后出生的孩子多?

十一、再听两遍第五则新闻,选择正确答案:

1. a. 沈阳各大医院去年一年工作人员很少,现在多起来了。

   b. 沈阳各大医院去年一年来生孩子的妇女很少,现在多起来了。

   c. 沈阳各大医院去年一年工作很安静,现在工作很热闹。

2. a. 猴子的孩子

   b. 由猴子照顾的孩子

   c. 属猴儿的孩子

   d. 猴子和孩子

十二、根据新闻内容,回答下列问题:

为什么年轻夫妇不愿意在春节前生孩子而想在春节后生孩子呢?

乙 飞来的灾难

生 词

1. 灾难　　（名）　zāinàn　　disaster　　災難

2.	中年	（名）	zhōngnián	middle-aged	中年
3.	报纸	（名）	bàozhǐ	newspaper	新聞
4.	知识	（名）	zhīshi	knowledge	知識
5.	称职	（动）	chènzhí	be qualified	～とは呼べなら任にたえる
6.	管	（动）	guǎn	take care	しつける、教育する
7.	航模	（名）	hángmó	model airplane	航空機や船の模型
8.	亚军	（名）	yàjūn	second place	準優勝（競技）
9.	吓一跳		xiàyítiào	frightened	びっくりする
10.	语文	（名）	yǔwén	Chinese	国語
11.	功课	（名）	gōngkè	studies	学科目
12.	过	（动）	guò	pass	パスする
13.	星星	（名）	xīngxing	star	星
14.	撞	（动）	zhuàng	run into	衝突する
15.	版	（名）	bǎn	page	～面
16.	外电	（名）	wàidiàn	foreign news agencies	外電
17.	天文学	（名）	tiānwénxué	astronomy	天文学
18.	观测	（动）	guāncè	observe	観測する
19.	行星	（名）	xíngxīng	planet	惑星

20.	距	(介)	jù	at a distance from	離れている
21.	近期	(名)	jìnqī	recent	近ごろ
22.	相	(副)	xiāng	each other	両方が
23.	目前	(副)	mùqián	now	いま
24.	寻找	(动)	xúnzhǎo	look for	さがす
25.	末日	(名)	mòrì	end	最期の日
26.	糊涂	(形)	hútu	bewildered	わけがわからない
27.	天文台	(名)	tiānwéntái	observatory	天文台
28.	水落石出	(成)	shuǐluò shíchū	when the water subsides the rocks emerge. — the whole thing comes to light.	真相をはっきりさせる

语法点

1. 吓一跳　别嚷了！你把我吓一跳。
2. 距　距北京城五十公里，有一处新开发的旅游景点，十分美丽。
3. 近期　第十届世界花样滑冰大赛近期将在奥地利首都维也纳举行。
4. 相　他们两人计划明年在北京再相会。

背景

报纸是我们生活中不可缺少的东西,几乎人人都要看报纸,从中了解各种信息。有的消息让人高兴,有的消息让人吃惊,也有的让人哭笑不得。这对夫妇正在看报纸,他们又看到了什么呢?

练 习

一、听一遍全文,简单回答下列问题:
1. 夫妇两人最有可能在哪儿聊天?
2. 对话中的"洋洋"是什么人?
3. 最后夫妇两人要干什么?

二、再听两遍全文,选择正确答案:
1. a. 地球要撞星星了。
   b. 地球要爆炸了。
   c. 星星要和地球相撞了。
2. a. 记者　　b. 作家
   c. 教师　　d. 天文学家
3. a. 看报纸　　b. 写小说
   c. 不教育孩子
4. a. 大学　　b. 小学　　c. 中学
5. a. 不好　　b. 很好　　c. 比较好
6. a. 害怕　　b. 相信　　c. 怀疑
7. a. 电视台　　b. 天文台
   c. 气象台　　d. 天文馆

三、根据对话内容,判断正误:
   1.　　2.　　3.　　4.　　5.　　6.　　7.

四、再听一遍全文,用自己的话讲一讲这对夫妇在报纸上看到的新闻。

五、听句子,选择正确答案:

1. a. 非常着急
   b. 很害怕
   c. 跳了一下

2. ① a. 变暖　　b. 变热　　c. 变冷
   ② a. 明、后两天
   　 b. 最近一段时间
   　 c. 一个月以内

3. a. 吃苹果　　b. 休息　　c. 做作业

4. a. 听了小王的话我更明白了。
   b. 听了小王的话我反而不明白了。
   c. 小王的话让我很生气。

5. a. 很好　　b. 没说　　c. 不好

第 十 课

甲 我和茶

生 词

1. 绝	（副）	jué	most	きわめて
2. 清神醒脑		qīngshén xǐngnǎo	refresh the spirit and clear the mind	頭がさえる
3. 消化	（动）	xiāohuà	digest	消化
4. 害	（名）	hài	harm	害
5. 夺	（动）	duó	take by force	奪う
6. 随处可见		suíchù kějiàn	can be seen everywhere	いたる所に見える
7. 大致	（副）	dàzhì	about, roughly	だいたい
8. 经历	（名、动）	jīnglì	go through	経過する
9. 阶段	（名）	jiēduàn	period	段階
10. 解（渴）	（动）	jiě(kě)	quench the (thirst)	渇きをいやす
11. 军营	（名）	jūnyíng	army camp	兵営

12.	稍	(副)	shāo	a bit	ちょっと
13.	陶醉	(动)	táozuì	intoxicate	陶酔する
14.	猛烈	(形)	měngliè	strong	猛烈な
15.	隐隐	(副)	yǐnyǐn	faint	かすかに
16.	魅力	(名)	mèilì	attraction	魅力
17.	消除	(动)	xiāochú	get rid of	取り除く
18.	浪漫主义	(名)	làngmàn zhǔyì	romanticism	ロマンティシズム
19.	幻想	(动)	huànxiǎng	fantasy	幻想する
20.	加工	(动)	jiāgōng	process	加工する
21.	过程	(名)	guòchéng	course	過程
22.	工序	(名)	gōngxù	procedure	製造過程
23.	防止	(动)	fángzhǐ	prevent	防ぐ
24.	发酵	(动)	fājiào	ferment	発酵する
25.	保持	(动)	bǎochí	keep	保持する
26.	叶芽	(名)	yèyá	leave	若葉
27.	天然	(形)	tiānrán	natural	天然の
28.	泡	(动)	pào	make (tea)	(お茶を)いれる
29.	碧绿清澄		bìlǜ qīngchéng	green and clear	青緑色
30.	可口	(形)	kěkǒu	tasty	おいしい
31.	明目清火		míngmù qīnghuǒ	clear the eyes and internal heat	熱をとり去り目がはっきりする
32.	介于	(动)	jièyú	between	介在する

33.	甘醇	（形）	gānchún	sweet and rich	甘い
34.	饮	（动）	yǐn	drink	飲む
35.	无穷	（形）	wúqióng	endless	限りがない
36.	培养	（动）	péiyǎng	cultivate	培養する
37.	乐颠颠	（形）	lèdiāndiān	joyful	嬉しげに
38.	拜倒	（动）	bàidǎo	prostrate (oneself)	傾倒する
39.	偶尔	（副）	ǒu'ěr	once in a while	たまに，偶然に
40.	招待	（动）	zhāodài	treat	もてなす
41.	征服	（动）	zhēngfú	conquer	魅了する
42.	程序	（名）	chéngxù	procedure	順序
43.	弥漫	（动）	mímàn	spread all over the place	行き渡る
44.	敢情	（副）	gǎnqíng	so	なるほど
45.	图	（动）	tú	seek	はかる

专　名

1.	滇		Diān	Dian (abbreviation for Yunnan)	雲南省の別名
2.	白兰		Báilán	Orchid tea	白蘭花
3.	滇绿		Diānlǜ	Dian lü	滇緑茶
4.	屯绿		Túnlǜ	Tunlu	茶の名

93

5. 浙江	Zhèjiāng	Zhejiang	浙江省
6. 碧螺春	Bìluóchūn	Biluochun	銘茶の名
7. 乌龙茶	Wūlóng Chá	Oolong	ウーロン茶
8. 鲁迅文学院	Lǔxùn Wénxuéyuàn	Lu Xun Academy of Literature	鲁迅文学院
9. 大红袍	Dàhóngpáo	one kind of Black Tea	茶の名
10. 武夷山	Wǔyí Shān	Wuyi Mountain	武夷山
11. 武夷岩茶	Wǔyíyán Chá	Wuyi rock tea	茶の名

语法点

1. 大致　　今年的气温跟去年大致相同。
2. 完全　　我完全同意他的意见。
3. 仅仅　　这座大桥仅仅半年就完工了。
4. 既…又…　汉字既难写又难认。
5. 偶尔　　我不常看电影，有时偶尔看一两场。

背景

茶是世界上第一大饮料，茶为什么有这么大的市场，这么大的吸引力呢？请听"我"的感受。

练 习

一、听第一遍，选择正确答案：

1. a. 几年　　b. 一年　　c. 很长时间
2. a. 三个　　b. 两个　　c. 不知道

二、听第二遍，判断正误：
   1.   2.   3.   4.   5.
   6.   7.   8.

三、根据课文内容，指出下列哪些茶课文中谈到了，并指出它们的产地：
   乌龙茶　　滇绿　　　屯绿　　　龙井
   碧螺春　　大红袍　　白兰花茶　茉莉花茶
   普洱茶　　毛尖　　　武夷岩茶

四、听第三遍，选择正确答案：
   1. a. 茶清神醒脑，帮助消化，不怕上瘾
      b. 茶无毒，对身体没有害处，帮助消化
      c. 茶无毒，解渴，不怕上瘾
   2. a. 解渴　　b. 喜欢茶的颜色
      c. 除去水中的怪味
   3. a. 喜欢花香　　b. 解渴
      c. 味道好
   4. a. 水的质量不好
      b. 水里有菜味
      c. 不知道
   5. a. 加工工序很多　　b. 没有发酵
      c. 茶叶都是叶芽

五、根据课文内容，详细回答下列问题：
   1. "我"在北京时为什么只喝绿茶？
   2. 乌龙茶有哪些特点？
   3. "我"的乌龙茶瘾是怎么培养起来的？

4. 喝乌龙茶有哪些讲究？

5. 喝乌龙茶第一道茶汤为什么要倒掉？

六、根据课文内容填空：

1. 很少看见家庭主妇一把__下丈夫的茶壶，不让喝茶的。

2. 有时买一斤__好的"白兰花茶"。

3. 在解渴之外，也曾____感到茶的魅力。

4. 饮后满嘴甜香，回味无穷，给人以一种特殊的美的____。

5. 比如第一道水是不入口的，称为"洗茶"，实际上是用这道茶__杯子。

乙　这下我就放心了

生　词

1. 路基	（名）	lùjī	roadbed	路床
2. 滑坡	（动）	huápō	landslide	滑りやすくなった
3. 耽搁	（动）	dānge	delay	遅れる
4. 只顾	（副）	zhǐgù	only for	…にかまける
5. 大饱眼福		dàbǎo yǎnfú	feast one's eyes on sth.	見て楽しい
6. 欠	（动）	qiàn	lack	欠く

#	中文	词性	拼音	英文	日文
7.	火候	（名）	huǒhou	degree of heating	火加減
8.	将就	（动）	jiāngjiu	make do	がまんする
9.	特意	（副）	tèyì	specially	わざわざ
10.	质地	（名）	zhìdì	quality	質
11.	地道	（形）	dìdao	excellent	良い
12.	货真价实	（成）	huòzhēn jiàshí	genuine goods at a fair price	正真正銘の
13.	嗜好	（名）	shìhào	hobby	道楽
14.	产地	（名）	chǎndì	producing area	産地
15.	牺牲	（动）	xīshēng	at the expense of	（時間が）つぶれる
16.	不敢当		bùgǎndāng	do not deserve	申しわけない
17.	不愧	（副）	búkuì	prove to be	…に恥じない
18.	清澈	（形）	qīngchè	clear	澄み切っている
19.	碧绿	（形）	bìlǜ	green	深緑色
20.	细细	（副）	xìxì	careful	ゆっくり，詳しく
21.	品	（动）	pǐn	taste	味わう
22.	俱	（副）	jù	all	いずれも

专　　名

1. 苏杭　　　Sū Háng　　Suhang (abbrevia-　蘇州と杭州(地名)
　　　　　　　　　　　tion for Suzhou
　　　　　　　　　　　and Hangzhou)
2. 宜兴　　　Yíxīng　　　Yixing　　　　　宜興（地名）
3. 西湖　　　Xī Hú　　　the West Lake　 西湖

语法点
1. 只顾　　　　　　他只顾看电视，忘了还有课。
2. 将就　　　　　　衣服稍微小了点，你将就着穿吧。
3. 起码　　　　　　上海离北京起码有一千五百公里。
4. 这么跟你说吧…　A：你一个月能挣多少钱？
　　　　　　　　　B：这么跟你说吧，我一天挣的是你一个月挣的，你说我一月挣多少？
5. 不敢当　　　　　A：你的汉语说得真棒。
　　　　　　　　　B：不敢当，不敢当。

背景
老王喝茶上瘾，无论去哪儿，都要买点儿当地的名茶。这次去苏杭，肯定又买了不少茶，不信，请你听听。

练　　习

一、听第一遍，选择正确答案：
　　1. a. 家里　　b. 办公室　　c. 不清楚
　　2. a. 朋友　　b. 同事　　　c. 同学

3. a. 茶　　　b. 旅游　　　c. 茶壶

二、听第二遍，判断正误：
1.　　2.　　3.　　4.

三、听第三遍，选择正确答案：
1. a. 星期二　　b. 星期三　　c. 星期一
2. a. 下暴雨　　b. 铁路不通　　c. 买茶
3. a. 水不开　　b. 茶叶不好
　 c. 水不开，茶叶不好
4. a. 便宜　　b. 贵
　 c. 不贵也不便宜
5. a. 样子好　　b. 质地好
　 c. 样子、质地都好
6. a. 一天　　b. 半天　　c. 半天多
7. a. 四盒　　b. 五盒　　c. 没说
8. a. 一盒　　b. 四盒　　c. 两盒
9. a. 每次都带　　b. 经常带
　 c. 很少带

四、根据课文内容，详细回答下列问题：
1. 老王为什么没逛好西湖？
2. 另一个男的觉得龙井怎么样？

五、听下列句子，指出是什么语气：
1. a. 惊讶　　b. 高兴　　c. 一般
2. a. 生气　　b. 自我责备　　c. 后悔
3. a. 骄傲　　b. 得意　　c. 满意
4. a. 责备　　b. 批评　　c. 生气

六、跟读下列句子：

1. 哟，是老王啊，你不是出差了吗？
2. 嘻，只顾说话，忘了给你沏茶了。
3. 收获嘛，当然不用说了，可以说大饱了一次眼福。
4. 唉，那边的茶叶不错，你没捎点回来？
5. 出去一次让你破费一次，实在不敢当哟。

七、下列每题后都有三个词语，请指出与划线部分意思相当的词语：

1. 给你，上午的水，沏茶<u>欠</u>点火候。
   a. 差　　b. 需要　　c. 太多
2. 你先<u>将就</u>着喝一杯。
   a. 将要　　b. 凑合　　c. 讲究
3. 但是考虑到来一次不容易，还是<u>咬咬牙</u>买了一只。
   a. 下决心　　b. 咬牙齿
   c. 狠狠地
4. 我这个人吧，没有别的<u>嗜好</u>。
   a. 特点　　b. 优点　　c. 爱好
5. 咱们之间说这样的话不就<u>见外</u>了吗？
   a. 看见外边　　b. 当外人看待
   c. 不应该

第 十 一 课

甲 从宇宙看长城

生 词

1.	宇宙	（名）	yǔzhòu	universe	宇宙
2.	进发	（动）	jìnfā	set out	出発する
3.	整个	（形）	zhěnggè	whole	全体、全部
4.	项	（量）	xiàng	measure world	助数詞
5.	随	（介）	suí	along with	従って
6.	太空	（名）	tàikōng	space	宇宙空間
7.	航天器	（名）	hángtiānqì	space shuttle	宇宙ロケット
8.	宇航员	（名）	yǔhángyuán	astronaut	宇宙飛行士
9.	借助（于）	（动）	jièzhù（yú）	with the help of	…を借りて
10.	望远镜	（名）	wàngyuǎnjìng	telescope	望遠鏡
11.	误	（动）	wù	mistaken	あやまる
12.	形状	（名）	xíngzhuàng	shape	形状

13.	暗淡	（形）	àndàn	dim	暗くて不鮮明な
14.	线条	（名）	xiàntiáo	line	線
15.	英里	（量）	yīnglǐ	mile	マイル
16.	轨道	（名）	guǐdào	orbit	軌道
17.	上空	（名）	shàngkōng	above	上空
18.	遗憾	（形）	yíhàn	regret	残念
19.	飞行	（动）	fēixíng	fly	飛行する
20.	观看	（动）	guānkàn	watch	見る，ながめる
21.	绕	（动）	rào	move round	まわる
22.	周	（量）	zhōu	measure word	まわり
23.	坐失良机	（成）	zuò shī liáng jī	let slip a good opportunity	みすみすよい機会を失う
24.	所谓	（动）	suǒwèi	so-called	いわゆる
25.	主观	（形）	zhǔguān	subjective	主観的な
26.	否定	（动）	fǒudìng	negate	否定する
27.	摄影	（动）	shèyǐng	take a photo	撮影
28.	高度	（名）	gāodù	height	高さ
29.	宽	（形）	kuān	wide	広い
30.	冲刷	（动）	chōngshuā	wash away	浸食する
31.	即使	（连）	jíshǐ	even	たとえ…でも
32.	进一步		jìyíbù	further	さらに

33.	陆地	（名）	lùdì	land	陆地
34.	阻挡	（动）	zǔdǎng	stop	はばまれて
35.	堆积	（动）	duījī	pile up	堆積する
36.	显然	（形）	xiǎnrán	obviously	明らかに

专　名

1.	威廉·博格		Wēilián·Bógé	William Boag	人名
2.	运河	（名）	Yùn Hé	Canal	運河
3.	卡尔·赫尼兹		Kǎ'ěr·Hènízī	karl Heneage	人名
4.	理查德·安德伍德		Lǐchádé·Āndéwǔdé	Richard Edwood	人名

语法点

1. 随着　　随着政治局势的稳定，经济也逐步发展起来了。
2. 借助于　　在上山的小道儿上，许多人都借助于手杖登山。
3. 遗憾的是　唉，遗憾的是我又一次失去了夺取冠军的机会。
4. 即使　　即使你当时在场，恐怕也没有别的办法。
5. 进一步　　为了进一步说明这一问题，他又举了十几个例子。

背景

长城是中国古老的建筑，也是世界几大奇观之一。围绕着长城有许多古代传说。在当今科学飞速发展的今天，关于长城又有了新的故事,请听课文。

练 习

一、听一遍全文,选择正确答案:
　　1. a. 一位　　b. 两位　　c. 三位
　　2. a. 到长城旅游
　　　 b. 关于长城的一些情况
　　　 c. 在太空能否看到长城
　　　 d. 宇航员关于长城大小的科学试验

二、再听一遍第一、二、三段,简单回答下列问题:
　　1. 游客来北京旅游的一个重要活动是什么?
　　2. 所谓从宇宙看长城,指的是什么?(提示:从哪儿看?离地球多远?)

三、再听两遍第四、五两段,判断正误:
　　1.　　2.　　3.　　4.

四、再听一遍第四、五段,选择正确答案:
　　1. a. 长城　　b. 大运河　　c. 暗淡的线条
　　2. a. 几百公里　　b. 一百英里
　　　 c. 几百英里　　d. 一百公里
　　3. a. 关于长城的材料和图片
　　　 b. 关于长城的材料
　　　 c. 关于长城的材料和地图
　　　 d. 关于长城的地图
　　4. a. 飞机飞得太快　　b. 天气不好
　　　 c. 没有作好准备
　　5. a. 三个　　b. 两个　　c. 四个

五、再听第四、五段，填空并朗读：
 1. 看长城必须＿＿＿＿望远镜。
 2. 地球上的长城，＿＿＿很特别，是一条暗淡的＿＿＿。
 3. 航天飞机每九十分钟＿＿地球＿＿＿。

六、再听两遍第六、七段，回答下列问题：
 1. 美国专家理查德·安德伍德主要做什么工作？
 2. 关于从太空看长城这个问题，美国专家理查德·安德伍德是什么看法？

七、再听一遍第六、七两段，选择正确答案：
 1. a. 能从太空中看到长城是宇航员们自己的看法。
    b. 能从太空中看到长城是宇航员们的主要看法。
    c. 宇航员们误认为能从太空中看到长城。
    d. 能从太空中看到长城是宇航员们的一般看法。
 2. a. 能   b. 不能   c. 可能
 3. a. 风沙   b. 沙石   c. 霜雪

八、再听一遍全文，回答下列问题：
 1. 从宇宙航天飞机上看地球上的长城应该具备哪三个条件？
 2. 美国专家理查德·安德伍德认为从太空中不太可能看到地球上的长城，他的根据是什么？

乙　不到长城非好汉

生　词

1. 晒　　（动）　shài　　(sun) tanned　　日焼けをする

2.	皮	（名）	pí	skin	皮膚
3.	沿途	（名）	yántú	along the journey	途中で、道に沿う
4.	雅兴	（名）	yǎxìng	in poetic mood	高尚な趣味
5.	土堆	（名）	tǔduī	mound	土を盛り上げた小山
6.	留影	（动）	liúyǐng	take a photo as a momento	記念撮影する
7.	外行	（名）	wàiháng	layman	素人
8.	转眼	（副）	zhuǎnyǎn	in a very short time	またたく間に
9.	考古	（动）	kǎogǔ	archaeology	考古学の研究をする
10.	蒙	（动）	mēng	cheat	うそをいえ
11.	尽头	（名）	jìntóu	end	果て
12.	起于	（动）	qǐyú	start from	…から始まる
13.	突发奇想		tūfā qíxiǎng	hit upon a strange idea	奇想がひらめく
14.	登	（动）	dēng	climb	登る
15.	历代	（名）	lìdài	past dynasties	歴代
16.	行程	（名）	xíngchéng	distance of travel	旅行の日程

17.	见闻	(名)	jiànwén	what one sees and hears	見聞
18.	沿线	(名)	yánxiàn	along the journey	沿線
19.	置身（于）	(动)	zhìshēn (yú)	place oneself in sth.	身を置く
20.	忘却	(动)	wàngquè	forget	忘れる
21.	人世间		rénshìjiān	this world	世の中
22.	烦恼	(名)	fánnǎo	worry	なやみ

专　名

1.	王平	Wáng Píng	WangPing	王平
2.	方明	Fāng Míng	Fang Ming	方明
3.	秦代	Qín Dài	Qhin Dynasty	秦朝
4.	老龙头	Lǎolóngtóu	Laolongtou	老竜頭（地名）
5.	甘肃	Gānsù	Gansu	甘粛省
6.	临洮	Líntáo	Lintao	臨洮

语法点

1. 非　　这个展览上的文物都是非卖品，不管出多高的价钱他们也不卖。
2. 置身于　你这样做无疑是把自己置身于危险的境地之中。

背景

到中国不登长城就好比到埃及不看金字塔，那是非常遗憾的。中国有句俗语："不到长城非好汉。"那么，生活在长城的故乡的中国年轻人又是怎样"当好汉"的呢？请听对话。

练 习

一、听一遍全文，简单回答下列问题：
 1. 这两个人主要在谈什么？
 2. 最后这两个人要去干什么？

二、再听一遍全文，选择正确答案：
 1. a. 瘦了　　b. 胖了　　c. 黑了
 2. a. 土堆前　　b. 明代长城前
　　c. 秦代长城前
 3. a. 考古　　b. 历史
　　c. 化学　　d. 数学
 4. a. 五个　　b. 四个
　　c. 六个　　d. 三个
 5. a. 路太难走　　b. 人非常热情
　　c. 长城附近的风景很美丽

三、再听一遍全文，判断正误或选择正确答案：
 1.
 2.
 3. a. 比喻　　b. 夸张　　c. 讽刺
 4. a. 强调长城的路很难走
　　b. 强调长城很伟大

c. 强调长城非常长

　　　d. 强调长城历史很悠久

　5. a. 讽刺　　　b. 赞赏

　　　c. 羡慕　　　d. 夸张

四、画出方明旅游的路线图：

　　乌鲁木齐　　　　　　呼和浩特

　　　　临洮　　⊙银川　　　　山海关

　　　　　　　　　　　　　　　老龙头

　　　　　　　　　　八达岭·

　　敦煌　　　　　　　　北京　天津

　　　　⊙兰州

五、回答问题：

　　方明为什么要骑自行车游览长城？

六、根据对话，填空并朗读：

　1. 这是我____拍的照片。

　2. 你还有这样的____！

　3. 这你就____啦！

　4. 你怎么____成了考古专家了？

　5. 这次旅行有什么____？

七、讨论：

　1. 你喜欢旅游吗？一般用什么方式旅游？

　2. 你都到过什么地方？给你印象最深的是哪些地方？

　3. 你觉得骑自行车旅行怎么样？

第十二课

甲　人民币上的风景名胜

生　词

1. 风景名胜		fēngjǐng míngshèng	scenic spots and historical sites	風景名所
2. 陆续	（副）	lùxù	in succession	続続と，つぎつぎに
3. 发行	（动）	fāxíng	issue	発行する
4. 新版	（形）	xīnbǎn	new edition	ニューバージョン
5. 正面	（名）	zhèngmiàn	front	すもて側
6. 图案	（名）	tú'àn	pattern	図案
7. 形象	（名）	xíngxiàng	image	姿
8. 背面	（名）	bèimiàn	back	裏
9. 奇特	（形）	qítè	queer	めずらしい
10. 谷	（名）	gǔ	valley	谷
11. 林木	（名）	línmù	woods, forest	林
12. 茂密	（形）	màomì	dense	生い茂る
13. 泉水	（名）	quánshuǐ	spring	泉

14.	溪水	（名）	xīshuǐ	stream	渓流
15.	凉爽	（形）	liángshuǎng	cool	すがすがしく涼しい
16.	溶洞	（名）	róngdòng	karst cave	鐘乳洞
17.	保护	（动）	bǎohù	protect	保護する
18.	灵猫	（名）	língmāo	zibet	じゃこう猫
19.	云豹	（名）	yúnbào	leopard	雲豹
20.	华南虎	（名）	huánánhǔ	South China tiger	華南虎
21.	香果树	（名）	xiāngguǒshù	a kind of tree	木の一種（実がにおいがいい）
22.	铁杉	（名）	tiěshān	Chinese hemlock	つが
23.	特有	（动）	tèyǒu	unique	特有
24.	杜鹃	（名）	dùjuān	cuckoo	つつじ
25.	猕猴桃	（名）	míhóutáo	yang tao	キウイフルーツ
26.	寒竹	（名）	hánzhú	bamboo	竹の一種
27.	石灰	（名）	shíhuī	lime	生石灰
28.	迷人	（形）	mírén	enchant	人を迷わせる、人を魅きつける
29.	瀑布	（名）	pùbù	waterfall	滝
30.	交界处		jiāojièchù	a place where two or more places meet	さかい

31.	石崖	（名）	shíyá	cliff	がけ
32.	倾泻	（动）	qīngxiè	pour down	流れ落ちる
33.	槽	（名）	cáo	trough	水槽、水たまり滝つぼ
34.	人文景观		rénwén jǐngguān	humane landscape	文化や景観などで有名な所
35.	绮丽	（形）	qǐlì	very beautiful	きれい
36.	风光	（名）	fēngguāng	scenery	風景
37.	河川	（名）	héchuān	river	川
38.	特征	（名）	tèzhēng	characteristic	特徴
39.	山峰	（名）	shānfēng	peak	みね
40.	海拔	（名）	hǎibá	sea level	海抜
41.	山顶	（名）	shāndǐng	top of a mountain	山のいただき
42.	冰川	（名）	bīngchuān	glacier	氷河
43.	遍布	（动）	biànbù	everywhere	あまねく行き渡る
44.	水晶	（名）	shuǐjīng	crystal	水晶
45.	坡	（名）	pō	slope	（北）の尾根
46.	攀登	（动）	pāndēng	climb	よじ登る
47.	削	（动）	xuē	cut	けずる
48.	云雾	（名）	yúnwù	cloud and mist	雲と霧
49.	轻纱	（名）	qīngshā	fine gauze	薄い紗
50.	遮盖	（动）	zhēgài	cover	覆いかくす

51.	朦朦胧胧	（形）	méngméng lónglóng	obscure	もうろう
52.	古代悬棺	（名）	gǔdài xuánguān	ancient coffin suspending on cliff	崖の上に置く棺おけ（古代）
53.	险峡	（名）	xiǎnxiá	perilous gorge	けわしい谷間
54.	巨石	（名）	jùshí	huge rock	巨大な石
55.	耸立	（动）	sǒnglì	tower aloft	そびえ立つ
56.	参天	（动）	cāntiān	very tall, reaching to the sky	天に届くほど
57.	刻	（动）	kè	carve	彫ってある
58.	雄伟	（形）	xióngwěi	grand	雄大
59.	横跨	（动）	héngkuà	across	横断する
60.	自治区		zìzhìqū	autonomous region	自治区
61.	不妨	（副）	bùfáng	no harm	…たほうがいい，だいじょうぶ
62.	实地	（名）	shídì	on the spot	実地
63.	领略	（动）	lǐnglüè	appreciate	鑑賞する

专　名

1.	井冈山		Jǐnggāng Shān	Jinggang Mountain	井岡山（山の名）

2.	江西省	Jiāngxī Shěng	Jiangxi Province	江西省
3.	石燕洞	Shíyàn Dòng	Shiyan Cave	石燕と言う鐘乳洞
4.	壺口瀑布	Húkǒu Pùbù	Hukou Waterfall	壺口滝
5.	山西省	Shānxī Shěng	Shanxi Province	山西省
6.	陝西省	Shǎnxī Shěng	Shaanxi Province	陝西省
7.	珠穆朗玛峰	Zhūmùlǎngmǎ Fēng	Mount Zhumulangma	チョモランマ峰
8.	巫峡	Wū Xiá	Wu Gorge	揚子江三峡の一つ
9.	白帝城	Báidì Chéng	Baidicheng	白帝城（地名）
10.	南天一柱	Nántiān yīzhù	a famous scenec spot in Hainan Province	南天の柱の一つ
11.	海南省	Hǎinán Shěng	Hainan Province	海南省
12.	三亚市	Sānyà Shì	Sanya City	三亜市（地名）
13.	天涯海角	Tiānyá hǎijiǎo	the end of the earth	天の果て地の果てのような

14. 河北	Héběi	Hebei	河北省
15. 内蒙古	Nèiměnggǔ	Inner Mongoliar	モンゴル
16. 宁夏	Níngxià	Ningxia	宁夏

语法点

1. （从）…起…　①他们家（从）五十年代起就一直住在这儿，没有搬过。
　　　　　　　②我从中学时代起就开始练书法。
2. 不妨　　　　现在不知还能不能报上名，我们不妨打个电话问问。

背景

风景名胜太多，人们不可能都转遍。人民币上印有不少名胜，您不妨拿出来观赏一番，多少可以饱饱眼福呢。

练　习

一、根据课文内容，回答下列问题：
1. 文中介绍的人民币是什么时候发行的？
2. 人民币正面的图案是什么？
3. 人民币背面的图案是什么？
4. 介绍的面额最大的人民币是多少？最小的是多少？
5. 登山运动员以登上何处为荣？
6. 文中介绍了几个地方？

二、试描述井冈山的特点：
提示：地理状况、气候、动植物、溶洞。

三、壶口瀑布的特点是什么？

提示：位置、如何形成、以何为特征。
四、试描述珠穆朗玛峰：
　　提示：高度、冰洞、何处最险。
五、巫峡有什么特点？
　　提示：位置、地形、最迷人之处、以何为特征。
六、"南天一柱"有什么特点？
七、课文介绍了长城的什么方面？

乙　我想自由几天

生　词

1. 整理	（动）	zhěnglǐ	pack	整理する
2. 一早	（副）	yīzǎo	early in the morning	朝早く
3. 万一	（副）	wànyī	in case	万が一
4. 保存	（动）	bǎocún	preserve	保存する
5. 连…带…		lián…dài…	as well as	…から…まで
6. 冲洗	（动）	chōngxǐ	develop	写真の現象をする
7. 破坏	（动）	pòhuài	spoil	破壊する
8. 数	（动）	shǔ	be reckoned as exceptionally (good, bad, etc)	指折りである
9. 剩	（动）	shèng	be left	残る

#	中文	词性	拼音	English	日本語
10.	纯粹	（副）	chúncuì	pure	純粋に
11.	怀抱	（动）	huáibào	embrace	ふところ
12.	心愿	（名）	xīnyuàn	wish	心からの願い
13.	坐班	（动）	zuòbān	be at work in office for eight hours	八時間オフィスで公務をとる
14.	整天	（副）	zhěngtiān	the whole day	まる一日
15.	由不得		yóubùdé	beyond control	思わず…する
16.	自由自在	（成）	zìyóu zìzài	free	自由自在
17.	陪	（动）	péi	accompany	お伴をする
18.	滋味	（名）	zīwèi	taste	あじわい
19.	现代派	（名）	xiàndàipài	being modern, modernist	現代主義
20.	而立之年	（成）	érlì zhī nián	at the age of thirty (the time when one is supposed to have established oneself)	三十歳
21.	相信	（动）	xiāngxìn	believe	信じる
22.	生活	（名）	shēnghuó	life	生活
23.	内容	（名）	nèiróng	content	内容

24.	单调	(形)	dāndiào	dull	単調な、つまらない
25.	像回事儿		xiànghuí shìr	decent	まあ、いい
26.	知足	(形)	zhīzú	satisfied	足るを知る
27.	希望	(名)	xīwàng	hope	希望
28.	转	(动)	zhuǎn	shift to	…方向に変わる、転換する
29.	幸福	(形)	xìngfú	happy	幸福な
30.	需要	(动)	xūyào	need	必要である
31.	出息	(名)	chūxi	promising	出世する
32.	挂长途		guà chángtú	make a long distance call	長距離電話を掛ける

专　名

1.	泰山	Tài Shān	Tai Shan (Mount Tai)	泰山（山の名）
2.	华山	Huá Shān	Hua Shan	華山（山の名）
3.	庐山	Lú Shān	Lu Shan	廬山（山の名）
4.	黄山	Huáng Shān	Yellow Mountain	黄山（山の名）

5. 张家界　　　　　Zhāngjiājiè　Zhangjiajie　張家界
　　　　　　　　　　　　　　　　　　　　　　（地名）
6. 西藏　　　　　　Xīzàng　　　　Tibet　　　　チベット

语法点

1. 连…带…　　①这套房间连厨房带厕所一共96平方米。
　　　　　　　②连说带唱是他的表演特色。
2. 由不得　　　什么时候能回家,得看学校什么时候放假,由不得咱们自己。
3. 像回事儿　　他虽然是头一次设计,可设计得满像回事儿,以后会干得更好。

背景

对婚姻的看法,对生活的安排,每人都有自己的考虑。两个偶然在旅馆里认识的女性正在聊天。

练　习

一、根据对话内容,回答下列问题:
　1. 小王明天要到什么地方去?
　2. 小王为什么要去三峡?
　3. 小王为什么不太喜欢名山?
　4. 小王最喜欢哪儿?为什么?
　5. 小王怎么不和男朋友同行?
　6. 小孙家里有几口人?
　7. 小孙这次出来有什么新感觉?
　8. 小孙的家庭怎么样?

二、根据对话内容,判断正误:
　1.　　2.　　3.　　4.

5.　　6.　　7.　　8.

三、根据对话内容，选择正确答案：
1. a. 老朋友　　b. 新朋友　　c. 同事
2. a. 干部　　　b. 老师　　　c. 售货员
3. a. 西安　　　b. 桂林　　　c. 长沙

四、听下列句子，选择正确答案：
1. a. 想干什么就干什么
   b. 来这儿是为了快乐
   c. 人生的目的是快乐
2. a. 这是一种赞赏　　b. 这是一种批评
   c. 态度不清楚
3. a. 我不太同意你的话　　b. 你的话有点道理
   c. 你应该换句话说
4. a. 你的话很多　　b. 你说得很对
   c. 你说话让人听着高兴

五、对话中的这两个女性的言行代表了两种生活追求，你周围的女性有什么样的特点？试举一例。

第 十 三 课

甲 同名现象的解决办法

生 词

1.	解决	（动）	jiějué	solve	解決する
2.	起	（动）	qǐ	give(name)	つける
3.	难免	（形）	nánmiǎn	can't help	免れ難い
4.	重复	（动）	chóngfù	repeat	重複する
5.	误会	（动）	wùhuì	misunderstanding	誤解する
6.	尽快	（副）	jǐnkuài	as soon as possible	できるだけ速く
7.	好听	（形）	hǎotīng	pleasant to ears	ききよい
8.	吉利	（形）	jílì	lucky	縁起がいい めでたい
9.	前途	（名）	qiántú	future	前途
10.	伟大	（形）	wěidà	great	偉大
11.	菊	（名）	jú	chrysanthemum	菊
12.	梅	（名）	méi	plum blossom	梅
13.	纪念日	（名）	jìniànrì	anniversary	記念日

121

14.	出生地	（名）	chūshēngdì	birth-place	出生地
15.	单	（形）	dān	single	単一の
16.	双	（形）	shuāng	double	二つの
17.	热	（名）	rè	fashion	ブーム
18.	提议	（动）	tíyì	suggest	提議する
19.	减少	（动）	jiǎnshǎo	reduce	減少する
20.	改观	（动）	gǎiguān	change	様子が変わる
21.	避免	（动）	bìmiǎn	avoid	避ける
22.	无能为力	（成）	wúnéng wéilì	helpless	どうすることもできない
23.	继承	（动）	jìchéng	carry on	うけつぐ
24.	进而	（连）	jìn'ér	further	一歩進む
25.	推演	（动）	tuīyǎn	caculate	推移する
26.	允许	（动）	yǔnxǔ	permit	許す
27.	创造	（动）	chuàngzào	create	創造する
28.	家族	（名）	jiāzú	family	家族
29.	除非	（连）	chúfēi	except	…の他に、…でなければならない
30.	自愿	（动）	zìyuàn	willing	自分からすすんでする こと
31.	强迫	（动）	qiǎngpò	force	強いる
32.	改变	（动）	gǎibiàn	change	改める
33.	行不通		xíng bù tōng	won't do	通らない

34.	期望	(动)	qīwàng	expect	期待する
35.	字	(名)	zì	a style apart from name	あざな
36.	区别	(动)	qūbié	distinguish	区别する
37.	小名	(名)	xiǎomíng	pet name (for a child)	幼名
38.	笔名	(名)	bǐmíng	pen-name	筆名
39.	兼用	(动)	jiānyòng	use both (names)	兼用する
40.	毕竟	(副)	bìjìng	after all	ひっきょう、なんといっても
41.	适当	(形)	shìdàng	proper	適当な
42.	缓解	(动)	huǎnjiě	less (difficult)	緩和する
43.	广大	(形)	guǎngdà	majority	大勢

专　名

1.	天津	Tiānjīn	Tianjin	天津
2.	张颖	Zhāng Yǐng	Zhang Ying	張穎
3.	张力	Zhāng Lì	Zhang Li	張力
4.	王玉兰	Wáng Yùlán	Wang Yu-lan	王玉蘭
5.	陈志坚	Chén Zhìjiān	Chen Zhi-jian	陳志堅

语法点

1. 难免　　　工作太忙乱就难免会出错。
2. 无能为力　事情已到这个地步,我看谁来都无能为力了。
3. 一旦　　　火山一旦爆发,方圆几十里就会成为一片火海。

背景

人靠名字才被区别。取名字大有学问。本文对解决同名问题进行了一些探讨。

练　习

一、听第一段,回答下列问题:
1. 同名的原因是什么?
2. 为什么要解决同名问题?

二、听第二段,回答下列问题:
1. 过去人们给孩子起名有什么讲究?
2. 什么样的字用得较多?
3. 男女所用名字各有什么特点?

三、听第三、四段,回答下列问题:
1. 用双字名能不能解决同名问题?
2. 用双姓能不能解决同名问题?

四、听第五段,判断正误:
1.　　　2.

五、听第六、七段,回答下列问题:
1. 中国古代有什么样的起名传统?

2. 用中国古代起名方法起名有什么好处？
3. 什么名字可以作为字使用？
4. 什么时候可以只用名不用字？
5. 什么时候必须名、字都用？
6. 这里谈到的起名办法能不能彻底解决同名问题？

六、根据课文内容，判断正误：
1.　　2.　　3.　　4.　　5.　　6.

七、以下是一些人名，请试着判断一下性别：
张莉莉　钱勤发　赵铁柱　刘小芳
王家祥　郝琴

八、试判断以下人名的含义：
孙亚运　范沪生　卜如冰　韩新春
邹怀鲁

乙　起名儿

生　词

1.	发现	（动）	fāxiàn	discover	發見する
2.	翻	（动）	fān	turn over	めくる
3.	烂	（动）	làn	torn	ぼろぼろになる
4.	脑筋	（名）	nǎojīn	brain	頭（を働かせる）
5.	…才是		cáishì	should do...	…なければならない
6.	健康	（形）	jiànkāng	healthy	健康
7.	发展	（动）	fāzhǎn	develop	發展する

8.	大路	(名)	dàlù	common	并で珍しくない
9.	贫贱	(形)	pínjiàn	poor and lowly	貧乏である
10.	重	(动)	chóng	repeat	同じ
11.	放牧	(动)	fàngmù	herd	放牧する
12.	牲口	(名)	shēngkou	cattle	大きい家畜
13.	打交道	(动)	dǎ jiāodào	deal with	つきあう
14.	对待	(动)	duìdài	treat	対する、接する
15.	符号	(名)	fúhào	symbol	符号
16.	而已	(助)	éryǐ	nothing more	(…)にすぎない
17.	本人	(名)	běnrén	oneself	本人
18.	画家	(名)	huàjiā	painter	畫家
19.	歌唱家	(名)	gēchàngjiā	singer	歌手
20.	成语	(名)	chéngyǔ	idiom	ことわざ
21.	治理	(动)	zhìlǐ	administer	治める
22.	严	(形)	yán	strick	きびしい
23.	合理	(形)	hélǐ	reasonable	合理的
24.	紧	(形)	jǐn	tense	緊張，きびしい
25.	松	(形)	sōng	relaxed	弛緩、(氣持が)輕い、リラックスしてソる

26.	井井有条	（成）	jǐngjǐng yǒutiáo	in perfect order	きちんとしている，物事を周到に進める
27.	上户口	（动）	shàng hùkǒu	register for residence	戸籍にいれる
28.	罢休	（动）	bàxiū	give up	あきらめる

语法点

1. A（动）+来+A+去　　这些衣服挑来挑去也挑不出一件满意的。
2. …才是　　别每天净想着玩，该考试了，准备准备功课才是。
3. 打交道　　他同铁路打了一辈子交道，很有经验。
4. …而已　　他只是看看而已，并不真想买。

背景

宝宝就要出生了，夫妻二人正在商量给孩子起个什么好名字。

练　习

一、根据对话内容，回答下列问题：

1. 男的手里拿着什么东西？
2. 为什么男的不同意用"张健"这个名字？
3. "牧人"这个名字为什么不好？
4. 男女二人各姓什么？

5. 男的希望孩子将来做什么？

6. 男的想了一个什么名字？有什么含义？

二、根据对话内容，判断正误：

1.　　2.　　3.　　4.

三、根据对话内容，选择正确答案：

1. a. 父亲　　b. 爷爷　　c. 姥爷

2. a. 能干不能干
   b. 名字好不好
   c. 是男还是女

3. a. 心心　　b. 张健　　c. 张弛

四、听下列句子，选择正确答案：

1. a. 我已经认真考虑过了
   b. 我还没考虑过
   c. 你想过，我也想过

2. a. 这名字太少见了
   b. 这名字不好听
   c. 这名字太普遍了

3. a. 人的愿望不容易达到
   b. 人的愿望很容易达到
   c. 世界上没有理想的事

4. a. 这个名字很有趣　　b. 这个名字好像还不错
   c. 这个名字很好听

第 十 四 课

甲　中国的"小太阳"

生　词

1. 独生子女　（名）　dúshēng zǐnǚ　only child　ひとりっ子
2. 领取　（动）　lǐngqǔ　recieve　受け取る
3. 结构　（名）　jiégòu　structure　構造
4. 繁琐　（形）　fánsuǒ　tedious　おびただしい
5. 解放　（动）　jiěfàng　free from　解放される
6. 抚育　（动）　fǔyù　bring up　いつくしみそだてる
7. 担忧　（动）　dānyōu　worry　心配する
8. 调查　（名）　diàochá　investigate　調査
9. 一律　（副）　yílǜ　all, without exception　一手に一律に
10. 承包　（动）　chéngbāo　do it instead　引き受ける
11. 任性　（形）　rènxìng　self-willed　わがままである
12. 自私　（形）　zìsī　selfish　自分勝手なことをする

13.	挫折	（名）	cuōzhé		挫折
14.	望子成龙	（成）	wàngzǐ chénglóng	expect one's child to be successful	自分の子が偉い人になることを望む
15.	迫切	（形）	pòqiè	eager desire	切実な
16.	成龙成凤		chénglóng chéngfèng	become a dragon or a phoenix	偉い人になる
17.	成名成家		chéng míng chéng jiā	establish one's reputation as an authority	名声を博す
18.	慷慨	（形）	kāngkǎi	generous	気前がよい
19.	电子琴	（名）	diànzǐqín	electronic organ	エレクトーン
20.	小提琴	（名）	xiǎotíqín	voilin	バイオリン
21.	钢琴	（名）	gāngqín	piano	ピアノ
22.	游戏机	（名）	yóuxìjī	video-game machine	テレビゲーム
23.	自豪	（形）	zìháo	proud of	誇りに思う
24.	施加	（动）	shījiā	put on	施す
25.	补习班	（名）	bǔxíbān	remedial	予備校のクラス
26.	以便	（连）	yǐbiàn	so that...	…できるように
27.	精力	（名）	jīnglì	energy	精力

28.	估量	（动）	gūliàng	estimate	測る
29.	殿堂	（名）	diàntáng	circle	サークル
30.	演奏	（动）	yǎnzòu	play (the piano)	演奏する
31.	具有	（动）	jùyǒu	possess	持つ
32.	听觉	（名）	tīngjué	sense of hearing	聴覚
33.	心灵手巧	（成）	xīnlíng shǒu qiǎo	clear and deft	頭がよく働き，手も器用である
34.	坚韧	（形）	jiānrèn	firm and tenacious	強靭な，ねばり強い
35.	天资	（名）	tiānzī	talent	天分
36.	指导	（动）	zhǐdǎo	guide, instruct	指導する
37.	坚持不懈	（成）	jiānchí búxiè	persistent	たゆまず努力する
38.	刻苦	（形）	kèkǔ	hardworking	苦労を惜しまず、努力し苦労に耐える
39.	训练	（动）	xùnliàn	train	練習する
40.	不断	（副）	búduàn	continuously	いつも，絶え間なく
41.	领悟	（动）	lǐngwù	understand	のみこむ，さとる、理解していく
42.	神圣	（形）	shénshèng	sacred	神聖な

43. 究竟　　（副）　jiūjìng　　actually　　いったい

语法点

1. 可以想见　　只要你每天坚持学习两个小时,可以想见,一年以后,你的汉语水平将会有很大的提高。
2. 在…看来　　在他看来,汉字比什么都难。
3. 随着　　随着经济的发展,中国的教育事业也有了很大的发展。
4. 毕竟　　他毕竟是外国人,汉语学得再好,也比不上北京人。
5. 究竟　　这件事究竟是谁告诉你的?

背景

中国的独生子女,人们也叫他们"小皇帝",他们的情况怎么样呢?请听课文。

练　习

一、听第一遍,选择正确答案:
 1. a. 教育　　b. 生活　　c. 学习
    d. 工作　　e. 健康
 2. a. 担心　　b. 高兴　　c. 气愤　　d. 同情
 3. a. 二千八百万　　b. 二千万　　c. 八百万

二、听第二遍,判断正误:
 1.　　2.　　3.　　4.　　5.　　6.

三、听第三遍,选择正确答案:
 1. a. 去幼儿园;学习外语。

b．去幼儿园；上各种补习班。
   c．去幼儿园；学习音乐。
2. a．找好工作   b．考上大学
   c．得到奖学金
3. a．听觉好，心灵手巧，性格坚韧，聪明
   b．听觉灵敏，心灵手巧，性格坚韧，努力
   c．听觉好，心灵手巧，性格坚韧，聪明，努力
4. a．一半   b．大部分   c．小部分

四、指出下列哪些性格课文中没谈到：
  1．任性   2．固执   3．骄傲
  4．随便   5．自私

五、根据课文内容详细回答下列问题：
  1．出现大量独生子女有什么好处？
  2．作者为什么说父母溺爱独生子女？
  3．为了让孩子成名成家，父母们都怎么做？
  4．父母为什么给自己的孩子买钢琴？

六、在下列乐器前填上表示演奏的动词：
    (   ) 电子琴   (   ) 钢琴
    (   ) 小提琴   (   ) 鼓
    (   ) 锣   (   ) 笛子

七、下面每个词后各有三个解释，请选择正确的解释：
  1. a．过分地爱   b．特别地爱
     c．爱死了
  2. a．骄傲   b．得意
     c．因为某种与自己有关的成就而产生的光荣感

3. a. 自己的愿望实现了
   b. 像自己的愿望
   c. 还给自己的愿望
4. a. 存款　　b. 节约下来的钱
   c. 用不完的钱
5. a. 听力　　b. 对声音的感觉　　c. 听到

乙　现在的孩子呀!

生　词

1.	急匆匆	(形)	jícōngcōng	in a hurry	いそいそ
2.	眼神	(名)	yǎnshén	eye-sight	目つき
3.	调离	(动)	diàolí	transfer to	転任する
4.	闲	(形)	xián	not busy	ひまな
5.	称心	(形)	chènxīn	satisfied with	満足している
6.	高级	(形)	gāojí	senior	高級な、上級の
7.	职称	(名)	zhíchēng	(professional) title	肩書き
8.	眼下	(副)	yǎnxià	soon	今
9.	高考	(名)	gāokǎo	entrance examination	大学の入学試験
10.	用功	(形)	yònggōng	study hard	勉強
11.	开窍	(动)	kāiqiào	understand	悟る
12.	开导	(动)	kāidǎo	straighten sb. out	教え導く

13.	脾气	（名）	píqì	temper	気質
14.	倔	（形）	juè	stubborn, surly	強情な
15.	头脑	（名）	tóunǎo	mind	頭脳
16.	僵化	（动）	jiānghuà	rigid	硬化する
17.	代沟	（名）	dàigōu	generation gap	世代のギャップ
18.	慎重	（形）	shènzhòng	careful	慎重
19.	权衡	（动）	quánhéng	weigh	はかりくらべる
20.	闪失	（名）	shǎnshī	accident	過失
21.	开小灶	（动）	kāi xiǎozào	prepare special food	個別指導する
22.	指望	（动）	zhǐwàng	expect	見込む
23.	机房	（名）	jīfáng	computer room	コンピューター室
24.	名片	（名）	míngpiàn	name-card	名刺

语法点

1. 要不是　　要不是你告诉我，我哪儿知道。
2. 眼下　　　眼下正是复习考试的时候，不能请假去旅游。
3. 老　　　　老迟到可不好。
4. 这还不算　他爱睡懒觉，这还不算，最让人生气的是还不好好工作。
5. 万一　　　万一计算错误，就会影响整个工程。
6. 平时　　　除了学习，你平时都做些什么？

背景

老王和老李都只有一个孩子,他们都非常关心孩子,但也都对孩子感到不满意。

练 习

一、听第一遍,回答下列问题:
1. 老李和老王是什么关系?
2. 老李是在哪儿见到老王的?

二、听第二遍,选择正确答案:
1. a. 两年　　b. 一年　　c. 不知道
2. a. 高中　　b. 初中　　c. 小学
3. a. 大学　　b. 小学　　c. 初中
4. a. 教室　　b. 机房　　c. 鸡房
5. a. 上午　　b. 下午　　c. 晚上
6. a. 工人　　b. 商人　　c. 知识分子
7. a. 养鸡　　b. 教学　　c. 计算机

三、听第三遍,判断正误:
1.　　2.　　3.　　4.　　5.　　6.

四、听第四遍,选择正确答案:
1. a. 男孩　　b. 女孩　　c. 不知道
2. a. 女孩　　b. 男孩　　c. 不知道
3. a. 聪明　　b. 有病　　c. 不太聪明
4. a. 年龄小　b. 不听话　c. 不用功
5. a. 不好　　b. 好　　　c. 倔

6. a. 工作太忙
   b. 孩子要升学
   c. 出国没意思
7. a. 相片　　b. 电话号码
   c. 印有地址、电话号码的名片

五、根据对话内容，详细回答下列问题：
1. 老李为什么为他的孩子着急？
2. 老王为什么为孩子着急？
3. 老王为什么说他的孩子气死人？

六、下列每题后都有三个词语，请指出与划线部分相当的词语：
1. 我那孩子<u>用功</u>倒是用功，可数学老不开窍。
   a. 努力　　b. 花时间　　c. 练习武术
2. 多<u>开导</u>开导，我想还是能上路的。
   a. 帮助帮助　　b. 启发启发　　c. 练习练习
3. 听老张说单位派你出国讲学，你推<u>辞</u>掉了。
   a. 拒绝　　b. 推翻　　c. 辞职
4. 我已经权<u>衡</u>过了，我总觉得出国事小，孩子升学事大。
   a. 商量　　b. 比较　　c. 分析
5. 我一走，她能<u>指望</u>谁呀？
   a. 依靠　　b. 希望　　c. 看着
6. 这样的事<u>赶到一块</u>，还真有点为难。
   a. 走到一起　　b. 一起出现　　c. 弄到一起

七、跟读下列句子

1. 可不吗？自从你调离以后，我们就没见过。
2. 我这个人在哪儿都闲不了。
3. 出去讲学可是难得的机会呀，你应该慎重地考虑考虑。
4. 哎哟，耽误不了你的事吧？你也不早说。

第十五课

甲 报道三则

生 词

（一）

1. 汇总	（动）	huìzǒng	collect	よせ集める
2. 购销量	（名）	gòuxiāoliàng	the amount of purchase and sale	購入量と販売量
3. 平稳	（形）	píngwěn	stable	平穏な
4. 供应	（动）	gōngyìng	supply	供給する
5. 旺季	（名）	wàngjì	busy season	活況を呈する時節
6. 高潮	（名）	gāocháo	high tide, climax	クライマックス，高まり
7. 入春	（动）	rùchūn	come into spring	春になる
8. 偏（低）	（动）	piān (dī)	a bit low	…すぎる
9. 降雨量	（名）	jiàngyǔliàng	rainfall	雨量
10. 日照	（名）	rìzhào	sunshine	日照

11.	不利	(形)	búlì	disadvantageous	不利な
12.	农作物	(名)	nóngzuòwù	crops	農作物
13.	针对	(动)	zhēnduì	in accordance with	ぴったり対応する、〜に基づいて
14.	抢种	(动)	qiǎngzhòng	rush-plant	大急ぎで種をまく
15.	补苗	(动)	bǔmiáo	replant	苗を補植する
16.	加强	(动)	jiāqiáng	reinforce	強化する
17.	调运	(动)	diàoyùn	transport	振替えて運送する
18.	生猪	(名)	shēngzhū	live pig	生きている豚
19.	势头	(名)	shìtóu	tendency	形勢
20.	存栏数	(名)	cúnlán shù	the amount of livestock	家畜の飼育頭数
21.	同期	(名)	tóngqī	at the same time	同期
22.	国营	(名)	guóyíng	state-run	国営
23.	收购	(动)	shōugòu	purchase	買付ける
24.	产销	(名)	chǎnxiāo	produce and sell	生産と販売
25.	热点	(名)	rèdiǎn	popular	焦点
26.	持平	(动)	chípíng	the same	同平（数量）

27.	优良	（形）	yōuliáng	good quality	優良
28.	早期	（名）	zǎoqī	early	早期
29.	上市量	（名）	shàngshìliàng	the amount on the market	市場に出回る量
30.	中旬	（名）	zhōngxún	the middle ten days (of a month)	中旬
31.	高峰	（名）	gāofēng	peak (in production)	ピーク

（二）

1.	推行	（动）	tuīxíng	carry out	おしすすめて実行する
2.	封山育林		fēngshān yùlín	close hillsides (to livestock grazing and fuel gathering) to facilitate afforestation	采伐を禁じて造林を育成する
3.	科学	（形）	kēxué	scientific	科学
4.	经营	（动）	jīngyíng	manage	経営する

5.	改燃节柴		gǎiránjié chái	improve the effect of a stove in order to save firewood	燃料の改良と木材の節約
6.	面积	（名）	miànji	area	面積
7.	亩	（量）	mǔ	mu, a Chinese unit of area	畝（中国の土地の面積単位）
8.	绿化	（动）	lùhuà	make (a place) green by planting trees, flowers, etc.	緑化運動
9.	荒山	（名）	huāngshān	barren hill	荒れ山
10.	林业	（名）	línyè	forestry	林業
11.	即	（动）	jí	that is ...	すなわち
12.	规划	（动）	guīhuà	plan	計画
13.	建设	（动）	jiànshè	construct	建設する
14.	成效	（名）	chéngxiào	achievement	効果
15.	总	（形）	zǒng	total	総…

（三）

1.	发明	（动）	fāmíng	invent	発明する

2.	防盗器	（名）	fángdào qì	device to guard against theft	盗難防止装置
3.	微波	（名）	wēibō	micro-wave	マイクロウエーブ
4.	警报	（名）	jǐngbào	alarm	警報
5.	周围	（名）	zhōuwéi	around	周囲
6.	场	（名）	chǎng	field	（電磁など）場
7.	企图	（动）	qǐtú	attempt	くわだてる
8.	作案	（动）	zuò'àn	commit a crime	犯罪活動をする
9.	窃贼	（名）	qièzéi	burglar	こそ泥，泥棒
10.	合成	（动）	héchéng	synthetize	合成する
11.	装置	（名）	zhuāngzhì	device	装置
12.	后退	（动）	hòutuì	retreat	後退する
13.	继续	（动）	jìxù	continue	つづく
14.	侵犯	（动）	qīnfàn	invade	犯す

专　名

1.	（中国）商业部	(Zhōngguó) Shāngyèbù	The Ministry of Commerce, PRC	（中国）商業部

2. （中国） (Zhōngguó) The State （中国）国家
国家统计局 Guójiā Statistics 統計局
　　　　　 Tǒngjìjú Bureau,
　　　　　　　　　　　PRC

语法点
1. 偏＋形容词　　　这双鞋偏紧，换双大点的试试。
　　　　　　　　　这次英语考试的题目偏难。
2. 针对　　　　　　针对这一新情况，公司召开了紧急会议。
　　　　　　　　　我的发言不是针对你的。
3. 把…当作…来抓　把修建改建好公共厕所当作建设文明城市的一项重要任务来抓。
4. 即　　　　　　　这三十个人分成三个班，即每班十人。
5. 与…相结合　　　理论学习与社会实践相结合。

背景
这是三则综合报道，我们来听听它们谈些什么内容。

练　习

一、听第一则报道，回答下列问题：
1. 这则报道是哪里播送的？
2. 这则报道重点谈了几个方面的内容？
3. 部分地区今年春天的气候怎么样？
4. 针对这样的气候，有关部门采取了什么措施？
5. 今年生猪的生产情况怎么样？

  6．在夏季，人们特别关心什么作物的生产情况？
  7．今年西瓜的生产情况怎么样？
二、根据第一则报道的内容，判断正误：
  1． 2． 3． 4． 5．
三、根据第一则报道的内容选词填空：
  1．____的数量、品种正在不断增加。（提供、供应）
  2．今年的西瓜____品种要比去年多。（优秀、优良）
  3．估计到七月中旬将达到上市____。（高潮、高峰）
  4．生猪存栏数比去年__增长2.9％。（同期、同时）
四、听第二则报道，谈谈它是关于什么内容的？
五、第二则报道中谈到"中国造林法"，它有什么特点？
六、近几年来，广西各地林业部门采取了什么措施？
  提示词：系统工程 项目管理 改燃节柴
七、建设封山育林工程，有什么效果？
  提示词：成效 新增面积 总面积
八、听第三则报道，判断正误：
  1． 2． 3． 4．
九、根据第三则报道的内容，回答下列问题：
  1．小偷靠近汽车时，汽车会说什么？
  2．小偷退离汽车时，汽车会说什么？
  3．小偷若继续靠近汽车时，汽车会怎么说？
  4．主人回到车上时，汽车会告诉他什么？
十、你觉得这种汽车还有需要改进的地方吗？

乙　罐头的出路

生　词

1. 罐头　　（名）　guàntou　　　tin, can　　　缶詰
2. 虾　　　（名）　xiā　　　　　shrimp, prawn　エビ
3. 可乐　　（名）　kělè　　　　 coca-cola　　コーラ
4. 核桃　　（名）　hétao　　　　walnut　　　 くるみ
5. 小吃　　（名）　xiǎochī　　　snack　　　　手軽な料理、軽食
6. 荔枝　　（名）　lìzhī　　　　litchi　　　 荔枝
7. 估摸　　（动）　gūmo　　　　 guess　　　　推量する
8. 甩卖　　（动）　shuǎimài　　 sale　　　　 投げ売りする売り出す
9. 撑死　　（副）　chēngsǐ　　　at most　　　最大限, せいぜい
10. 运气　（名）　yùnqì　　　　luck　　　　 気運
11. 淡季　（名）　dànjì　　　　slack season　取引や生産の閑散期
12. 菠萝　（名）　bōluó　　　　pineapple　　パイナップル
13. 充其量　　　　chōngqíliàng　at most　　　多くとも
14. 高温　（名）　gāowēn　　　　high tempreture　高温
15. 加热　（动）　jiārè　　　　 heat　　　　 加熱する

16.	溜	(动)	liū	slip away	逃げる
17.	景气	(名)	jǐngqì	prosperity	景気
18.	垮台	(动)	kuǎtái	collapse	倒産する
19.	节奏	(名)	jiézòu	rhythm	リズム
20.	清一色		qīngyísè	all of the same (kind)	すべて同じ物ばかりだ
21.	蘑菇	(名)	mógu	mushroom	きのこ，たけ
22.	竹笋	(名)	zhúsǔn	bamboo-shoot	竹の子
23.	面孔	(名)	miànkǒng	face	顔
24.	下功夫	(动)	xià gōngfu	make effort	努力する
25.	头头是道	(成)	tóutóu shìdào	clear and logical	いちいち道理にかなっている
26.	辞职	(动)	cízhí	resign	辞職する
27.	新式	(形)	xīnshì	new type	新しい様式

语法点

1. 撑死　　这个包撑死只能装三分之一，还得再找个大包来。
2. 充其量　这个盒子看起来大，可里边充其量才有一斤饼干。
3. 下功夫　他在培养孩子方面真是下功夫，每天晚上都陪着练两个小时的钢琴。

背景

小赵的爱人跟李科长是同事，她们住得很近。一天她们在菜市场相遇，就边走边聊起来。

练 习

一、根据对话内容，回答下列问题：
1. 小赵买了什么东西？
2. 李科长买了什么东西？
3. 她们俩人怎么安排休息日？
4. 小赵春节时做了荔枝菜吗？
5. 李科长家为什么有那么多的罐头？
6. 小赵亲戚所在的副食店罐头销售情况怎么样？
7. 什么样的罐头最不好卖？
8. 罐头价格怎么样？
9. 现在北方人讲究吃什么？
10. 为什么说水果罐头没营养？
11. 现在的罐头市场上又有了什么新内容？
12. 李科长希望罐头厂的厂长们做些什么事？

二、根据对话内容，判断正误：
1.　　2.　　3.　　4.　　5.
6.　　7.　　8.　　9.　　10.
11.　　12.

三、请问你买过什么样的罐头？喜欢什么样的罐头？

四、结合对话，谈谈你对罐头市场的看法。

第十六课

甲 减肥新招儿

生 词

1. 减肥	（动）	jiǎnféi	lose weight	体重を減らす
2. 招儿	（名）	zhāor	method	手段，方法
3. 零食	（名）	língshí	snack, refreshment	間食
4. 保健	（名）	bǎojiàn	health care	保健
5. 专家	（名）	zhuānjiā	expert	専門家
6. 试验	（动）	shìyàn	experiment	試みる，試験する
7. 餐	（名）	cān	meal	食事の助数詞
8. 热量	（名）	rèliàng	calorie	カロリー
9. 脂肪	（名）	zhīfáng	fat	脂肪
10. 增进	（动）	zēngjìn	promote	増進する
11. 营养	（名）	yíngyǎng	nutrition	営養
12. 警告	（动）	jǐnggào	warn	警告する
13. 含	（动）	hán	contain	含む
14. 成分	（名）	chéngfèn	ingredient	要素、成分

15.	脆	(形)	cuì	crisp	もろい，さくさくしている
16.	油炸	(动)	yóuzhá	deep-fry	油で揚げる
17.	爆玉米花		bàoyùmǐhuā	pop corn	ポップコーン
18.	纤维	(名)	xiānwéi	fibre	繊維
19.	配合	(动)	pèihé	co-operate	組み合わせる
20.	食品	(名)	shípǐn	food	食品
21.	烘烤	(动)	hōngkǎo	bake	火であぶって焼く
22.	谷类	(名)	gǔlèi	grain	穀物
23.	稍微	(副)	shāowēi	a bit	やや，ちょっと
24.	制品	(名)	zhìpǐn	product	製品
25.	膳食	(名)	shànshí	food, meal	食事
26.	钙	(名)	gài	calcium	カルシウム
27.	干酪	(名)	gānlào	cheese	チーズ
28.	汉堡包	(名)	hànbǎobāo	hamburger	ハンバーグ
29.	补充	(动)	bǔchōng	add	補充する
30.	蛋白质	(名)	dànbáizhì	protein	蛋白質
31.	铁	(名)	tiě	iron	鉄
32.	锌	(名)	xīn	zinc	亜鉛
33.	维生素	(名)	wéishēngsù	vitamin	ビタミン
34.	肝脏	(名)	gānzàng	liver	肝臓
35.	耗尽	(动)	hàojìn	use up	使い果す

36.	碳水化合物		tànshuǐ huàhéwù	carbohy-drate	炭水化物
37.	精力充沛		jīnglì chōngpèi	very energetic	元気いっぱい
38.	脑力	(名)	nǎolì	brain	脳の働き
39.	包装	(动)	bāozhuāng	pack, wrap	包装する
40.	说明	(名)	shuōmíng	instruction	説明
41.	清淡	(形)	qīngdàn	light, not greasy	あっさり
42.	胆固醇	(名)	dǎngùchún	cholesterol	コレステロール
43.	饱和	(动)	bǎohé	saturate	飽和する
44.	植物	(名)	zhíwù	plant	植物
45.	双管齐下	(成)	shuāng guǎnqíxià	work along both lines at the same time	二つの事柄が同時に進行する
46.	收效	(名)	shōuxiào	effect	効果が上がる
47.	体力	(名)	tǐlì	physical strength	体力
48.	新陈代谢		xīnchén dàixiè	metabolism	新陳代謝

语法点

稍微　①天气太热了，稍微动动就是一身汗。
　　　②这张画左边再稍微往上挪挪就正了。

背景

肥胖令很多人担心，减肥方法有很多。本文从吃零食的角度给人们提供了一个新方法。你同意本文的观点吗？

练 习

一、听第一、二、三段，回答下列问题：
1. 谁给人们提供了一个减肥新方法？
2. 为什么说这一新方法有效？
3. 人们一般怎样安排饭食？
4. 人体内的脂肪是怎样形成的？
5. 吃零食有什么好处？

二、听第四段，回答下列问题：
1. 这个要求是什么？
2. 怎样才能从零食中得到最大好处？

三、听第五、六、七段，从所给食品中挑选合适的填入下列表格：

牛奶制品　　生蔬菜　　鱼　　牛奶　　水果
谷类食物　　饼干　　肉类　　煮过的蔬菜　　鸡肉
瘦牛肉　　干酪

1. 适合下列三种人的食物

儿　童	
青少年	
老年人	

2. 含不同营养成分的食品

蛋白质	
钙	
铁、锌	
维生素	

四、听第八段,回答下列问题:
1. 这个原则是什么?
2. 什么时候人会感到疲倦?
3. 下午吃零食有什么好处?
4. 下午什么时间吃零食最好?

五、听第九段,回答下列问题:
1. 这个原则是什么?
2. 包装上写"清淡",是否含热量就少?为什么?
3. 包装上写"不含胆固醇",应怎样理解它?

六、听第十、十一段,回答下列问题:
1. 这个原则是什么?
2. 要想减肥效果好,应该怎么做?
3. 这样做有什么好处?
4. 吃零食、运动、愉快三者之间有什么关系?

乙　到海边去

生　词

1.	沙	（名）	shā	sand	砂
2.	泳装	（名）	yǒng zhuāng	swimming suit	水着
3.	专线	（名）	zhuān xiàn	special line	直通電車
4.	打来回		dǎ láihuí	journey to and fro	往復
5.	个把	（量）	gèbǎ	a few	一つか二つの
6.	尽兴	（动）	jìnxìng	to one's heart's content	興がつく
7.	旱鸭子	（名）	hànyāzi	one who can't swim	水泳のできない人、かなづち
8.	扑腾	（动）	pūteng	move up and down	水の中で足をバタバタさせる
9.	呛	（动）	qiàng	choke	むせる
10.	逼	（动）	bī	force	せまる
11.	救生圈	（名）	jiùshēng quān	life buoy	ライフブイ
12.	理	（动）	lǐ	pay attention to	気がつく
13.	咸	（形）	xián	salty	塩からい

14.	晒盐	（动）	shài yán	evaporate brine in the sun to make salt	海水を蒸発させて塩をとる
15.	淡水	（名）	dànshuǐ	fresh water	淡水
16.	表面	（名）	biǎomiàn	surface	表面
17.	肉干儿	（名）	ròugānr	dried meat	味付けた干し肉
18.	吸水	（动）	xīshuǐ	absorb water	水を吸い込む
19.	皮肤	（名）	pífū	skin	肌
20.	发粘	（动）	fānián	sticky	ねばっこいする
21.	理科	（名）	lǐkē	science	理科
22.	消毒	（动）	xiāodú	sterilize	消毒する
23.	漂白粉	（名）	piǎobáifěn	bleaching powder	晒し粉
24.	不得劲儿		bù dé jìnr	uncomfortable	気分がわるい
25.	奔	（动）	bèn	go to	…に走る
26.	留恋	（动）	liúliàn	reluctant to leave	なつかしい，未練を残す
27.	贝壳	（名）	bèiqiào	shell	貝がら
28.	着迷	（动）	zháomí	fascinated	とりこになる
29.	冲	（介）	chòng	aim at	…に対する
30.	浪	（名）	làng	wave	波

31.	机械	（名）	jīxiè	physical	機械
32.	化学	（名）	huàxué	chemical	化學

专　名

1. 黄金海岸　　　Huángjīn Hǎi'àn　　Gold Coast　黃金海岸
2. 秦皇岛　　　　Qínhuáng Dǎo　　　Qinhuang Island　秦皇島
3. 北戴河　　　　Běidài Hé　　　　　Beidaihe　北戴河

语法点

1. 打（个）来回　　从北京去天津一天就能打（个）来回，不需要住宿。
2. 个把　　　　　　他每天早上都要先跑上个把钟头再吃早饭。
3. 不得劲　　　　　因为水土不服，这两天我老觉得身体不得劲。
4. 凑热闹　　　　　大家都唱了歌，我也来凑个热闹，给大家跳段新疆舞吧。

背景

一个中学生到邻居王老师家商量去海边度假的事，大海令他向往。……

练　习

一、根据对话内容，回答下列问题：

1. 王老师家有幅什么画？
2. 这个中学生去过黄金海岸吗？
3. 在那儿呆多长时间可以玩得很尽兴？
4. 这个中学生的游泳水平怎样？
5. 王老师是怎样学会游泳的？
6. 在海里游泳后为什么必须用淡水冲一冲？
7. 盐粉在晴天、阴天吸收水分有什么特点？
8. 在游泳池里游泳后为什么也得冲一冲？
9. 中学生认为海滨什么东西吸引人？
10. 王老师谈了海水浴的几个好处，你能举出来吗？
11. 谈话是在什么季节？

二、根据对话内容，判断正误：

1.　　2.　　3.　　4.　　5.

三、"旱鸭子"、"扑腾"、"咸肉干"在本文中表示什么意思？

四、你在假期里爱到什么地方旅游？为什么选择那里？

第十七课

甲 喝酒请到内蒙去

生 词

1.	衡量	（动）	héngliáng	judge	はかる
2.	尺度	（名）	chǐdù	measure	基準
3.	风光十足		fēngguāng shízú	feel proud	大変光栄である
4.	横穿	（动）	héngchuān	cross	横切る
5.	边境	（名）	biānjìng	border	国境
6.	陪同	（动）	péitóng	accompany	お伴をする
7.	丈人	（名）	zhàngren	father-in-law	妻の父
8.	丈母娘	（名）	zhàngmǔniáng	mother-in-law	妻の母
9.	全体	（名）	quántǐ	whole	全体
10.	出动	（动）	chūdòng	participate	動き出す
11.	奶茶	（名）	nǎichá	tea with milk	羊乳か牛乳を入れたお茶
12.	奶酪	（名）	nǎilào	cheese	チーズ

13.	奶豆腐	（名）	nǎidòufu	soft cheese (take the shape of beancurd)	ミルクで作った豆腐のようなもの
14.	外加	（动）	wàijiā	another	その外
15.	敬意	（名）	jìngyì	respect	敬意
16.	捧	（动）	pěng	hold with both hands	両手でささげる
17.	挨个	（副）	āigè	one by one	次次と
18.	轮	（动）	lún	one's turn	順番に…する
19.	敬（酒）	（动）	jìng(jiǔ)	propose a toast	（酒）をすすめる
20.	酒意	（名）	jiǔyì	tipsy feeling	酔い
21.	消	（动）	xiāo	disappear	醒める
22.	盛情难却	（成）	shèngqíng nán què	can't refuse one's warm hospitality	ご厚意辞しがたい
23.	同伴	（名）	tóngbàn	companion	仲間
24.	随即	（副）	suíjí	at once	すぐ
25.	音调	（名）	yīndiào	tone	音楽の調子
26.	亢奋	（形）	kàngfèn	excited	興奮
27.	泛	（动）	fàn	be suffused with	にじみ出る，ふき出る
28.	霎时	（副）	shàshí	instantly	またたく間に

29.	豪饮	（动）	háoyǐn	heavy drinking	痛飲する
30.	礼节	（名）	lǐjié	etiquette	礼儀
31.	繁衍	（动）	fányǎn	generate	広く行われる
32.	正规	（形）	zhèngguī	formal	正式の
33.	场合	（名）	chǎnghé	occasion	場合
34.	尊贵	（形）	zūnguì	distinguished	身分が高い
35.	盛装	（名）	shèngzhuāng	rich dress	盛装
36.	端	（动）	duān	hold sth. level with both hand	両手で捧げる
37.	拇指	（名）	mǔzhǐ	thumb	親指
38.	无名指	（名）	wúmíngzhǐ	ring finger	くすり指
39.	沾	（动）	zhān	touch	ひたす
40.	环绕	（动）	huánrǎo	go around	一回りする
41.	饯行	（动）	jiànxíng	give a farewell dinner	送別の宴をはる
42.	揣	（动）	chuāi	carry in one's clothes	押し込む
43.	岔路	（名）	chàlù	byroad	分かれ道
44.	勇气	（名）	yǒngqì	courage	勇気
45.	跪	（动）	guì	kneel down	ひざまずく

| 46. | 洒 | （动） | sǎ | spread | （液体のものを）まく |
| 47. | 一路平安 | （成） | yílù píng'ān | bon voyage | 道中ご無事で |

专　名

1. 那斯图　　Nàsītú（人名）　Nasitu
2. 苏尼特右旗　Sūnítèyòu Qí　Sonid right gi（"旗" is an administrative division of county level in Inner Mongolia）　旗は行政区画名

语法点

1. 特意　　这件衣服是我特意给你买的。
2. 挨个　　买水果时，挨个拿，不能挑。
3. 霎时　　一声巨响，霎时天空中出现了千万朵美丽的火花。
4. 随即　　你先去，我随即就到。
5. 当场　　小偷在偷东西时被当场抓住。

背景

居住在中国内蒙古自治区的蒙族人能歌善舞，精于骑射，他们还喜爱饮酒，并且有一套特殊的礼节。

练　习

一、听第一遍，选择正确答案：

1. a. 游客　　　b. 记者　　　c. 商人
2. a. 三口　　　b. 五口　　　c. 不知道
3. a. 很高兴　　b. 生气　　　c. 不好意思
4. a. 白酒　　　b. 啤酒　　　c. 葡萄酒

二、听第二段，判断正误：
1.　　2.　　3.　　4.　　5.

三、听第二段，选择正确答案：
1. a. 表示敬意　　b. 表示客气
   c. 表示高兴
2. a. 每天喝酒，喝不下去
   b. 昨天晚上喝醉了
   c. 表示客气
3. a. 七十岁　　　b. 差不多七十岁
   c. 七十多岁
4. a. 一个同学　　b.《人民日报》的一位记者
   c. 一位朋友

四、再听一遍第二段，回答下列问题：
1. 那斯图丈人家都准备了些什么东西？
2. 那斯图的丈人、丈母娘激动的时候是什么样子？

五、听第四段，归纳要点：
1. 内蒙人的"酒文化"是什么？
   ①　　　　　　　②
   ③　　　　　　　④
2. 正规场合，客人接过酒后，应该怎么做？
   ①　　　　　　　②

3. 怎样表示敬意？
    ①   ②
    ③   ④
    ⑤   ⑥

六、听第五段，选择正确答案：
1. a. 给"我们"送行
   b. 表示敬意
   c. 不知道
2. a. 62度   b. 55度   c. 不知道
3. a. 三个   b. 几个   c. 一个
4. a. 两瓶   b. 一瓶   c. 三瓶

七、听第五段，回答下列问题：
1. 车到岔路口时，一位朋友跳下车做什么？
2. 我们不喝酒，那位朋友做什么？我们喝了以后，他又做什么？

乙　我也有同感

生　　词

1. 采访	（动）	cǎifǎng	interview	取材する
2. 谦虚	（形）	qiānxū	modest	謙虚な
3. 学术界	（名）	xuéshùjiè	academic circle	学術界
4. 权威	（名）	quánwēi	authority	権威
5. 忠实	（形）	zhōngshí	loyal	忠実な、熱心な

6.	高寿	（名）	gāoshòu	venerable age	おいくつ
7.	颇	（副）	pō	quite	非常に
8.	乐天派	（名）	lètiānpài	optimist	楽天主義者
9.	生性	（名）	shēngxìng	natural disposition	生まれつき
10.	科研	（名）	kēyán	science research	科学研究
11.	荤腥	（名）	hūnxīng	meat or fish	なまぐさ料理
12.	素	（名）	sù	vegetable	精進料理
13.	盅	（量）	zhōng	measure word	杯
14.	惯例	（名）	guànlì	habit	習慣
15.	大众化	（动）	dàzhònghuà	popular	大衆化
16.	保证	（名）	bǎozhèng	guarantee	うけあう
17.	搀假	（动）	chānjiǎ	adulterate	にせものをまぜる
18.	假冒伪劣		jiǎmào wěiliè	counterfeit and poor quality	いつわりの
19.	再者	（连）	zàizhě	what is more…	その上
20.	胃口	（名）	wèikǒu	appetite	対胃口（口に合う），好みに合う
21.	辨认	（动）	biànrèn	judge	見分ける

22.	限量	(动)	xiànliàng	limit the quantity	限度を定める
23.	舒筋活血		shūjīn huóxiè	stimulate the circulation of the blood and cause the muscles and joints to relax	体を寛げて血液の循環をよくする
24.	加快	(动)	jiākuài	accelerate	速める
25.	充沛	(形)	chōngpèi	enegetic	充分に
26.	热乎乎	(形)	rèhūhū	hot	ぽかぽかする
27.	暖流	(名)	nuǎnliú	hot stream	暖流
28.	流动	(动)	liúdòng	flow	流れる
29.	状况	(名)	zhuàngkuàng	condition	情況
30.	肝	(名)	gān	liver	肝臟
31.	肾	(名)	shèn	kidney	腎臟
32.	胃	(名)	wèi	stomach	胃
33.	加重	(动)	jiāzhòng	worse	重くなる
34.	复发	(动)	fùfā	recur, relapse	再発する
35.	高血压	(名)	gāoxuèyā	high blood pressure	高血圧
36.	忌	(动)	jì	give up	禁じる
37.	宝贵	(名)	bǎoguì	precious	貴重な

专　名

1. 《老年之友》　　Lǎonián zhīyǒu　　Companion of The Aged　　《年寄の友》
2. 杜康　　　　　　Dùkāng（酒名）　　Dukang　　杜康
3. 泸州老窖　　　　Lúzhōu Lǎojiào　　Luzhoulaojiao　　瀘州地方の年代を経た酒

语法点

1. 都…　　　　都十点了，他才起床。
2. 要我说呀　　要我说呀，这么晚了就别去看电影了。
3. 再…不过　　吃饺子再好不过了。
4. 相对来说　　他们俩的英语都不错，相对来说，小王说得更地道一些。
5. 再者　　　　大学生去工作，一方面可以挣一些学费，再者，也可以利用这个机会了解社会。

背景

酒和烟是人们最普遍的两大嗜好。吸烟，是有百害而无一利，但喝酒呢，请听听我们这两位主人公的高论。

练　习

一、听第一遍，选择正确答案：

　　1. a. 办公室里　　b. 路上　　c. 家里

2. a. 记者　　b. 学生　　c. 同事
3. a. 演员　　b. 学者　　c. 编辑
4. a. 七十　　b. 六十多　c. 六十
5. a. 约好的　　b. 没约过　　c. 不知道

二、听第二遍，判断正误：

1.　　2.　　3.　　4.　　5.　　6.　　7.

三、听第三遍，指出下列特点哪些是对话中的老年人所没有的：

快乐　好动　不吃荤　吃素　喝酒　抽烟　喜欢玩　喜欢工作　爱锻炼

四、听第四遍，选择正确答案：

1. a. 经常锻炼　　b. 不经常锻炼　　c. 每天锻炼
2. a. 每天喝　　b. 有时喝　　c. 经常喝
3. a. 太贵　　b. 不喜欢喝
   c. 不敢买，怕有假的
4. a. 年纪大　　b. 酒量小　　c. 身体不好
5. a. 加快血液流动　　b. 不怕冷
   c. 使身体健康
6. a. 喝酒　　b. 不吃荤　　c. 锻炼

五、根据对话内容详细回答问题

哪些人不能喝酒，为什么？

六、下列每题后都有三个词语，请指出与划线部分意思相当的词语：

1. 看来您对保养身体颇有研究哇。
   a. 很　　b. 专门　　c. 可

2. 要说有研究还真说不上。
   a．说不出来　　b．不值得提
   c．不够格
3. 我喝的酒再大众化不过了。
   a．一般　　b．跟别人一样
   c．特别
4. 过去老喝这些酒，比较对胃口。
   a．有兴趣　　b．合乎口味　　c．舒服

七、根据对话内容填空：

1. 您不仅是学术界的权威，也是我们《老年之友》的____读者。
2. 现在酒类假冒伪劣的还真不少，而且不容易____。
3. 您说得真____，说实在的，我也有同感。
4. 我这么说并不是____老年人喝酒。
5. 患有高血压等疾病的老年人，同样也应该____酒。

第十八课

甲 中国古代饮食博览馆

生　词

1.	饮食	（名）	yǐnshí	food	飲食
2.	博览馆	（名）	bólǎnguǎn	museum	博物館
3.	各种各样	（名）	gèzhǒng gèyàng	various kinds of	いろいろな
4.	钟表	（名）	zhōngbiǎo	clock and watch	時計の総称
5.	特色	（名）	tèsè	unique	特色
6.	菜单	（名）	càidān	menu	メニュー
7.	方式	（名）	fāngshì	way	方法，方式
8.	展厅	（名）	zhǎntīng	dining-hall	展示室
9.	讲解员	（名）	jiǎngjiěyuán	guide	説明者
10.	民间	（名）	mínjiān	folk	民間
11.	包括	（动）	bāokuò	include	含む
12.	位于	（动）	wèiyú	situated…	〜にある
13.	创办	（动）	chuàngbàn	set up	設立する

14.	馆长	(名)	guǎnzhǎng	manager of the museum	館長
15.	记者	(名)	jìzhě	journalist	新聞記者
16.	大厅	(名)	dàtīng	hall	ホール
17.	按	(介)	àn	according to…	～によって
18.	菜肴	(名)	càiyáo	cooked food（usu. dishes）	料理
19.	区分	(动)	qūfēn	distinguish	区別する
20.	专门	(副)	zhuānmén	special	もっぱら、特に
21.	朝代	(名)	cháodài	dynasty	王朝、時代
22.	文人	(名)	wénrén	scholar	文人
23.	记录	(动)	jìlù	record	記録
24.	以及	(连)	yǐjí	as well as…	ならびに、および
25.	综合	(形、动)	zōnghé	comprehensive	総合
26.	婚礼	(名)	hūnlǐ	wedding	結婚式
27.	宴席	(名)	yànxí	banquet	宴会
28.	据说	(介)	jùshuō	It's said that…	話によると
29.	直径	(名)	zhíjìng	diameter	直径
30.	正宗	(形)	zhèngzōng	original	本筋、正統
31.	严格	(形)	yángé	strick	厳しい

32.	按照	（介）	ànzhào	in accordance with	…によって
33.	过多	（副）	guòduō	excessively	多過ぎる
34.	迎合	（动）	yínghé	cater to	合う
35.	猪油	（名）	zhūyóu	lard	ラード
36.	生产力	（名）	shēngchǎnlì	productive forces	生産力
37.	绝对	（副）	juéduì	absolutely	絶対に
38.	上席	（动）	shàngxí	present at banquet	宴会に出す（料理）
39.	野生	（形）	yěshēng	uncultivated, wild	野生
40.	原料	（名）	yuánliào	raw material	原料
41.	扩充	（动）	kuòchōng	enlarge	拡充する
42.	衣食住行	（成）	yī shí zhù xíng	food, clothing, shelter and transportation	一切の生活のこと
43.	全面	（形）	quánmiàn	comprehensive	全面的な

专　名

1.	清代		Qīng Dài	Qing Dynasty	清朝

2. 满汉全席		Mǎn-Hàn Quánxí	Man-Han Banquet	滿漢全席
3. 周代		Zhōu Dài	Zhou Dynasty	周朝

语法点

1. 以…作为…　　这里的老人以散步作为锻炼身体的方式。
2. 位于　　　　中国位于亚洲大陆的东南部。
3. 以及　　　　商店里有西红柿、黄瓜、茄子以及其他蔬菜。
4. 据说　　　　据说,有一种新药能治哮喘。

背景

在中国有一家特殊的古代饮食博览馆,它与众多的博览馆有很大不同,参观的方式也很特别,请先听介绍,有机会您还可以亲自去体验体验。

练 习

一、听一遍全文,选择正确答案:
1. a. 两种　　b. 三种
   c. 一种　　d. 四种
2. a. 北京　　b. 南京　　c. 天津
3. a. 没有　　b. 有　　　c. 不知道
4. a. 记者　　b. 名人
   c. 讲解员　d. 馆长

二、再听两遍第一、二段,回答下列问题:
1. 古代饮食博览馆看起来像什么?
2. 古代饮食博览馆有没有餐厅?

3. 客人坐下以后,服务员马上送来什么?

4. 古代饮食博览馆和一般的博览馆有哪些不一样的地方?

5. 古代饮食博览馆的服务员要给客人讲解什么?

三、再听两遍第三段,判断正误:

1.　　2.　　3.　　4.

四、再听一遍第三段,选择正确答案:

1. a. 一类　　b. 两类
   c. 三类　　d. 四类

2. a. 一个　　b. 两个
   c. 三个　　d. 四个

3. a. 诗人　　b. 厨师
   c. 小说家　　d. 教师

4. a. 因为这两本小说很有名
   b. 因为这两本小说写得很精彩
   c. 因为这两本小说的作者发明了许多美味
   d. 因为这两本小说记录了许多美味

5. a. 一个　b. 两个　c. 三个　d. 四个

6. a. 二十个　　b. 二十七个
   c. 二十四个　　d. 二、三十个

五、再听两遍第四、五段,选择正确答案:

1. a. 介绍一个周代的菜的做法
   b. 为了满足人们的食欲而做菜
   c. 重做古代菜肴的一些规矩
   d. 讲解员如何讲解古代的菜肴

        e. 杨馆长今后的打算
   2. a. 为了满足现代人的食欲
      b. 为了帮助人们欣赏古代饮食文化
      c. 为了研究古代菜谱
   3. a. 菜油   b. 蔬菜   c. 小米
      d. 大麦   e. 猪肉
   4. a. 这是一道绝对不好吃的家常菜
      b. 这是一道一般的家常菜
      c. 这是一道没有资格在宴会上出现的普通菜
      d. 这是一道绝对不错的家常菜
   5. a. 上不了席的家常菜肴
      b. 以野生动物为主要原料的菜肴
      c. 非常贵非常有名的菜肴
      d. 以现在受保护的野生动物为原料的菜肴
   6. a. 有关中国人穿衣的博览馆
      b. 有关中国人住房的博览馆
      c. 有关中国古人生活的各个方面的博览馆
      d. 有关中国古代文化的博览馆

六、再听一遍全文,回答下列问题:
    全文一共谈了哪几个问题?
        ①
        ②
        ③
        ④
        ⑤

乙　饮食与健康

生　词

1.	杂志社	（名）	zázhìshè	magazine office	雑誌社
2.	庆祝	（动）	qìngzhù	celebrate	祝賀する
3.	该	（代）	gāi	this, that	この
4.	创刊	（动）	chuàngkān	start publication	創刊する
5.	周年	（名）	zhōunián	anniversary	周年
6.	摘要	（名）	zhāiyào	summary	抜き書きした要点
7.	的确	（副）	díquè	indeed	確かに
8.	早餐	（名）	zǎocān	breakfast	朝飯
9.	处于	（动）	chǔyú	at (the time of)…	の中にある
10.	摄取	（动）	shèqǔ	take in	吸収する
11.	足够	（动）	zúgòu	enough	十分に足りる
12.	存在	（动）	cúnzài	exist	存在する
13.	晚餐	（名）	wǎncān	dinner, supper	晚飯
14.	胃病	（名）	wèibìng	stomach trouble	胃病
15.	发病率	（名）	fābìnglǜ	incidence of a disease	発病率
16.	素质	（名）	sùzhì	quality	素質

17.	相似	(动)	xiāngsì	similar	似る
18.	单一型		dānyīxíng	single type	単一型
19.	蛋	(名)	dàn	egg	卵
20.	混合型	(名)	hùnhéxíng	mixed type	混合型
21.	大大	(副)	dàdà	rice	大いに
22.	寿命	(名)	shòumìng	life-span	寿命
23.	延长	(动)	yáncháng	extend	のばす，延長する
24.	借鉴	(动)	jièjiàn	draw on the experience of	参考になる
25.	高度	(副)	gāodù	special (attention)	高さ
26.	冠心病	(名)	guānxīnbìng	coronary heart disease	心臓病の一種
27.	肥胖症	(名)	féipàngzhèng	obesity	肥満病
28.	糖尿病	(名)	tángniàobìng	diabetes	糖尿病
29.	平衡	(动)	pínghéng	balance	つりあいをとる，バランス
30.	切	(副)	qiè	be sure to	濯して
31.	不可	(动)	bùkě	can't do	いけない
32.	极端	(名)	jíduān	extream	極端

专　　名

1. 二次大战　　　　Ercìdàzhàn　　The Second　第二次世界
　　　　　　　　　　　　　　　　　World War　大战
2. 《中国食品》　　　Zhōngguó　　　Chinese　　　《中国食品》
　　　　　　　　　　Shípǐn　　　　Food

语法点

1. 该　　　　该地交通方便,物产丰富,风景秀丽,是疗养的好地方。
2. 的确　　　我不骗你,他的确是这样说的,不信你打电话问问。
3. 大大　　　这场球赛的结果大大出乎人们的意料。
4. 切不可　　身体的生长需要自然适量的营养,切不可随意给儿童乱补营养品。

背景

随着社会的发展,人们生活水平的提高,人们越来越感到有一个健康的体魄比什么都强;于是如何增加营养,减少疾病成了人们日益关心的问题。

练　　习

一、听一遍全文,选择正确答案:
1. a. 如何减少一日三餐的问题。
   b. 应该不应该吃早饭的问题。
   c. 中国和日本的饮食结构问题。
   d. 一日三餐与人们身体健康的关系问题。

2. a. 报社　　b. 杂志社
   c. 医院　　d. 医学院
3. a. 记者　　b. 中学老师
   c. 专家　　d. 厨师

二、再听一遍全文，简单回答下列问题：
1. 这个讨论会是在哪儿举行的？
2. 最不重视吃早餐的人是什么人？
3. 关于吃早餐的问题，一些专家调查了什么人？
4. 现在人们的晚餐有没有问题？如果有，是什么问题？
5. 现在日本人的一日三餐和中国人的一样不一样？

三、再听一遍全文，判断正误：
1.　　2.　　3.　　4.　　5.

四、再听一遍全文，选择正确答案：
1. a. 足够的早餐
   b. 足够的动物蛋白质
   c. 足够的鱼、肉
   d. 足够的维生素
2. a. 胃病跟晚餐安排不合理有点关系
   b. 胃病跟晚餐安排不合理没关系
   c. 得胃病一定是因为晚餐安排得不合理
3. a. 蔬菜、水果　　b. 鱼、肉
   c. 牛奶、面包　　d. 大米、小麦
4. a. 两种　　b. 三种
   c. 五种　　d. 六种

5. a. 日本的成功经验可以改变
   b. 日本的成功经验可以作为参考
   c. 日本的成功经验可以批评
   d. 日本的成功经验可以研究
6. a. 冠心病　　b. 糖尿病
   c. 消化系统的疾病　　d. 高血压

五、根据课文内容，回答问题：

讨论会上，专家们一共谈了四个需要注意的问题，请问这四个问题分别是什么？

六、讨论：

1. 谈一谈你的一日三餐，特别是你的早餐。
2. 你觉得怎样的饮食习惯对身体有好处？

第十九课

甲　相声杂谈

生　词

1.	相声	（名）	xiàngsheng	comic dialogue	漫才
2.	杂谈	（动）	zátán	talk about	雑談
3.	幽默	（形）	yōumò	humour	ユーモア
4.	夸张	（形）	kuāzhāng	exaggerate	誇張する
5.	口头	（名）	kǒutóu	oral	口頭
6.	以…为主		yǐ…wéizhǔ	take … as the main part	…を主とする
7.	捧腹大笑	（成）	pěngfù dàxiào	burst out laughing	腹を抱えて笑う
8.	相传	（动）	xiāng chuán	It's said that…, according to the legend …	～と伝えられる
9.	讲述	（动）	jiǎngshù	describe	のべる

10.	直不起腰		zhí bù qǐ yāo	can't stand up straight	腰が抜けて起き上れない
11.	感染力	（名）	gǎnrǎnlì	appeal	影響力
12.	基本功	（名）	jīběngōng	basic skill	基本的な仕事の能率
13.	嘴皮子	（名）	zuǐpízi	lips	弁舌
14.	利索	（形）	lìsuo	(speak) distinctly	（口が）達者である，巧みである
15.	流利	（形）	liúlì	fluent	すらすら
16.	分清	（动）	fēnqīng	distinguish	はっきり分ける
17.	丑	（形）	chǒu	ugly	醜い
18.	讽刺	（动）	fěngcì	satirize	諷刺する
19.	功能	（名）	gōngnéng	function	機能
20.	少	（动）	shào	young	若くなる
21.	青春	（名）	qīngchūn	youth	青春
22.	形式	（名）	xíngshì	form	形式
23.	单独	（副）	dāndú	alone	単独
24.	单口相声		dānkǒu xiàngsheng	comic monologue	一人で演じる漫才
25.	对口相声		duìkǒu xiàngsheng	comic dialogue	二人で演じる漫才
26.	革新	（动）	géxīn	reform	革新する
27.	尝试	（动）	chángshì	try	試す
28.	群口相声		qúnkǒu xiàngsheng	comic talks by a group	三人以上で演じる漫才

29.	合说	（动）	héshuō	talk together	一緒にしゃべる
30.	合作	（动）	hézuò	co-operate	協力する
31.	主次	（名）	zhǔcì	primary and secondary	主従
32.	称	（动）	chēng	call…と	言う
33.	插话	（动）	chāhuà	make impromptu remarks	口をはさむ
34.	模仿	（动）	mófǎng	imitate	まねる
35.	多面手	（名）	duōmiànshǒu	a versatile man	多方面にわたって有能な人
36.	方言	（名）	fāngyán	local dialect	方言
37.	大师	（名）	dàshī	master	名人
38.	曾经	（副）	céngjīng	used to	かつて
39.	舞台	（名）	wǔtái	stage	舞台
40.	扶	（动）	fú	support with the hand	もたれる
41.	角	（名）	jiǎo	angle	かど
42.	吃力	（形）	chīlì	with effort	力がいる
43.	醉汉	（名）	zuìhàn	drunken man	酔っぱらい

44.	站立不稳		zhànlì bùwěn	unable to stand still	しっかり（ひらがなの活字に）と立てない
45.	神态	（名）	shéntài	expression and manner	表情や態度
46.	逼真	（形）	bīzhēn	lifelike	真に迫る
47.	开怀大笑	（成）	kāihuái dàxiào	laugh to one's heart's content	胸襟を開いて大笑いする

专　名

1.	侯宝林	Hóu Bǎolín	Hou Baolin	侯宝林
2.	《醉酒》	Zuìjiǔ	Drunken Man	《酔っぱらい》

语法点

1. 以…为主　　这家餐馆以卖北京烤鸭为主，同时也经营粤菜。
2. 称…为…　　学生们都尊敬地称他为马先生。
3. 总之　　　　衣、食、住、行，总之，和人们生活密切相关的一切问题都要解决好。
4. 正在于此　　这种布料最适宜做衬衫，夏天穿在身上既凉爽又美观，其风行一时的奥秘也正在于此。

背景

相声是一种深受人们喜爱的曲艺艺术，在中国，不论男女老少，几乎没有不爱听相声的。那么，相声到底有什么魅力，又有什么特点呢？请听本文介绍。

练 习

一、听一遍全文，简单回答下列问题：
　　1. 文章说知道相声的外国人多不多？
　　2. 相声一般由几个人表演？
二、听一遍第一、二段，选择正确答案：
　　1. a. 手　　b. 嘴　　c. 眼睛
　　2. a. 清楚可笑　　b. 流利幽默
　　　 c. 清楚、流利、可笑、幽默
　　　 d. 清楚、流利、利索、幽默
三、再听一遍第一、二段，选择正确答案：
　　1. a. 说话不流利的人不能说相声
　　　 b. 嘴不能说话的人不能说相声
　　　 c. 嘴不厉害的人别想说相声
　　2. a. 经常笑，时间过得很快
　　　 b. 经常笑可以使人年轻
　　　 c. 笑一笑，可以年轻十岁
四、再听一遍第一、二段，回答下列问题：
　　1. "笑得直不起腰来"这句话是什么意思？
　　2. "有人半开玩笑地说"这句话中的"半开玩笑"是什么意思？
　　3. 文章在第一段用了一个什么例子说明相声有很大的感染力？

五、根据第一、二段的内容,填空并朗读:
1. 相声是一门____有趣的____艺术,以说为主。
2. 相声演员要让观众在笑声中分清____,____好坏。
3. 相声还有____批评的功能。

六、听两遍第三、四段,选择正确答案:
1. a. 两种   b. 三种   c. 四种
2. a. 一个   b. 两个   c. 三个
3. a. 一位演员的表演很重要,另一位不重要。
   b. 一位演员是有名的,另一位不太有名。
   c. 以一位演员的表演为主,另一位为辅。

七、根据第三、四段的内容,判断正误:
1.   2.   3.   4.

八、再听两遍第五、六段,选择正确答案:
1. a. 学习   b. 模仿   c. 说话
2. a. 醉汉   b. 吃饭   c. 喝酒
3. a. 会说各地方言的人
   b. 学什么像什么的人
   c. 想学什么就学什么的人
4. a. 相声的魅力也正在开始
   b. 这就是相声的魅力
   c. 相声的魅力也正在这下面

九、再听一遍全文,根据课文内容给相声下一个准确的定义?(提示:①相声的特点。②相声的表演形式。)

十、学习下列有关"笑"的一些词语:
微笑   大笑   开怀大笑   捧腹大笑   笑口

常开　　笑岔了气儿　　笑得前仰后合　　笑得眼泪都流出来了　　笑得肚子都疼了　　笑得直不起腰来

乙　相声：打电话

生　词

1.	工具	（名）	gōngjù	tool	道具
2.	尽量	（副）	jǐnliàng	as much as possible	できるだけ
3.	节约	（动）	jiéyuē	practise thrift	節約する
4.	群众	（名）	qúnzhòng	masses	大衆
5.	观点	（名）	guāndiǎn	viewpoint	観点
6.	浓厚	（形）	nónghòu	deep	濃い、思い入れのある
7.	感情	（名）	gǎnqíng	feeling	感情
8.	且	（副）	qiě	and	ずいぶん長く
9.	碰	（动）	pèng	run into	出会う
10.	没完没了		méiwán méiliǎo	endless	終りがない
11.	公用	（动）	gōngyòng	public	公衆の使用に供する
12.	其实	（副）	qíshí	in fact	実際
13.	约	（动）	yuē	make an appointment	約束する
14.	拨	（动）	bō	dial	まわす

15.	通	(动)	tōng	get through	通じる
16.	不见不散		bújiàn búsàn	Be sure to wait for me there	会える迄その場を去らずに待っている
17.	回见	(动)	huíjiàn	see you later	ではまた
18.	连来带去		liánlái dàiqù	all together	最初から最後まで
19.	倒	(动)	dào	upside down	さかさまに
20.	局	(名)	jú	(telephone) exchange	局
21.	瞧	(动)	qiáo	look	見る
22.	耗子	(名)	hàozi	mouse, rat	ねずみ
23.	外号	(名)	wàihào	nick-name	あだ名
24.	"四害"	(名)	sìhài	the four pests (rats, bedbugs, flies and mosquitoes)	農作や保健衛生に害を与える蠅、蚊、南京虫、鼠、
25.	…之一		…zhīyī	one of	その一
26.	接	(动)	jiē	answer	受ける
27.	消灭	(动)	xiāomiè	eliminate	消滅する
28.	逮	(动)	dǎi	catch	捕える
29.	猜不着		cāi bù zháo	unable to guess	あたらない

30.	使劲	(动)	shǐjìnr	make effort	頑張る
31.	罗嗦	(形)	luōsuo	wordy	くどい
32.	讲话	(动)	jiǎnghuà	talk	話をする
33.	未婚妻	(名)	wèihūn qī	fiancée	許婚者（女子）
34.	废话	(名)	fèihuà	rubbish, nonsense	無駄話
35.	非…	(副)	fēi…	must…	なければならない
36.	包	(动)	bāo	charter	独占する，専有する
37.	死心眼儿	(形)	sǐxīnyǎnr	obstinate	融通がきかない
38.	净	(副)	jìng	nothing but	全部
39.	戏	(名)	xì	opera	芝居
40.	票价	(名)	piàojià	price of ticket	入場券の価格
41.	找（钱）	(动)	zhǎo (qián)	give change to	つりを銥う
42.	报帐	(动)	bàozhàng	render an account	決算報告する
43.	京戏	(名)	jīngxì	Peking Opera	京劇
44.	评戏	(名)	píngxì	Ping Opera	（河北省の地方劇）評劇

45.	越剧	(名)	yuèjù	Yue Opera	（浙江省の地方劇）越劇
46.	乐	(动)	lè	laugh	笑う
47.	歌剧	(名)	gējù	opera	オペラ、歌劇
48.	腔调	(名)	qiāngdiào	tune	曲の調子
49.	表情	(名)	biǎoqíng	expression	表情
50.	鼓掌	(动)	gǔzhǎng	clap one's hands	拍手する
51.	费事	(形)	fèishì	trouble	手数がかかる
52.	饼干	(名)	bǐnggān	biscuit, cracker	ビスケット
53.	照顾	(动)	zhàogù	take care	世話をする
54.	对面	(名)	duìmiàn	opposite	向かい側
55.	瞅	(动)	chǒu	look	見る
56.	电线杆子	(名)	diànxiàn gānzi	wire pole	電信柱
57.	开演	(动)	kāi yǎn	(performance) start	開演する
58.	准时	(形)	zhǔnshí	on time	定刻どおりである

专　名

1.	长安街		Cháng'ān Jiē	Changan Avenue	長安街

2.	郭启儒	Guō Qǐrú	Guo Qirou	郭啓儒
3.	马季	Mǎ Jì	Ma Ji	馬季
4.	大华电影院	Dàhuá Diànyǐngyuàn	Dahua Cinema	大華映画館
5.	老胡	Lǎo Hú（称呼）	Old Hu	胡さん
6.	长安大戏院	Cháng'ān Dàxìyuàn	Changan Opera House	長安劇場
7.	《刘三姐》	Liú Sānjiě	Liu Sanjie	「劉三姉」

语法点

1. 且（+动词）　①他要一聊起来，且聊不完呢。
　　　　　　　②买支钢笔且用呢。
2. 其实　　　　这个问题从表面上看似乎很难，其实并不难。
3. 不见不散　　说好了，老时间老地方，不见不散。
4. 非　　　　　①非今天去呀，就不能改个时间？
　　　　　　　②你学什么不好，干嘛非学这个专业呢？

背景

打电话是日常生活中一件常事儿，电话人人都会打，可并不是人人都清楚打电话应该注意些什么，特别是打公用电话。相声《打电话》对这方面的某些不良现象进行了善意的讽刺。

练　习

一、听一遍全文，选择正确答案：
1. a. 在电话里聊天很有意思，可以长时间谈话。
   b. 一个说话罗嗦的人在打电话，闹了许多笑话。
   c. 一个男的在电话里和女朋友谈恋爱。
2. a. 拨号儿声　　b. 鸟叫声　　c. 汽车声
3. a. 去了　　b. 没有去　　c. 不知道

二、听两遍第一段，选择正确答案
1. a. 不要节约时间
   b. 不要打起来没完没了
   c. 应该没有群众观点
2. a. 两个多小时
   b. 半小时
   c. 差不多四个钟头
3. a. 而且还说
   b. 要说很长时间
   c. 并且说
4. a. 见面时
   b. 约定会面的时间、地点之后
   c. 分手时

三、根据第一段的内容，回答下列问题：
在本段最后，观众为什么大笑？

四、听一遍第二段，简单回答下列问题：
1. 打电话的男人叫什么名字？这个名字有什么意思？

2. 打电话的男人的女朋友姓什么？

3. 这个男的打电话时旁边有人等着打电话吗？

五、再听一遍第二段，选择正确答案：

1. a. 12345　　b. 43568　　c. 45678

2. a. 猜对方姓什么

　　b. 猜对方是干什么的

　　c. 猜对方是谁

3. a. 名字　　b. 外号　　c. 别名

六、再听一遍第二段，回答下列问题：

1. 在本段最后，打电话的男的说"死心眼"是什么意思？他说这话时是什么态度？

2. 打电话的男的认为谁"死心眼"？

3. 本段通过几个主要事情反映了打电话的那个人说话很罗嗦？

七、听一遍第三段，选择正确答案：

1. a. 没有　　b. 有　　c. 没有告诉

2. a. 四种　　b. 三种　　c. 两种

3. a. 给她做饭　　b. 给她买吃的

　　c. 和她下饭馆儿

八、再听一遍第三段，简单回答下列问题：

1. 打电话的男的买的戏票是几排几号？

2. 打电话的男的对歌剧《刘三姐》的什么特别感兴趣？他在电话里向女朋友学什么？

3. 打电话的人要在什么地方（具体地点）等他的女朋友？

九、再听一遍第三段,回答下列问题:

1. 打电话的人唱完以后,问了他女朋友一个什么问题,观众马上大笑起来?

2. 在这一段里,通过几件事情反映了这个男的打电话罗嗦?

第 二 十 课

甲 体育新闻五则

生　词

（一）

1. 老牌	（名）	lǎopái		old brand	古くからの有名なチームなど
2. 甲级	（形）	jiǎjí		first rate	一軍
3. 劲旅	（名）	jìnglǚ		strong team	強いチーム
4. 本	（代）	běn		this	この
5. 赛季	（名）	sàijì		competition period	競技の季節
6. 比赛	（名、动）	bǐsài		match	競技
7. 主场	（名）	zhǔchǎng		home ground	ホームグラウンド
8. 作战	（动）	zuòzhàn		play	作戦
9. 失利	（动）	shīlì		lose	失敗
10. 积分	（名）	jīfēn		accumulated points	累計点数

11.	屈居	（动）	qūjū	condescend to accept	～の座に甘んじる

（二）

1.	决赛	（名）	juésài	the final, final match	決勝戦
2.	战胜	（动）	zhànshèng	win	うち勝つ
3.	冠军	（名）	guànjūn	champion	チャンピオン
4.	胜利	（动）	shènglì	victory	勝利
5.	上半时	（名）	shàng bàn shí	the first half	前半
6.	籍	（名）	jí	nationality	国籍
7.	球星	（名）	qiúxīng	football star	フットボールスター
8.	著名	（形）	zhùmíng	famous, well-known	有名な
9.	中场	（名）	zhōngchǎng	in the middle of the playground	（サッカーなどの）ハーフライン
10.	劲射	（动）	jìngshè	strong shoot	強くシュートする
11.	球迷	（名）	qiúmí	football fan	フットボールファン
12.	欢呼雀跃		huānhū quèyuè	cheers and jumpping for joy	大変喜ぶ

13.	兴奋	（形）	xīngfèn	excited	興奮
14.	已		yǐ	stop	止む
15.	射门	（动）	shèmén	shoot (at the goal)	シュートする
16.	成功	（形）	chénggōng	successful	成功する
17.	对手	（名）	duìshǒu	rival	相手
18.	名次	（名）	míngcì	place in a competition	席次

（三）

1.	轮	（量）	lún	measure word	まわり（ひらがなの活字で）
2.	选手	（名）	xuǎnshǒu	player	選手
3.	取	（动）	qǔ	win	勝つ
4.	列为	（动）	lièwéi	be taken as	…の中に入れる
5.	正式	（形）	zhèngshì	formal	正式
6.	国际	（名）	guójì	international	国際
7.	将	（副）	jiāng	will, shall	まもなく…しようとする
8.	排名	（动）	páimíng	position in a namelist	席次

（四）

1.	举行	（动）	jǔxíng	hold	挙行する

2.	速滑	(名)	sùhuá	speed skating	スピードスケーティング
3.	充满	(动)	chōngmǎn	be filled with	満ちあふれる
4.	届	(量)	jiè	measure word	回
5.	卫冕	(动)	wèimiǎn	remain the title of championship	タイトルを保持する
6.	首次	(名)	shǒucì	the first time	初めて

(五)

1.	突破	(动)	tūpò	break	突破する
2.	大关	(名)	dàguān	record	関所

专　名

1.	利物浦队	Lìwùpǔ Duì	Liverpool (Team)	リバプールチーム
2.	水晶宫队	Shuǐjīng gōng Duì	Crystal Palace	水晶宮チーム
3.	曼彻斯特联队	Mànchèsītè Liánduì	Manchester United	マンチェスター連隊
4.	利兹联队	Lìzī Liánduì	Leeds United	リーズ連隊

5. 拜仁慕尼黑队	Bàirénmùníhēi Duì	Bayern Munich	チームの名前
6. 巴赫文辛队	Bāhèwénxīn Duì	Bayer Uerdingen	チームの名前
7. 凯特斯劳城队	Kǎitèsīláochéng Duì	Kaisers Lautern	チームの名前
8. 巴西	Bāxī	Brazil	ブラジル
9. 马西奥	Mǎxī'ào	Mazinho	人名
10. 埃非博格	Āifēibógé	Effenberg	人名
11. 全英羽毛球公开赛	Quányīng Yǔmáoqiú Gōngkāisài	All England Badminton Tournament	全英バドミントンオープン戦
12. 吴文凯	Wú Wénkǎi	Wu Wenkai	呉文凱
13. 丹麦	Dānmài	Denmark	デンマーク
14. 巴塞罗那	Bāsàiluónà	Barcelona	バルセロナ
15. 奥运会	Àoyùnhuì	Olympic Games	オリンピック大会
16. 叶乔波	Yè Qiáobō	Ye Qiaobo	葉喬波
17. 阿尔贝维尔	Ā'ěrbèiwéi'ěr	Aberweier	都市名
18. 布莱尔	Bùlái'ěr	Blair	人名
19. 格勃里特克	Gébólǐtèkè	*person's name*	人名

语法点

1. 之后　　放假之后，我就去旅游。
2. 以来　　展览会开幕以来，每天要接待几万名观众。
3. 首次　　他首次参加世界大赛就夺得了冠军。
4. 仅　　　这场比赛前后仅用了二十分钟。

背景

在众多的电视节目中,体育新闻是比较受欢迎的节目。下边是几则新闻,请欣赏。

练 习

一、听第一则新闻,选择正确答案:
1. a. 利物浦队　　b. 水晶宫队
　 c. 曼彻斯特联队
2. a. 一个　　b. 两个　　c. 三个
3. a. 利物浦队　　b. 曼彻斯特联队
　 c. 水晶宫队
4. a. 曼彻斯特联队　　b. 水晶宫队
　 c. 利兹联队
5. a. 1分　　b. 2分　　c. 3分

二、听第一则新闻,回答下列问题:
比赛在哪个城市举行?

三、听第二则新闻,回答下列问题:
1. 比赛是在哪儿进行的?
2. 参加甲级联赛的队一共有多少个?

四、听第二则新闻,选择正确答案:
1. a. 拜仁慕尼黑队　　b. 巴赫文辛队
　 c. 凯特斯劳城队
2. a. 9月7号　　b. 7月9号　　c. 9月1号
3. a. 1∶0　　b. 3∶0　　c. 不知道
4. a. 马西奥　　b. 埃非博格　　c. 不知道

5. a. 巴西　　b. 德国　　c. 英国
6. a. 八万　　b. 八万六千　　c. 六千
7. a. 五胜　　b. 四胜一负　　c. 五胜一负

五、听第二则新闻，判断正误：
1.　2.　3.

六、听第三则新闻，简单回答下列问题：
1. 比赛在哪个国家举行？
2. 是男子比赛还是女子比赛？
3. 参加比赛的两个运动员是哪两个国家的？

七、听第三则新闻，判断正误：
1.　2.　3.

八、听第四则新闻，选择正确答案：
1. a. 第一名　　b. 第三名　　c. 第二名
2. a. 叶乔波　　b. 布莱尔　　c. 不知道
3. a. 40 秒 33　　b. 40 秒 51　　c. 40 秒
4. a. 第一次　　b. 第二次　　c. 不知道

九、听第五则新闻，判断正误：
1.　2.　3.　4.

乙　行　吗？！

生　词

1. 唯一	（形）	wéiyī	only one	唯一の
2. 灰心	（动）	huīxīn	lose heart	がっかりする

3.	连	(副)	lián	one after another	つづけざまに
4.	郑重其事	(成)	zhèngzhòng qíshì	serious	丁寧に，慎重に
5.	影响力	(名)	yǐngxiǎnglì	influence	影響力
6.	翼	(名)	yì	side	つばさ
7.	齐飞	(动)	qífēi	function together	一斉に飛ぶ
8.	章法	(名)	zhāngfǎ	skillful	法則
9.	技巧	(名)	jìqiǎo	skill	テクニック
10.	拼劲	(名)	pīnjìn	effort	命がけの精神
11.	点子	(名)	diǎnzi	key point	急所
12.	季度	(名)	jìdù	season	四半期シーズン
13.	惦记	(动)	diànji	think about	気にかける
14.	残次品	(名)	cáncìpǐn	defective product	不合格品、不良品
15.	消极	(形)	xiāojí	negative	消極的な
16.	处罚	(动)	chǔfá	punish	処罰する
17.	职业化	(动)	zhíyèhuà	professionalize	職業化
18.	调动	(动)	diàodòng	arouse	動員する
19.	积极性	(名)	jījíxìng	enthusiasm	積極性
20.	大不了	(形)	dàbuliǎo	the worst	たかだか
21.	光	(副)	guāng	only	ただ…するだけ

22.	教练员	（名）	jiàoliànyuán	coach	コーチ
23.	业务	（名）	yèwù	profession	業務
24.	硕士	（名）	shuòshì	Master's (degree)	修士
25.	出身	（动）	chūshēn	background	出身
26.	低谷	（名）	dīgǔ	difficult situation	低調
27.	管理	（动）	guǎnlǐ	manage	管理する
28.	引	（动）	yǐn	introduce	導入する
29.	现实	（形）	xiànshí	realistic	現実

专　名

1.	韩国	Hánguó	Republic of Korea	韓国
2.	蘇永舜	Sū Yǒngshùn	Su Yong-shun	蘇永舜
3.	徐根宝	Xú Gēnbǎo	Xu Gen-bao	徐根宝
4.	国奥队	Guó'ào Duì	the National Olympic Team	国家オリンピックチーム

语法点

1. 可以说　　他的汉语在北大留学生中可以说是数一数二的。

2. 唯一　　别的地方我们都去过了，香山是唯一没去过的地方。

3. 连　　昨天我跟他下棋，连输给他两盘。

4. 通过　　通过小李介绍，我认识了小张。

背景

一九九二年一月三十日，中国奥林匹克队在第25届奥运会亚洲区足球预选赛上以一比三负于南朝鲜队，从而失去了参加巴塞罗那奥运会足球赛的资格。中国队为什么失利？请听一次座谈会上两个球迷的对话。

练 习

一、根据对话内容，选择正确答案：
  1. a. 教学　　b. 科研　　c. 体育
  2. a. 9分钟　　b. 3分钟　　c. 6分钟
  3. a. 9岁　　b. 6岁　　c. 不知道
  4. a. 八十年代初的　　b. 国奥队
     c. 八十年代末的
  5. a. 职业化　　b. 调动运动员的积极性
     c. 给运动员压力
  6. a. 提高教练员的水平　　b. 职业化
     c. 请洋教练

二、根据对话内容，判断正误：
  1.　　2.　　3.　　4.　　5.

三、根据对话内容，详细回答下列问题：
  1. 年轻球迷的儿子为什么不想踢球了？
  2. 苏永舜带的国家队怎么样？
  3. 年轻球迷为什么说要提高教练员的水平？

四、听第四段，选择正确答案：
  1. a. 一个月的　　b. 半个月的　　c. 一天的

2. a. 一个月的　　b. 两个月的　　c. 三个月的
3. a. 没有　　b. 有　　c. 不知道
4. a. 学士　　b. 硕士　　c. 博士

五、听第五段，归纳要点：
1. 老球迷认为足球职业化有哪些作用？
   ①
   ②
2. 老球迷认为足球实行职业化应该怎么做？
   ①
   ②

六、下列每题后都有三个词语，请指出与划线部分意思相当的词语：
1. 我可以说是一个<u>老牌</u>的球迷。
   a. 很好　　b. 很老　　c. 有较长历史
2. 还真让你说到<u>点子</u>上了。
   a. 坏的地方　　b. 困难的地方
   c. 关键的地方
3. 咱们中国这几年什么都<u>上去</u>了。
   a. 发展　　b. 改革　　c. 开始
4. <u>大不了</u>，调离国家队，到一些省队去踢球。
   a. 最好　　b. 最坏也只是……　　c. 最少
5. 我认为怎样把教练和队员的积极性调动起来是问题的<u>关键</u>。
   a. 最重要的地方　　b. 困难的地方
   c. 很难找到的地方

第二十一课

甲 他犯了什么罪

生 词

1. 犯罪	（动）	fànzuì	commit a crime	罪を犯す
2. 违法	（动）	wéifǎ	break the law	違法
3. 行为	（名）	xíngwéi	behaviour	行為
4. 案子	（名）	ànzi	case	法律上の事件
5. 过瘾	（动）	guòyǐn	enjoy fully	充分に堪能する
6. 印	（动）	yìn	print	印刷する
7. 叠	（量）	dié	(measure word) a pile of	重ね（助数詞）
8. 冒充	（动）	màochōng	pretend	偽る
9. 董事长	（名）	dǒngshìzhǎng	chairman of the board	理事長
10. 发家	（动）	fājiā	make a fortune	家を興す

11.	办理	（动）	bànlǐ	handle	手続をする
12.	出国	（动）	chūguó	go abroad	外国へ行く
13.	护照	（名）	hùzhào	passport	パスポート
14.	副	（量）	fù	measure word	容貌に用いる単位
15.	老板	（名）	lǎobǎn	boss	支配人
16.	身份	（名）	shēnfen	identity	身分
17.	托	（动）	tuō	ask (sb. to do sth.)	たのむ
18.	合资	（动）	hézī	joint venture	合資
19.	（感谢）费	（名）	(gǎnxiè) fèi	fee	コミッション
20.	订货	（动）	dìnghuò	order goods	注文する
21.	严重	（形）	yánzhòng	severely	酷い
22.	触犯	（动）	chùfàn	violate	犯す
23.	法律	（名）	fǎlǜ	law	法律
24.	构成	（动）	gòuchéng	make up	造り上げる、～に相当する
25.	诈骗罪	（名）	zhàpiànzuì	defraud	詐欺罪
26.	分子	（名）	fènzǐ	man, person	分子，全体の構成員
27.	手段	（名）	shǒuduàn	method	手段
28.	财物	（名）	cáiwù	property	金銭、物品の総称
29.	占为己有	（成）	zhànwéi jǐyǒu	take as one's own	自分の物にする

30.	数额	(名)	shù'é	amount	金額
31.	少量	(形)	shǎoliàng	small amount	少量、少し
32.	定为	(动)	dìngwéi	declare	決まる
33.	签订	(动)	qiāndìng	sign	調印する
34.	合同	(名)	hétóng	contract	契約
35.	潜逃	(动)	qiántáo	abscond	ひそかに逃れる
36.	履行	(动)	lǚxíng	fulfil	履行する
37.	占有	(动)	zhànyǒu	occupy, seize	占有する
38.	归还	(动)	guīhuán	return	返却する
39.	明确	(形)	míngquè	clear and definite	明らかに
40.	判处	(动)	pànchǔ	be sentenced	判決を下す
41.	有期	(名)	yǒuqī	set term	有期（刑）
42.	徒刑	(名)	túxíng	imprisonment	懲役
43.	情节	(名)	qíngjié	circumstance	情状
44.	无期	(名)	wúqī	life (imprisonment)	無期
45.	法院	(名)	fǎyuàn	court	裁判所
46.	骗子	(名)	piànzi	swindler	ペテン師

专　　名

王其富　　　　　Wáng Qífù　　Wang Qifu　王其富

语法点

1. 过过……瘾　　好几个月没有闻到酒味了，今天晚上一定要喝个痛快，过过酒瘾。
2. 冒充　　　　这家药店用党参冒充人参，赚了不少昧心钱。

背景

一个国家有一个国家的法律，每个国家的法律对一些犯罪的定性和处罚也不尽相同。这里介绍一个犯罪案例，请仔细听一听，了解了解中国的法律。

练　　习

一、听一遍全文，选择正确答案：
　　1. a. 中国经济有了很大发展
　　　 b. 王其富发家的历史
　　　 c. 有关诈骗罪的一些法律知识
　　　 d. 中国法院的一些情况
　　2. a. 工人　　b. 农民
　　　 c. 老板　　d. 董事长
　　3. a. 热心人　　b. 小偷　　c. 骗子

二、听两遍第一、二段，判断正误：
　　1.　　2.　　3.　　4.

三、再听一遍第一、二段，选择正确答案：
1. a. 看到别人有许多钱，他的眼睛变红了。
   b. 看到别人有很多钱，他十分羡慕。
   c. 看到别人有很多钱，他十分高兴。
   d. 看到别人有很多钱，他心里很舒服。
2. a. 公司部长　　b. 公司董事长
   c. 公司总经理　　d. 大富翁
3. a. 帮助他们到国外去
   b. 帮助他们办理在公司工作的手续
   c. 帮助他们印漂亮的名片
   d. 帮助他们买漂亮的西服
4. a. 感谢别人　　b. 买货物
   c. 吃喝玩乐　　d. 办工厂
5. a. 办公司　　b. 印名片
   c. 穿好西服　　d. 拿护照
   e. 告诉别人自己的发家经过

四、听两遍第三段，回答下列问题：
1. 犯罪分子用什么手段进行诈骗活动？
2. 什么情况不能定为诈骗罪？

五、听两遍第四段，根据课文内容填空：
1. 以____财物为目的和他人____假合同的，或者带着财物____者已构成了诈骗罪。
2. 明知自己没有____合同的实际能力，但是为了____他人财物……，得到财物后不打算____的也构成了诈骗罪。

六、听一遍第五、六段，回答下列问题：

1. 中国法律规定诈骗财物数额比较大的要判处多少年徒刑？

2. 中国法律规定情节特别严重的诈骗犯将被判处多少年徒刑？

3. 王其富最后被判了多少年徒刑？

七、用自己的话讲讲王其富这个案子。

乙　为什么给他判刑

生　词

1. 判刑	（动）	pànxíng	be sentenced to	刑を言いわたす
2. 律师	（名）	lǜshī	lawyer	弁護士
3. 抱歉	（动）	bàoqiàn	sorry	済みません
4. 侵权	（动）	qīnquán	infringe on a right	越権
5. 音像	（名）	yīnxiàng	audio-visual	録音と録画
6. 出版社	（名）	chūbǎnshè	publishing house	出版社
7. 未经	（副）	wèijīng	without	まだ…ていない
8. 私自	（副）	sīzì	without permission	勝手に
9. 独家	（副）	dújiā	only (publishing house)	自家一軒で

10.	告	（动）	gào	accuse	告発する
11.	官司	（名）	guānsi	lawsuit	告訴
12.	请教	（动）	qǐngjiào	consult	お教えを乞う
13.	个体户	（名）	gètǐhù	private business owner	個人経営者
14.	香烟	（名）	xiāngyān	cigaret	タバコ
15.	缓刑	（动）	huǎnxíng	probation	懲役の執行猶予
16.	头儿	（名）	tóur	beginning	物事の起点
17.	尼龙包	（名）	nílóngbāo	nylon bag	ナイロンかばん
18.	摊儿	（名）	tānr	stand	露店
19.	公安局	（名）	gōng'ānjú	public security bureau	公安局，警察所
20.	进口	（动）	jìnkǒu	import	舶来
21.	摄像机	（名）	shèxiàngjī	video camera	ビデオカメラ
22.	价值	（名）	jiàzhí	value	価値
23.	偷	（动）	tōu	steal	泥棒する
24.	盗窃	（动）	dàoqiè	steal	盗む

专　名

1.	老何	Lǎo Hé（称呼）	Old He	何さん
2.	小谢	Xiǎo Xiè（称呼）	Xiao Xie	謝くん

语法点
1. 未经　　未经允许,不得入内。
2. 私自　　没有征得海关的许可,他就私自携带巨额人民币出境。
3. 反而　　你太拘礼了,反而弄得大家都不自在了。

背景

在日常生活中,有些事情或行为看似合法,实际上却是违法的。因此,只有懂法、知法,才能正确处理好生活中发生的事情。

练　　习

一、听对话,简单回答下列问题:
1. 对话中提到了几个案子?
2. 老何是干什么的?
3. 向老何请教问题的小谢的那个朋友是干什么的?
4. 小谢的朋友实际上犯了什么罪?

二、再听一遍对话,选择正确答案:
1. a. 每天都在外面忙着办案子
   b. 每天都在外面跑着办案子
   c. 每天都在外面走着办案子
2. a. 买卖音乐磁带　　b. 出版发行歌曲磁带
   c. 买卖歌曲磁带　　d. 出版发行录像带
3. a. 他家门口　　b. 小谢家前的马路上
   c. 马路边　　d. 法院门口
4. a. 磁带　　b. 录像带　　c. 照相机
   d. 摄像机　　e. 八千多元人民币　　f. 香烟

三、再听一遍全文，判断正误：
   1.   2.   3.   4.   5.   6.
四、根据对话内容，用自己的话讲述下列两个案子：
   1. 老何正在办的案子
   2. 小谢讲的案子

第二十二课

甲　台湾歌星齐秦采访节选（上）

生　词

1. 节选	（动）	jiéxuǎn	abridge	抜粋したもの	
2. 听众	（名）	tīngzhòng	audience	聴衆	
3. 传	（动）	chuán	introduce	伝わる	
4. 大陆	（名）	dàlù	main land	大陸	
5. 话筒	（名）	huàtǒng	microphone	マイクロフォン	
6. 空中	（名）	kōngzhōng	in the air	空中、放送を通して	
7. 段	（量）	duàn	measure word	節（くぎりを表す量詞）	
8. 弯路	（名）	wānlù	(go) astray	回り道	
9. 冲动	（形）	chōngdòng	get excited	激する，衝動にかられる	
10. 思考	（动）	sīkǎo	ponder over	考える	

11.	压力	（名）	yālì	pressure	圧力、ストレス
12.	满	（副）	mǎn	very	大変
13.	管教	（动）	guǎnjiào	educate	しつける
14.	偏向	（动）	piānxiàng	lay stress on	偏重する
15.	课业	（名）	kèyè	studies	授業
16.	相对	（副）	xiāngduì	relatively	相対的に
17.	显得	（动）	xiǎnde	appear	…に見える
18.	重心	（名）	zhòngxīn	focus	重心、重きをおくべきもの
19.	顺眼	（形）	shùnyǎn	pleasing to the eye	気に入る
20.	歌坛	（名）	gētán	singing world	歌手の業界
21.	临	（介）	lín	before	その前
22.	吉它	（名）	jíta	gitar	ギター
23.	打工	（动）	dǎgōng	do odd jobs	アルバイトをする
24.	赚	（动）	zhuàn	earn	もうける
25.	零用钱	（名）	língyòngqián	pocket money	小遣い
26.	乐器	（名）	yuèqì	music instrument	楽器
27.	休闲	（动）	xiūxián	rest	暇になる
28.	方面	（名）	fāngmiàn	aspect	分野
29.	打架	（动）	dǎjià	fight	けんかする

30.	闹	（动）	nào	make (trouble)	事件を引き起す
31.	通常	（副）	tōngcháng	usually	通常
32.	规矩	（形）	guīju	well-behaved	規則
33.	罚	（动）	fá	punish	処罰する
34.	时常	（副）	shícháng	often	ときどき
35.	融洽	（形）	róngqià	on friendly terms	うちとける
36.	相处	（动）	xiāngchǔ	go along	つきあう
37.	宠	（动）	chǒng	spoil	寵愛する

专　　名

1. 王静　　　　　Wáng Jìng　　Wang Jing　王静
2. 齐秦　　　　　Qí Qín　　　　Qi Qin　　　齐秦
3. 齐豫　　　　　Qí Yù　　　　 Qi Yu　　　 齐豫

语法点

1. 相对　　相对而言，我更喜欢吃家乡菜。
2. 直接　　经过一年半的学习，他就能直接阅读外文书籍了。
3. 凑巧　　真不凑巧，明天我要去广州出差，星期天的聚会不能参加了。
4. 罚　　　A：哎，哎，小王，你来晚了，罚酒三杯！
　　　　　B：对，罚他喝三杯！

背景

齐秦是台湾的著名歌星，他的歌儿曾于八十年代风靡中国大陆,最近,齐秦应邀来大陆举办个人演唱会,中央人民广播电台"今晚八点半"的"明星一刻钟"节目的主持人采访了他。这是采访的录音节选。

练 习

一、听第一、二、三、四段,回答下列问题:
    1. 女主持人提到了几首齐秦的歌儿?
    2. 除了齐秦的父母以外,齐秦还有什么亲人?
二、听两遍第一、二段,回答下列问题:
    1. 女主持人请齐秦跟朋友们说几句话,齐秦说了些什么?
    2. 齐秦十五岁的时候对什么不太感兴趣?为什么?
    3. 你觉得齐秦少年时代是个怎样的孩子?
    4. 女主持人说齐秦曾经"走过一段弯路",这是指什么?
    5. 齐秦说"在外面常常跟人家动手脚",这句话是什么意思?
三、听两遍第三、四段,回答下列问题:
    1. 齐秦的姐姐送给齐秦一件什么礼物?
    2. 齐秦说那个时候台湾流行什么?他对什么很有兴趣?
    3. 在家里齐秦最不喜欢谁?为什么?
    4. "齐豫和我妈妈就比较宠我"这句话是什么意思?
    5. "走上歌坛"是什么意思?简单讲一讲齐秦是怎样走上歌坛的?

四、再听第一、二、三、四段,解释下列各句中加点词语的意思(注意齐秦的"台湾普通话"的发音和用词)。

1. 那时候我们上学的压力是满重的。
2. 父母亲也在你的课业上加压力。
3. 在念书之余弹弹吉它也可以休闲一下。

五、跟读下列句子,注意加点词语的用法:

1. 他的歌传到大陆已经不少年了。
2. 那段时间我感到特别的冲动,做事情思考得不是太多。
3. 不念书之后就觉得生活上没有了重心。
4. 我们相处得并不是很融洽。

乙 台湾歌星齐秦采访节选(下)

生 词

1. 经纪	(名)	jīngjì	broker	仲買
2. 交往	(动)	jiāowǎng	communicate	交際する
3. 情绪化		qíngxùhuà	emotional	気分屋
4. 平常	(副)	píngcháng	at usual time	普段
5. 多半	(副)	duōbàn	most	おおかた
6. 刻意	(副)	kèyì	strickly	極力
7. 准	(动)	zhǔn	permit	許す
8. 剪	(动)	jiǎn	cut	切る
9. 反抗	(动)	fǎnkàng	rebel against	反抗する

10.	踏	(动)	tà	step	踏む，入る
11.	困扰	(名)	kùnrǎo	bother	面倒
12.	晓得	(动)	xiǎode	know	わかる
13.	肯	(动)	kěn	ready (to do sth.)	同意する
14.	寓意	(名)	yùyì	implied meaning	寓意
15.	狼	(名)	láng	wolf	おおかみ
16.	无垠	(形)	wúyín	boundless	無限
17.	旷野	(名)	kuàngyě	wildness	荒野
18.	凄厉	(形)	qīlì	sad and thrill	ものすごい
19.	漫漫	(形)	mànmàn	very long	果てしない
20.	黄沙	(名)	huángshā	yellow sand	黄砂
21.	咬牙	(动)	yǎoyá	clench one's teeth	歯そくいしばる
22.	咆哮	(动)	páoxiào	roar	怒号する

语法点

1. 而后　　那个留长发的人先进了一家书店，而后从书店出来，过了立交桥，不一会儿就消失在人群中了。
2. 属于　　这所房子的所有权属于国家，使用权属于住户。
3. 多半　　这里夏天的傍晚多半都有雷阵雨。
4. 肯　　　我劝说了半天，他才肯报名。

背景

齐秦唱过许多好听的歌儿，其中，寓意最深的要属"狼"这首歌曲，请听本段采访。

练　习

一、听第一、二段，回答下列问题：
　　1. 齐秦在开始唱歌之前曾经做过哪些事情？
　　2. 齐秦的姐姐在大学获得了什么学位？是什么专业？
　　3. 齐秦曾经学过什么专业？
二、听两遍第三、四段，回答下列问题：
　　1. 关于自己的性格，齐秦是怎么说的？
　　2. 齐秦是几岁开始留长发的？
　　3. 开始的时候，齐秦留长发是出于什么目的？
三、再听第一、二、三、四段，解释下列各句中加点词语的意思：
　　1. 台湾的学校是刻意不准你留长发的。
　　2. 别人议论纷纷，不晓得我为什么留长发。
四、你如何看待男歌星留长头发这一现象？在你们国家人们对此会议论纷纷吗？
五、听第五段，欣赏歌曲"狼"。
六、根据课文内容，回答下列问题：
　　1. 歌曲"狼"描写了一个什么样的自然环境？用了哪些重要的词？
　　2. 歌曲"狼"的最后有这样一句歌词："不为别的，只为那传说中美丽的草原"，其中，"美丽的草原"象征什么？

第二十三课

甲 这是真的吗?

生 词

1.	开发	(动)	kāifā	develop	開発する
2.	厚度	(名)	hòudù	depth	厚さ
3.	供	(动)	gōng	provide	供する、～にあてる
4.	土壤	(名)	tǔrǎng	sail	土壤
5.	改造	(动)	gǎizào	transform	改造する
6.	引入	(动)	yǐnrù	divert (water) to	導入する
7.	沙漠	(名)	shāmò	desert	砂漠
8.	膨胀	(动)	péngzhàng	expand	膨張する
9.	舒适	(形)	shūshì	comfortable	快適な
10.	生态	(名)	shēngtài	ecologic	生態
11.	利益	(名)	lìyì	interest	利益
12.	生态平衡		shēngtài pínghéng	ecologic balance	生態系のバランス
13.	激增	(动)	jīzēng	increase rapidly	激増する

14.	上游	(名)	shàngyóu	upper reaches	上流
15.	砍伐	(动)	kǎnfá	fell (trees)	伐る
16.	谷物	(名)	gǔwù	grain	穀物
17.	氧	(名)	yǎng	oxygen	酸素
18.	终究	(副)	zhōngjiū	after all	結局
19.	况且	(连)	kuàngqiě	moreover	その上
20.	净化	(动)	jìnghuà	purify	净化する
21.	最终	(副)	zuìzhōng	finally	しまいに
22.	面临	(动)	miànlín	face to	直面する
23.	逐渐	(副)	zhújiàn	gradually	だんだん
24.	结局	(名)	jiéjú	ending	(最後の)事態
25.	来源于	(动)	láiyuányú	come from	～から出ている
26.	化肥	(名)	huàféi	chemical fertilizer	化学肥料
27.	粪便	(名)	fènbiàn	night soil	糞便
28.	硝酸盐	(名)	xiāosuānyán	nitrate	硝酸塩
29.	泊	(名)	pō	lake	绞
30.	生长	(动)	shēngzhǎng	grow	生長する
31.	密集	(形)	mìjí	dense, crowded together	密集している
32.	微生物	(名)	wēishēngwù	microbe	微生物

33.	繁殖	(动)	fánzhí	breed	繁殖する
34.	迅猛	(副)	xùnměng	swift and violent	すばやく
35.	预言	(动)	yùyán	predict	予言する
36.	排放	(动)	páifàng	discharge	排出する
37.	废物	(名)	fèiwù	waste material	廃棄物
38.	废气	(名)	fèiqì	waste gas	排気ガス
39.	透明度	(名)	tòumíngdù	transparency	透明度
40.	雾	(名)	wù	fog	霧
41.	散发	(动)	sànfā	send out	拡散する
42.	吸收	(动)	xīshōu	absorb	吸収する
43.	冷却	(动)	lěngquè	cool	ひやす
44.	呼出	(动)	hūchū	breathe out	（息を）吐き出す
45.	二氧化碳	(名)	èryǎnghuàtàn	carbon dioxide	炭酸ガス
46.	阻止	(动)	zǔzhǐ	stop	阻止する
47.	融化	(动)	rónghuà	melt	とける
48.	接触	(动)	jiēchù	contact	接する
49.	铅	(名)	qiān	lead	鉛
50.	导致	(动)	dǎozhì	lead to	ひき起す
51.	损坏	(动)	sǔnhuài	damage	そこない害する、ダメージを与える
52.	威胁	(动)	wēixié	threaten	おびやかす

专　名

1. 亚马逊　　　　Yàmǎxùn　　　the Amazon　　アマゾン
2. 长江　　　　　Cháng Jiāng　　the Yangtze River　揚子江
3. 印尼　　　　　Yìnní　　　　　Indonesia　　インドネシア
4. 新加坡　　　　Xīnjiāpō　　　 Singapore　　シンガポール

语法点

1. 一直　　这个问题一直讨论了两个多小时。
2. 恰恰　　把事情弄糟的不是别人，恰恰是你自己。
3. 况且　　这种录音机带着方便，况且也不贵，可以买一个。
4. 最终　　实验最终还是成功了。
5. 进而　　先把这个问题的原因搞清楚才能进而确定问题的性质。
6. 显然　　这道题显然是你做错了。

背景

　　人们一方面在创造财富，使生活更舒适，但是另一方面又在破坏生存的环境，这样下去，人类的前途将会怎么样呢？请听课文。

练　习

一、听第一遍，指出课文谈到了哪些问题：
　　1．地球的情况
　　2．水污染
　　3．森林被破坏
　　4．大气污染
　　5．地球沙漠化
　　6．噪声污染

二、听第二遍，选择正确答案：
　　1．a．11公里　　b．10公里　　c．15公里
　　2．a．15cm　　b．11cm　　c．8cm
　　3．a．八分之一　　b．十五分之一　　c．没说
　　4．a．人口增加　　b．工业开发
　　　　c．人口增加，工业开发
　　5．a．伦敦、新加坡　　b．伦敦、新西兰
　　　　c．新加坡、荷兰
　　6．a．一千万吨　　b．一千万吨以上
　　　　c．达到或超过一千万吨
　　7．a．引起死亡　　b．损坏大脑　　c．损害健康

三、听第三遍，指出哪些地方或国家的森林被严重破坏：
　　亚马逊河两岸　　印度　　长江上游　　马来西亚
　　印尼　　长江两岸

四、听第三遍，指出树木有哪些作用：
　　产生氧　　保持水土　　净化空气　　吸收二氧化碳

降低气温　　防止风沙

五、听第二段，归纳要点：
　　① _____
　　② _____
　　③ _____

六、听第五段，归纳要点：
　　地球会变得太热，因为① _____
② _____ 因此③ _____
④ _____

七、根据课文内容详细回答下列问题：
　　1. 人们将大量含有硝酸盐的东西倒入江海、湖泊中，后果将会怎么样？
　　2. 一些科学家为什么说地球将会突然变冷？

乙　怎么办？

生　词

1.	反常	（形）	fǎncháng	abnormal	異常な
2.	羽绒服	（名）	yǔróngfú	down-padded coat	ダウンジャケット
3.	哆嗦	（动）	duōsuo	shiver (with cold)	わなわな震える
4.	柜子	（名）	guìzi	wardrobe	洋服ダンス
5.	搁	（动）	gē	place	置く

6.	病毒	(名)	bìngdú	virus	ウイルス、ビールス、病原体
7.	传染	(动)	chuánrǎn	contagion	伝染する
8.	局限	(动)	júxiàn	limit	局限する
9.	惩罚	(动)	chéngfá	punish	処罰する
10.	无疑	(形)	wúyí	undoubtedly	疑いない
11.	警钟	(名)	jǐngzhōng	alarm bell	警鐘
12.	污水	(名)	wūshuǐ	polluted water	汚水（汚ない水）
13.	污物	(名)	wūwù	filth	きたないもの、汚染物質
14.	臭氧层	(名)	chòuyǎngcéng	ozonosphere	オゾン層
15.	集结	(动)	jíjié	concentrate	集まる
16.	暖房	(名)	nuǎnfáng	greenhouse	温室
17.	聚热	(动)	jùrè	gather heat	熱を集める
18.	预计	(动)	yùjì	estimate	見込む
19.	对策	(名)	duìcè	countermeasure	対策
20.	刻不容缓	(成)	kèbùrónghuǎn	brook no delay	一刻の猶予もならない

专　名

《环境报》　　Huánjìng Bào　　The Environment　　《環境新聞》

语法点

1. 明显　　　他比去年明显地瘦了。
2. 直　　　　他气得直哭。
3. 不说别的　这次去中国真值得,不说别的,起码登上了我做梦都想去的长城。
4. 既然　　　你既然来了,就别走了。
5. 此外　　　他会说北京话和上海话,此外也懂点广东话。

背景

北京今年冬天的气候反常,记者就这个问题采访了一些居民,下面就是他们和记者的谈话。

练 习

一、听第一遍第一部分,选择正确答案:
1. a. 羽绒服　　b. 医院　　c. 气候
2. a. 广播　　　b. 电视　　c. 报纸
3. a. 细菌、病毒不能冻死
   b. 细菌、病毒容易生长　　c. 不知道

二、听第二遍第一部分,判断正误:
1.　　2.　　3.　　4.　　5.

三、听两遍第二部分,选择正确答案:
1. a. 人类破坏生态平衡　　b. 地球沙漠化
   c. 空气污染
2. a. 大气污染、臭氧层被破坏
   b. 太阳光直射到地球上
   c. 大气中二氧化碳太多

3. a. 60%　　b. 160%　　c. 40%
4. a. 1.11℃　b. 1.67℃　c. 1.11℃到1.67℃
5. a. 1.11℃　b. 4.45℃　c. 1.67℃

四、听第三遍第二部分，详细回答下列问题：
1. 男的认为气候变暖的原因是什么？
2. 到21世纪，气候将会怎么样？

五、下列每题后都有三个词语，请指出与划线部分意思相当的词语：
1. 今年冬季气候<u>反常</u>。
　　a. 不正常　　b. 正常　　c. 平常
2. 都一月了，还没有真正冷起来的<u>意思</u>。
　　a. 样子　　b. 趋势　　c. 意义
3. 这无疑给我们<u>敲响了警钟</u>。
　　a. 提出劝告　　b. 提出警告　　c. 提出反抗
4. 我认为保护好生态环境是一项<u>刻不容缓</u>的工作。
　　a. 重要　　b. 紧张　　c. 紧迫

六、听录音，然后计算：
1.
2.
3.

第二十四课

甲 原来如此!

生 词

1.	大伙	(名)	dàhuǒ	you all	みんな
2.	辛苦	(形)	xīnkǔ	work hard	ご苦労さま
3.	执法	(动)	zhífǎ	enforce the law	法を施行する
4.	编辑	(名)	biānji	editor	編集者
5.	文化人	(名)	wénhuàrén	intellectual	インテリの別称
6.	不落忍	(动)	búlàorěn	feel apologetic	忍びない
7.	骨子里	(名)	gúzili	the marrow of bones, the heart of hearts	心から
8.	警察	(名)	jǐngchá	policeman	警察
9.	吓唬	(动)	xiàhu	frighten	おどかす
10.	大灰狼	(名)	dàhuīláng	big grey wolf	大灰色の狼
11.	如愿	(动)	rúyuàn	fulfil the wish	願い通りになる

12.	耿耿于怀	(成)	gěnggěng yúhuái	take sth. to heart	いつも心を離れない
13.	比划	(动)	bǐhua	with gesture	手まねをする
14.	权力	(名)	quánlì	power	権力
15.	红箍	(名)	hónggū	red armband	赤い腕章
16.	贴心人	(名)	tiēxīnrén	close friend	非常に親しい人
17.	执勤	(动)	zhíqín	on duty	当番勤務につく
18.	勾	(动)	gōu	evoke	誘惑する
19.	差事	(名)	chāishi	business	公務
20.	抖	(动)	dǒu	throw (one's weight around)	(～風を)吹かす
21.	威风	(名)	wēifēng	(throw) one's weight around	威風
22.	脑袋	(名)	nǎodai	head	頭
23.	招	(动)	zhāo	ask for	引きおこす
24.	祸	(名)	huò	disaster	わざわい
25.	本子	(名)	běnzi	licinse	運転免許証
26.	领	(动)	lǐng	get (back)	受け取る
27.	扭	(动)	niǔ	turn	振り向く

28.	违章	(动)	wéizhāng	break rules	規則に違反する
29.	挤兑	(动)	jǐdui	bully	いじめる
30.	顶嘴	(动)	dǐngzuǐ	talk back	口答えする
31.	撕	(动)	sī	tear	引き裂く
32.	亭子	(名)	tíngzi	police box	あずまや、ポリスボックス
33.	恶人	(名)	èrén	villain	悪い人
34.	领情	(动)	lǐngqíng	feel grateful	厚情を受ける
35.	撒	(动)	sā	vent (one's anger)	放す
36.	邪火	(名)	xiéhuǒ	irrational anger	怒りの炎
37.	横	(动)	héng	rude	順当でない

语法点

1. 早晚　你这么开车，早晚会出事的。
2. 要说　要说这件事，还真不怪我，全是他一个人造成的。
3. 净　书架上净是词典。
4. 反正　不管你怎么说，反正他不答应。
5. 只要　只要明天不下雨，我就去。

背景

李冬宝被单位派去帮助警察维持交通秩序，于是就发生了下面的故事。

练 习

一、听两遍第一部分，选择正确答案：
1. a. 认真　　b. 很累　　c. 辛苦
2. a. 工作辛苦　　b. 天太热
   c. 李冬宝工作很累
3. a. 愿意　　b. 不愿意　　c. 没说
4. a. 怕警察　　b. 喜欢警察　　c. 警察勇敢
5. a. 想当　　b. 不想当　　c. 没说

二、听第三遍第一部分，详细回答下列问题：
　　小时候，李冬宝他妈经常拿什么东西吓唬他？

三、听一遍第二部分，判断正误：
　　1.　　2.　　3.

四、听第二遍第二部分，选择正确答案：
1. a. 帽子　　b. 警服　　c. 穿的
2. a. 没有权力　　b. 犯了错误　　c. 他自己要穿
3. a. 红箍　　b. 白手套　　c. 红帽子
4. a. 朋友　　b. 知音　　c. 同事

五、听两遍第三部分，选择正确答案：
1. a. 抽烟　　b. 执勤　　c. 喝汽水
2. a. 马路中间　　b. 马路边上　　c. 树下面
3. a. 帽子　　b. 手套　　c. 雨衣
4. a. 20万个工作日　　b. 20多万个工作日
   c. 10万多个工作日
5. a. 七百　　b. 一百　　c. 几百

233

6. a. 年底　　b. 加班的时候　　c. 十二个月中

六、听第三遍第三部分，判断正误：

1.　　2.　　3.　　4.　　5.

6.　　7.　　8.　　9.

七　听一遍第四部分，判断正误：

1.　　2.　　3.　　4.

八、听两遍第四部分，详细回答下列问题：

1. 安全员建议那位警察怎样对待违章的人？
2. 那位交通警察什么时候也发火？

乙　爱情对白

生　词

1.	对白	（名）	duìbái	dialogue	せりふ
2.	压根儿	（副）	yàgēnr	in the first place	全く，徹底的に
3.	赶紧	（副）	gǎnjǐn	at once	いち早く
4.	有备无患	（成）	yǒubèi wúhuàn	Where there is precaution, there is no danger	備えあれば憂いなし
5.	掉以轻心	（动）	diàoyǐ qīngxīn	treat sth. lightly	おろそかにする

6.	神经	（动）	shénjīng	mental disorder, not right in the head	神経
7.	磨蹭	（动）	móceng	slow	ぐずぐずする
8.	避	（动）	bì	avoid	避ける
9.	默契	（形）	mòqì	tacit agreement	暗黙の中の了解
10.	死到临头		sǐ dào líntóu	right before death	まさに死ぬ
11.	豁出去	（动）	huōchuqu	be ready to risk everything	成否を度外視して思い切ってやる。どうにでもなれ思いきってやる
12.	特务	（名）	tèwu	spy	特務，スパイ
13.	轰隆	（象）	hōnglōng	onomatopoeia	ゴロゴロ，ドカン，ドーン
14.	光棍	（名）	guānggùn	bachelor	一人ぼっち
15.	告别	（动）	gàobié	say goodbye to	告別する

16.	趁火打劫	（成）	chènhuǒ dǎjié	loot a burning house, take advantage of sb's misfortune to do him harm	火事騒ぎに乗じ泥棒する
17.	忍心	（动）	rěnxīn	have the heart to	虐いことも平気でやれる
18.	建立	（动）	jiànlì	build up	設立する
19.	痛苦	（形）	tòngkǔ	pain	苦痛
20.	劫后余生		jiéhòu yúshēng	a survivor of a disaster	大災難そくぐり抜けて生き延びた人の余生
21.	窝	（名）	wō	lair	巣
22.	全活人	（名）	quánhuo rén	complete man	体が健全な人
23.	何尝	（副）	hécháng	an adverb used in tag questions to express negation	どうして…であろうか
24.	称心如意		chènxīn rúyì	satisfactory	満足である，気に入る

25.	相敬如宾	（成）	xiāngjìng rúbīn	respect each other	夫婦が互に賓客のように尊敬しあう
26.	白头到老	（成）	báitóu dàolǎo	remain a devoted couple to the end of their lives	ともに白髪になるまで添いとげる
27.	活头	（名）	huótou	meaning of life	生きがい
28.	发挥	（动）	fāhuī	bring into play	発揮する
29.	优势	（名）	yōushì	advantage	優勢
30.	坑害	（动）	kēnghài	entrap	陥れる
31.	挑	（动）	tiāo	find fault	選ぶ
32.	过了这村就没这店	（俗）	guòlezhècūnjiùméizhèdiàn	If you miss this opportunity, there is no way to have it again.	このチャンスをのがしたら二度とやってこない
33.	恶语相伤		èyǔxiāng shāng	hurt each other with vicious abuse	口喧嘩する

34.	有情人难成眷属		yǒuqíngrén nánchéng juànshǔ	Lovers have less chance to get married.	恋仲同士は結婚にこぎつけるのが難しい
35.	寒心	(动)	hánxīn	bitterly disappointed	気を落す
36.	扛	(动)	káng	bear	がまんする
37.	火坑	(名)	huǒkēng	hell	火の中、火の燃えさかる穴
38.	迟	(形)	chí	late	遅い
39.	红心	(名)	hóngxīn	determination	忠誠心
40.	悲观	(形)	bēiguān	pessimistic	悲観する
41.	至于	(动)	zhìyú	go so far as to	（よくないことが）限度に達する.
42.	狭窄	(形)	xiázhǎi	narrow	狭い
43.	嘀咕	(动)	dígu	whisper	ひそひそ話をする

语法点

1. 何尝　　我何尝不想去？只是没有时间。
2. 至于　　他耳朵不太好，但是当面谈话还不至于听不清。

背景

两个陌生人突然来到编辑部,告诉编辑们说一颗星星正向地球飞来,很快就要撞到地球上,大家听后非常惊慌,于是每个人都抢时间做自己想做而没有做的事情,李冬宝也不例外。

练 习

一、听第一遍第一部分,选择正确答案:
1. a. 上班的时候　　b. 吃饭的时候
   c. 吃饭以前
2. a. 打电话　　b. 吃饭　　c. 等电话

二、听第二遍第一部分,判断正误:
1.　　2.　　3.　　4.　　5.　　6.

三、听第三遍第一部分,选择正确答案:
1. a. 面包　　b. 米饭　　c. 面条
2. a. 打电话　　b. 吃饭　　c. 跟女的谈话
3. a. 知道　　b. 不知道　　c. 知道一点
4. a. 有　　b. 没有　　c. 没说

四、听两遍第二部分,判断正误:
1.　　2.　　3.　　4.　　5.　　6.

五、听第三遍第二部分,选择正确答案:
1. a. 很好　　b. 不太好　　c. 糟糕
2. a. 同意　　b. 不同意　　c. 不太同意
3. a. 结婚了　　b. 没结婚　　c. 没说
4. a. 跟他结婚　　b. 跟他交朋友
   c. 跟他讨论工作

5. a. 不接受　　b. 接受　　c. 可能接受
六、听第四遍第二部分，并填空：
   1. 我__出去不吃饭等着你，听听。
   2. 可是这事，它____不得。
   3. 刚才俩人那话，你不信，我也不信，可是你往__里想。
   4. 不行啊，你这可是_____，难道你真___把你的幸福建立在别人的痛苦之上么？
七、听两遍第三部分，判断正误：
   1.　　2.　　3.　　4.　　5.
八、听下列句子，选择正确答案：
   1. a. 去过很多农村
      b. 很多农村里没有商店
      c. 错过这个机会就很难再得到它了。
   2. a. 结了婚的人结婚的时候都没有感情
      b. 结了婚的人结婚的时候很少有感情
      c. 结了婚的人结婚的时候大部分有感情
   3. a. 没有办法就跳火坑
      b. 只有死路一条的时候才跳火坑
      c. 没有活路的时候才嫁给男的
九、听第三遍第三部分，详细回答下列问题：
   男的为什么说"谁也别挑谁了"？

词汇总表

生词后面的阿拉伯数字表示课数。

A

挨	āi	8
挨个	āigè	17
爱好	àihào	1
安顿	āndùn	4
岸	àn	7
按	àn	8、18
按照	ànzhào	18
暗淡	àndàn	11
案子	ànzi	21

B

拔	bá	8
把握	bǎwò	1
罢休	bàxiū	13
白头到老	báitóudàolǎo	24
百年之好	bǎiniánzhīhǎo	2
拜倒	bàidǎo	10

版	bǎn	9
办理	bànlǐ	21
帮一把	bāngyibǎ	7
包	bāo	19
包办	bāobàn	3
包括	bāokuò	18
包装	bāozhuāng	16
宝贝	bǎobèi	5
保存	bǎocún	12
保持	bǎochí	10
宝贵	bǎoguì	17
饱和	bǎohé	16
保护	bǎohù	12
保健	bǎojiàn	16
保密	bǎomì	2
保证	bǎozhèng	17
报道	bàodào	9
报告	bàogào	9
报名	bàomíng	7
抱歉	bàoqiàn	21
暴雨	bàoyǔ	7
爆玉米花	bàoyùmǐhuā	16
报帐	bàozhàng	19
报纸	bàozhǐ	9
悲观	bēiguān	24
背着	bèizhe	2
背面	bèimiàn	12
贝壳	bèiké	16

奔腾咆哮	bēnténg páoxiāo	7
本	běn	20
本人	běnrén	13
本子	běnzi	24
奔	bēn	16
绷	bēng	7
逼	bī	16
逼真	bīzhēn	19
比划	bǐhua	24
比较	bǐjiào	5
比赛	bǐsài	20
闭	bì	3
避	bì	24
避免	bìmiǎn	13
碧绿	bìlǜ	10
碧绿清澄	bìlǜ qīngchéng	10
笔名	bǐmíng	13
比喻	bǐyù	1
必	bì	6
必不可少	bìbùkěshǎo	2
必需	bìxū	6
毕竟	bìjìng	13
编辑	biānji	24
边境	biānjìng	17
辨别	biànbié	4
辨认	biànrèn	17
辨真识假器	biànzhēnshíjiǎqì	4
遍布	biànbù	12

标价	biāojià	4
标准	biāozhǔn	9
表弟	biǎodì	3
表面	biǎomiàn	16
表明	biǎomíng	5
表情	biǎoqíng	19
表现	biǎoxiàn	5
别扭	bièniu	3
冰川	bīngchuān	12
兵役	bīngyì	22
饼干	bǐnggān	19
病毒	bìngdú	23
并拢	bìnglǒng	8
拨	bō	19
剥夺	bōduó	5
菠萝	bōluó	15
搏斗	bódòu	1
博物馆	bówùguǎn	18
不断	búduàn	14
不见不散	bújiàn búsàn	19
不愧	búkuì	10
不落忍	búlàorěn	24
不利	búlì	15
不料	búliào	4
不下	búxià	5
不幸	búxìng	2
补充	bǔchōng	16
补苗	bǔmiáo	15

补习班	bǔxíbān	14
部门	bùmén	9
不得安宁	bùdéānníng	3
不得劲	bùdéjinr	16
不妨	bùfáng	12
不敢当	bùgǎndāng	10
不和	bùhé	2
不佳	bùjiā	8
不可	bùkě	18
不可告人	bùkěgàorén	2
不良	bùliáng	5
不惜	bùxī	5
不由得	bùyóude	3
不约而同	bùyuē'értóng	2
不知不觉	bùzhībùjué	3
布置	bùzhì	5

C

擦	cā	4
猜不着	cāibuzháo	19
财物	cáiwù	21
材料	cáiliào	8
才是	cáishì	13
采访	cǎifǎng	17
采取	cǎiqǔ	9
彩礼	cǎilǐ	3
菜单	càidān	18

菜肴	càiyáo	18
餐	cān	16
餐具	cānjù	6
参天	cāntiān	12
残次品	cáncìpǐn	20
惭愧	cánkuì	4
惨	cǎn	3
槽	cáo	12
侧面	cèmiàn	5
曾经	céngjīng	19
差错	chācuò	9
插话	chāhuà	19
插头	chātóu	8
岔路	chàlù	17
差事	chāishì	24
搀假	chānjiǎ	17
产地	chǎndì	10
产房	chǎnfáng	9
产生	chǎnshēng	2
产销	chǎnxiāo	15
尝试	chángshì	19
场	chǎng	15
场合	chǎnghé	17
唱戏	chàngxì	2
超	chāo	9
朝代	cháodài	18
吵闹	chǎonào	8
沉甸甸	chéndiāndiān	7

陈旧	chénjiù	9
沉重	chénzhòng	3
沉住气	chénzhùqì	1
趁火打劫	chènhuǒdǎjié	24
称职	chènzhí	9
称心	chènxīn	14
称心如意	chènxīn rúyì	24
称	chēng	19
撑死	chēngsǐ	15
承包	chéngbāo	14
惩罚	chéngfá	23
成分	chéngfèn	16
成功	chénggōng	20
成立	chénglì	2
成龙成凤	chénglóng chéngfèng	14
成名成家	chéngmíng chéngjiā	14
成效	chéngxiào	15
成语	chéngyǔ	13
程序	chéngxù	10
秤	chèng	4
吃力	chīlì	19
迟	chí	24
持平	chípíng	15
尺	chǐ	1
尺度	chǐdù	17
冲动	chōngdòng	22
充满	chōngmǎn	20
充沛	chōngpèi	17

充其量	chōngqíliàng	15
冲刷	chōngshuā	11
冲洗	chōngxǐ	12
重	chóng	13
重复	chóngfù	13
重新	chóngxīn	5
宠	chǒng	22
冲	chòng	16
稠	chóu	8
稠密	chóumì	8
绸缎庄	chóuduànzhuāng	5
愁云	chóuyún	2
丑	chǒu	19
瞅	chǒu	19
臭氧层	chòuyǎngcéng	23
出版社	chūbǎnshè	21
出丑	chūchǒu	1
出动	chūdòng	17
出国	chūguó	21
出口	chūkǒu	9
出身	chūshēn	20
出生	chūshēng	3
出生地	chūshēngdì	13
出手	chūshǒu	5
出息	chūxi	12
初学	chūxué	1
除	chú	6
除非	chúfēi	13

厨房	chúfáng	6
处罚	chǔfá	20
触犯	chùfàn	21
处于	chǔyú	18
揣	chuāi	17
传	chuán	22
传染	chuánrǎn	23
串	chuàn	4
创办	chuàngbàn	18
创刊	chuàngkān	18
创造	chuàngzào	13
春秋	chūnqiū	1
纯粹	chúncuì	12
辞职	cízhí	15
刺激	cìji	5
次生	cìshēng	7
凑	còu	2、3
凑热闹	còurènao	9
粗俗	cūsú	6
窜	cuàn	1
脆	cuì	16
存活	cúnhuó	6
存栏数	cúnlánshù	15
存在	cúnzài	18
寸步不离	cùnbùbùlí	4
挫折	cuōzhé	14
措施	cuòshī	9

D

搭	dā	5
达到	dádào	6
打比方	dǎbǐfang	1
打工	dǎgōng	22
打架	dǎjià	22
打交道	dǎjiāodào	13
打来回	dǎ láihuí	16
大饱眼福	dàbǎo yǎnfú	10
大不了	dàbuliǎo	20
大大	dàdà	18
大凡	dàfán	8
大关	dàguān	20
大灰狼	dàhuīláng	24
大伙	dàhuǒ	24
大路	dàlù	13
大陆	dàlù	22
大师	dàshī	19
大厅	dàtīng	18
大致	dàzhì	10
大众化	dàzhònghuà	17
逮	děi	19
代	dài	9
代沟	dàigōu	14
单	dān	13
单调	dāndiào	12

单独	dāndú	19
单口相声	dānkǒuxiàngsheng	19
单一型	dānyīxíng	18
担忧	dānyōu	14
耽搁	dānge	10
胆固醇	dǎngùchún	16
蛋	dàn	18
蛋白质	dànbáizhì	16
淡季	dànjì	15
淡水	dànshuǐ	16
诞生	dànshēng	3
当兵	dāngbīng	7
当地	dāngdì	9
倒塌	dǎotā	9
导致	dǎozhì	23
倒	dào	19
盗窃	dàoqiè	21
道谢	dàoxiè	8
登	dēng	11
登记	dēngjì	2
堤坝	dībà	7
低谷	dīgǔ	20
低三下四	dīsānxiàsì	5
低洼	dīwā	7
的确	díquè	18
嘀咕	dígu	24
地道	dìdao	10
地区	dìqū	3

地震	dìzhèn	7
颠覆	diānfù	7
点子	diǎnzi	20
惦记	diànji	20
殿堂	diàntáng	14
电钮	diànniǔ	4
电线杆子	diànxiàn gānzi	19
电子琴	diànzǐqín	14
钓竿	diàogānr	1
钓（鱼）	diào（yú）	1
调查	diàochá	14
调动	diàodòng	20
调离	diàolí	14
调运	diàoyùn	15
掉以轻心	diàoyǐqīngxīn	24
叠	dié	21
盯	dīng	7
顶用	dǐngyòng	4
顶嘴	dǐngzuǐ	24
订货	dìnghuò	21
定亲	dìngqīn	3
定时	dìngshí	8
定为	dìngwéi	21
董事长	dǒngshìzhǎng	21
动静	dòngjing	1
动作	dòngzuò	8
兜儿	dōur	4
抖	dǒu	24

独家	dújiā	21
独生子女	dúshēngzǐnǚ	14
堵塞	dǔsè	7
杜鹃	dùjuān	12
肚子	dùzi	4
端	duān	17
段	duàn	22
断定	duàndìng	8
堆积	duījī	11
对白	duìbái	24
对策	duìcè	23
对待	duìdài	13
对口相声	duìkǒu xiàngsheng	19
对面	duìmiàn	19
对手	duìshǒu	20
蹲	dūn	8
多半	duōbàn	22
多亏	duōkuī	7
多面手	duōmiànshǒu	19
哆嗦	duōsuo	23
夺	duó	10
躲	duǒ	9

E

恶人	èrén	24
恶语相伤	èyǔxiāngshāng	24
而立之年	érlì zhī nián	12

儿童	értóng	9
而已	éryǐ	13
饵料	ěrliào	1
二氧化碳	èryǎnghuàtàn	23

F

发病率	fābìnglǜ	18
发达	fādá	5
发挥	fāhuī	24
发家	fājiā	21
发酵	fājiào	10
发明	fāmíng	15
发粘	fānián	16
发现	fāxiàn	13
发行	fāxíng	12
发展	fāzhǎn	13
罚	fá	22
法律	fǎlǜ	21
法院	fǎyuàn	21
翻	fān	13
烦	fán	3
烦恼	fánnǎo	11
烦燥	fánzào	2
繁荣	fánróng	5
繁琐	fánsuǒ	14
繁衍	fányǎn	17
繁殖	fánzhí	23

凡是	fánshì	3
反常	fǎncháng	23
反串	fǎnchuàn	2
反抗	fǎnkàng	22
泛	fàn	17
泛滥	fànlàn	7
犯	fàn	1
犯困	fànkùn	6
犯罪	fànzuì	21
方面	fāngmiàn	22
方式	fāngshì	18
方言	fāngyán	19
防盗器	fángdàoqì	15
防患于未然	fáng huàn yú wèi rán	7
防止	fángzhǐ	10
纺织厂	fǎngzhīchǎng	8
放牧	fàngmù	13
放线	fàngxiàn	1
放心大胆	fàngxīn dàdǎn	4
非	fēi	19
飞行	fēixíng	11
肥胖症	féipàngzhèng	18
肺	fèi	6
废话	fèihuà	19
废气	fèiqì	23
废铁	fèitiě	4
废物	fèiwù	23
费	fèi	21

费事	fèishì	19
费用	fèiyòng	3
分清	fēnqīng	19
分析	fēnxī	9
分子	fēnzǐ	21
粉	fěn	6
粪便	fènbiàn	23
愤怒	fènnù	4
丰富	fēngfù	2
风疙瘩	fēnggēda	6
风光	fēngguāng	12
风光十足	fēngguāng shízú	17
风景名胜	fēngjǐngmíngshèng	12
封建时代	fēngjiàn shídài	2
封山育林	fēngshān yùlín	15
讽刺	fěngcì	19
否定	fǒudìng	11
扶	fú	19
浮	fú	1
服（药）	fú(yào)	6
符号	fúhào	13
抚育	fǔyù	14
复发	fùfā	17
富有	fùyǒu	3
富裕	fùyù	3
副	fù	21
负	fù	1
妇女	fùnǚ	9

G

该	gāi	18
改变	gǎibiàn	13
改观	gǎiguān	13
改燃节柴	gǎirán jiéchái	15
改造	gǎizào	23
钙	gài	16
肝	gān	17
甘醇	gānchún	10
干酪	gānlào	16
干扰	gānrǎo	2
肝脏	gānzàng	16
感	gǎn	2
赶紧	gǎnjǐn	24
感觉	gǎnjué	4
赶快	gǎnkuài	1
感情	gǎnqíng	19
感染力	gǎnrǎnlì	19
敢情	gǎnqing	10
钢琴	gāngqín	14
高潮	gāocháo	15
高度	gāodù	11、18
高峰	gāofēng	15
高级	gāojí	14
高考	gāokǎo	14
高寿	gāoshòu	17

高温	gāowēn	15
高血压	gāoxuèyā	17
告	gào	21
告别	gàobié	24
告诫	gàojiè	9
搁	gē	23
歌唱家	gēchàngjiā	13
歌剧	gējù	19
歌坛	gētán	22
革新	géxīn	19
个把	gèbǎ	16
个别	gèbié	3
个体户	gètǐhù	21
个性	gèxìng	6
各种各样	gèzhǒng gèyàng	18
给予	gěiyǔ	2
耿耿于怀	gěnggěngyúhuái	24
供	gōng	23
公安局	gōng'ānjú	21
功夫	gōngfu	1
工具	gōngjù	19
公开赛	gōngkāisài	20
功课	gōngkè	9
功能	gōngnéng	19
工序	gōngxù	10
公用	gōngyòng	19
共同	gòngtóng	6
供应	gōngyìng	15

勾	gōu	24
构成	gòuchéng	21
购买	gòumǎi	4
够呛	gòuqiàng	3
购销量	gòuxiāoliàng	15
孤独	gūdú	2
估计	gūjì	5
估量	gūliàng	14
估摸	gūmo	15
古代悬棺	gǔdài xuánguān	12
骨子里	gǔzili	24
谷	gǔ	12
谷类	gǔlèi	16
谷物	gǔwù	23
鼓掌	gǔzhǎng	19
雇	gù	5
固执	gùzhí	4
故意	gùyì	8
挂长途	guàchángtú	12
怪	guài	1
关	guān	2
关心	guānxīn	2
关注	guānzhù	7
观测	guāncè	9
观察	guānchá	8
观点	guāndiǎn	19
观看	guānkàn	11
观念	guānniàn	9

官司	guānsi	21
官商	guānshāng	5
冠心病	guānxīnbìng	18
管	guǎn	9
管教	guǎnjiào	22
管理	guǎnlǐ	20
馆长	guǎnzhǎng	18
罐	guàn	8
贯穿	guànchuān	5
冠军	guànjūn	20
惯例	guànlì	17
罐头	guàntou	15
光	guāng	20
光彩	guāngcǎi	3
光棍	guānggùn	24
广大	guǎngdà	13
广告	guǎnggào	6
规划	guīhuà	15
归还	guīhuán	21
规矩	guīju	22
规律	guīlǜ	7
轨道	guǐdào	11
跪	guì	17
柜	guì	4
柜子	guìzi	23
国籍	guójí	8
国际	guójì	20
国民	guómín	7

国营	guóyíng	15
过	guò	5、9
过程	guòchéng	10
过多	guòduō	18
过分	guòfèn	5
过了这村就没这个店	guòlezhècūnjiùméizhègèdiàn	24
过敏	guòmǐn	6
过意不去	guòyìbúqù	4
过瘾	guòyǐn	21
过于	guòyú	8

H

哈欠	hāqian	8
海拔	hǎibá	12
海湾	hǎiwān	9
害	hài	10
憨厚	hānhòu	4
含	hán	16
寒竹	hánzhú	12
寒心	hánxīn	24
含有	hányǒu	6
喊	hǎn	2
罕见	hǎnjiàn	7
汗	hàn	5
汉堡包	hànbǎobāo	16
旱鸭子	hànyāzi	16

261

航模	hángmó	9
行情	hángqíng	3
航天器	hángtiānqì	11
行业	hángyè	5
豪华	háohuá	9
豪饮	háoyǐn	17
好家伙	hǎojiāhuo	1
好听	hǎotīng	13
好些	hǎoxiē	6
耗尽	hàojìn	16
耗子	hàozi	19
何尝	hécháng	24
合成	héchéng	15
河川	héchuān	12
合计	héjì	3
合理	hélǐ	13
河流淤积	héliú yūjī	7
和睦	hémù	2
合情合理	héqíng hélǐ	2
合说	héshuō	19
合同	hétong	21
合资	hézī	21
合作	hézuò	19
核桃	hétao	15
恨	hèn	4
横	héng	24
横穿	héngchuān	17
横跨	héngkuà	12

衡量	héngliáng	17
烘烤	hōngkǎo	16
轰隆	hōnglōng	24
红白喜事	hóngbáixǐshì	3
红箍	hónggū	24
洪水	hóngshuǐ	7
红心	hóngxīn	24
猴	hóu	9
厚度	hòudù	23
后退	hòutuì	15
糊	hū	6
呼出	hūchū	23
呼吸	hūxī	2
糊涂	hútu	9
户外	hùwài	2
护照	hùzhào	21
花粉	huāfěn	6
花坛	huātán	2
花样	huāyàng	5
华南虎	huánánhǔ	12
滑坡	huápō	10
画家	huàjiā	13
话筒	huàtǒng	22
化肥	huàféi	23
化学	huàxué	16
化妆	huàzhuāng	6
怀抱	huáibào	12
欢呼雀跃	huānhū quèyuè	20

环绕	huánrǎo	17
缓解	huǎnjiě	13
缓刑	huǎnxíng	21
患	huàn	2
换台	huàntái	6
幻想	huànxiǎng	10
荒山	huāngshān	15
黄沙	huángshā	22
灰心	huīxīn	20
恢复	huīfù	2
回合	huíhé	1
回见	huíjiàn	19
回味	huíwèi	5
回忆	huíyì	6
毁灭	huǐmiè	3
绘画	huìhuà	2
汇总	huìzǒng	15
婚礼	hūnlǐ	18
婚姻	hūnyīn	3
婚姻介绍所	hūnyīnjièshàosuǒ	2
荤腥	hūnxīng	17
混合型	hùnhéxíng	18
豁出去	huōchuqu	24
活头	huótou	24
火候	huǒhou	10
火坑	huǒkēng	24
火眼金睛	huǒyǎn jīnjīng	4
祸	huò	24

| 货真价实 | huòzhēn jiàshí | 10 |

J

基本功	jīběngōng	19
机车	jīchē	7
激发	jīfā	7
激增	jīzēng	23
机房	jīfáng	14
积分	jīfēn	20
积极性	jījíxìng	20
机械	jīxiè	16
积蓄	jīxù	3
及其	jíqí	9
籍	jí	20
急匆匆	jícōngcōng	14
极端	jíduān	18
集结	jíjié	23
集中	jízhōng	8
急剧	jíjù	9
吉利	jílì	13
吉它	jíta	22
及时	jíshí	7
即使	jíshǐ	11
挤兑	jǐdui	24
即	jí	15
疾病	jíbìng	6
忌	jì	17

265

继承	jìchéng	13
继续	jìxù	15
季度	jìdù	20
记录	jìlù	18
纪念日	jìniànrì	13
技巧	jìqiǎo	20
技艺	jìyì	2
寄托	jìtuō	2
记者	jìzhě	18
加	jiā	6
加工	jiāgōng	10
加快	jiākuài	17
加强	jiāqiáng	15
加热	jiārè	15
加重	jiāzhòng	17
家常	jiācháng	2
家伙	jiāhuo	6
家教	jiājiào	8
家属	jiāshǔ	9
家长	jiāzhǎng	5
家族	jiāzú	13
甲级	jiǎjí	20
假冒	jiǎmào	4
假冒伪劣	jiǎmào wěiliè	17
价值	jiàzhí	21
坚持不懈	jiānchí búxiè	14
坚韧	jiānrèn	14
兼用	jiānyòng	13

拣	jiǎn	8
剪	jiǎn	22
减肥	jiǎnféi	16
减少	jiǎnshǎo	13
减退	jiǎntuì	1
健康	jiànkāng	13
建立	jiànlì	24
建设	jiànshè	7、15
建筑物	jiànzhùwù	9
见闻	jiànwén	11
见效	jiànxiào	1
饯行	jiànxíng	17
将	jiāng	20
将就	jiāngjiù	10
僵化	jiānghuà	14
讲话	jiǎnghuà	19
讲解员	jiǎngjiěyuán	18
讲述	jiǎngshù	19
奖券	jiǎngquàn	5
降雨量	jiàngyǔliàng	15
交界处	jiāojièchù	12
交流	jiāoliú	2
交往	jiāowǎng	22
交易	jiāoyì	4
交谊舞	jiāoyìwǔ	2
角	jiǎo	19
狡猾	jiǎohuá	1
教练员	jiàoliànyuán	20

接	jiē	19
接触	jiēchù	23
接生	jiēshēng	9
阶段	jiēduàn	10
截断	jiéduàn	7
结构	jiégòu	14
结局	jiéjú	23
劫后余生	jiéhòu yúshēng	24
节选	jiéxuǎn	22
节约	jiéyuē	19
节奏	jiézòu	15
解放	jiěfàng	14
解决	jiějué	13
解(渴)	jiě(kě)	10
届	jiè	20
借鉴	jièjiàn	18
借助(于)	jièzhù(yú)	11
介于	jièyú	10
津津有味	jīnjīnyǒuwèi	2
金鱼	jīnyú	6
紧	jǐn	13
紧(接着)	jǐn(jiēzhe)	1
紧巴巴	jǐnbābā	3
谨防	jǐnfáng	4
尽快	jìnkuài	13
尽量	jǐnliàng	19
进而	jìn'ér	13
进发	jìnfā	11

进口	jìnkǒu	21
劲旅	jìnlǚ	20
劲射	jìnshè	20
近期	jìnqī	9
进入	jìnrù	6
进一步	jìnyíbù	11
尽头	jìntóu	11
尽兴	jìnxìng	16
经不起	jīngbuqǐ	1
经纪	jīngjì	22
经济	jīngjì	7
经历	jīnglì	10
经验	jīngyàn	2
经营	jīngyíng	15
精力	jīnglì	14
精力充沛	jīnglì chōngpèi	16
精美	jīngměi	5
精神	jīngshén	5
精致	jīngzhì	4
京戏	jīngxì	19
惊慌	jīnghuāng	1
惊险	jīngxiǎn	8
惊讶	jīngyà	8
警报	jǐngbào	15
警察	jǐngchá	24
警告	jǐnggào	16
警钟	jǐngzhōng	23
景点	jǐngdiǎn	4

景气	jǐngqì	15
井井有条	jǐngjǐngyǒutiáo	13
净	jìng	19
净化	jìnghuà	23
敬（酒）	jìngjiǔ	17
竟然	jìngrán	4
敬意	jìngyì	17
镜子	jìngzi	4
竞争	jìngzhēng	9
揪	jiū	4
究竟	jiūjìng	14
久而久之	jiǔ'érjiǔzhī	8
酒意	jiǔyì	17
就…来说	jiù…láishuō	5
旧历年	jiùlìnián	8
救命	jiùmìng	16
救生圈	jiùshēngquān	16
救援	jiùyuán	7
居民	jūmín	9
菊	jú	13
局	jú	19
局面	júmiàn	5
局限	júxiàn	23
举办	jǔbàn	1
举行	jǔxíng	20
距	jù	9
俱	jù	10
剧场	jùchǎng	7

巨大	jùdà	3
聚热	jùrè	23
巨石	jùshí	12
据说	jùshuō	18
具有	jùyǒu	14
捐款	juānkuǎn	7
绝	jué	10
绝对	juéduì	18
决赛	juésài	20
角色	juésè	2
倔	juè	14
军营	jūnyíng	10

K

开导	kāidǎo	14
开发	kāifā	23
开怀大笑	kāihuái dàxiào	19
开辟	kāipì	9
开窍	kāiqiào	14
开小差	kāi xiǎochāi	8
开小灶	kāi xiǎozào	14
开演	kāiyǎn	19
砍伐	kǎnfá	23
看头	kàn tou	8
慷慨	kāngkǎi	14
扛	káng	24
亢奋	kàngfèn	17

考古	kǎogǔ	11
靠近	kàojìn	9
靠拢	kàolǒng	8
磕磕碰碰	kēkē pèngpèng	3
科学	kēxué	15
科研	kēyán	17
可口	kěkǒu	10
可乐	kělè	15
刻	kè	12
刻不容缓	kè bù róng huǎn	23
刻苦	kèkǔ	14
刻意	kèyì	22
课业	kèyè	22
肯	kěn	22
坑害	kēnghài	24
空间	kōngjiān	2
空气	kōngqì	2
空手	kōngshǒu	5
空中	kōngzhōng	22
口袋	kǒudài	6
口腔	kǒuqiāng	6
口头	kǒutóu	19
夸张	kuāzhāng	19
垮台	kuǎtái	15
宽	kuān	11
况且	kuàngqiě	23
旷野	kuàngyě	22
亏本	kuīběn	2

困扰	kùnrǎo	22
扩充	kuòchōng	18
扩大	kuòdà	9

L

拉（琴）	lā (qín)	2
来源	láiyuán	23
拦腰	láiyāo	7
懒得	lǎnde	4
烂	làn	13
狼	láng	22
浪	làng	16
浪漫主义	làngmàn zhǔyì	10
老板	lǎobǎn	21
老伴儿	lǎobànr	6
老农	lǎonóng	1
老牌	lǎopái	20
老头儿	lǎotóur	4
老有所乐	lǎoyǒusuǒlè	2
乐	lè	19
乐颠颠	lè diāndiān	10
乐天派	lètiānpài	17
累计	lěijì	7
类型	lèixíng	6
冷落	lěngluò	9
冷却	lěngquè	23

离婚	líhūn	3
离异	líyì	2
礼	lǐ	3
礼价	lǐjià	3
礼教	lǐjiào	2
礼节	lǐjié	17
礼仪	lǐyí	3
理	lǐ	16
理科	lǐkē	16
历代	lìdài	11
利索	lìsuo	19
利益	lìyì	23
荔枝	lìzhī	15
连	lián	20
连…带…	lián…dài…	12
连来带去	lián lái dài qù	19
联络	liánluò	9
鲢鱼	liányú	1
粮食	liángshi	7
凉爽	liángshuǎng	12
两性	liǎngxìng	2
亮	liàng	4
列为	lièwéi	20
临	lín	22
林木	línmù	12
林业	línyè	15
灵猫	língmāo	12
零食	língshí	16

零用钱	língyòngqián	22
凌晨	língchén	7
领	lǐng	24
领略	lǐnglüè	12
领情	lǐngqíng	24
领取	lǐngqǔ	14
领悟	lǐngwù	14
另当别论	lìngdāngbiélùn	5
溜	liū	15
流动	liúdòng	17
流利	liúlì	19
留恋	liúliàn	16
留意	liúyì	5
留影	liúyǐng	11
漏	lòu	8
露脸	lòuliǎn	6
龙舟	lóngzhōu	8
陆地	lùdì	11
陆续	lùxù	12
路基	lùjī	10
轮	lún	17、20
罗嗦	luōsuō	19
履行	lǚxíng	21
绿化	lǜhuà	15
律师	lǜshī	21

M

买卖	mǎimài	5
卖主	màizhǔ	5
瞒	mán	1
埋怨	mányuàn	3
满	mǎn	22
满意	mǎnyì	5
满月	mǎnyuè	3
漫漫	mànmàn	22
慢性病	mànxìngbìng	2
毛病	máobìng	1
毛毯	máotǎn	3
冒充	màochōng	21
冒牌	màopái	1
茂密	màomì	12
梅	méi	13
没完没了	méiwán méiliǎo	19
美容	měiróng	6
魅力	mèilì	10
蒙	mēng	11
朦朦胧胧	méngméng lónglóng	12
猛	měng	1
猛烈	měngliè	10
弥补	míbǔ	2
迷宫	mígōng	3
猕猴桃	míhóutáo	12

弥漫	mímàn	10
迷人	mírén	12
密度	mìdù	8
密集	mìjí	23
密切	mìqiè	7
秘密	mìmì	2
面积	miànjī	15
面孔	miànkǒng	15
面临	miànlín	23
民风	mínfēng	8
民间	mínjiān	18
名次	míngcì	20
名片	míngpiàn	14
明确	míngquè	21
明目清火	míngmù qīnghuǒ	10
明显	míngxiǎn	6
明珠	míngzhū	9
命苦	mìngkǔ	9
磨蹭	móceng	24
模仿	mófǎng	19
蘑菇	mógu	15
莫名其妙	mòmíngqímiào	5
默契	mòqì	24
末日	mòrì	9
亩	mǔ	15
拇指	mǔzhǐ	17
目的	mùdì	6
目前	mùqián	9

N

那位	nàwèi	7
奶茶	nǎichá	17
奶豆腐	nǎidòufu	17
奶酪	nǎilào	17
耐心	nàixīn	1
难道	nándào	6
难受	nánshòu	6
难免	nánmiǎn	13
脑袋	nǎodai	24
脑筋	nǎojīn	13
脑力	nǎolì	16
闹	nào	22
内容	nèiróng	12
嫩白	nènbái	6
能力	nénglì	7
尼龙	nílóng	1
尼龙包	nílóngbāo	21
泥石流	níshíliú	7
溺爱	nì'ài	2
扭	niǔ	24
扭曲	niǔqū	2
扭秧歌	niǔyāngge	2
浓厚	nónghòu	19
农作物	nóngzuòwù	15

暖流	nuǎnliú	17
暖房	nuǎnfáng	23
女性	nǚxìng	6

O

偶尔	ǒu'ěr	10

P

牌儿	páir	6
排斥	páichì	6
排除	páichú	5
排放	páifàng	23
排名	páimíng	20
派	pài	7
派生	pàishēng	3
攀比	pānbǐ	5
攀登	pāndēng	12
盼	pàn	3
判处	pànchǔ	21
判刑	pànxíng	21
咆哮	páoxiào	22
泡	pào	10
陪	péi	12
陪同	péitóng	17
培养	péiyǎng	10

配合	pèihé	16
配套	pèitào	15
膨胀	péngzhàng	23
捧	pěng	17
捧腹大笑	pěngfù dàxiào	19
碰	pèng	19
皮	pí	11
皮肤	pífū	16
脾气	píqì	14
偏（低）	piān (dī)	15
偏向	piānxiàng	22
片面	piànmiàn	6
骗子	piànzi	21
漂白粉	piǎobáifěn	16
票价	piàojià	19
拼劲	pīnjìn	20
贫贱	pínjiàn	13
品	pǐn	10
品种	pǐnzhǒng	5
平安	píng'ān	7
平常	píngcháng	22
平喘	píngchuǎn	6
平衡	pínghéng	18
平稳	píngwěn	15
评戏	píngxì	19
屏幕	píngmù	4
坡	pō	12
颇	pō	17

泊	pō	23
破坏	pòhuài	12
迫切	pòqiè	14
扑腾	pūteng	16
瀑布	pùbù	12
铺位	pùwèi	8

Q

凄厉	qīlì	22
欺负	qīfu	1
欺骗	qīpiàn	4
期望	qīwàng	13
齐飞	qífēi	20
其实	qíshí	19
奇特	qítè	12
岂	qǐ	1
起	qǐ	13
起于	qǐyú	11
绮丽	qǐlì	12
企图	qǐtú	15
气不打一处来	qì bù dǎ yí chù lái	1
气人	qìrén	1
恰恰	qiàqià	5
铅	qiān	23
签订	qiāndìng	21
谦虚	qiānxū	17

281

前途	qiántú	13
潜逃	qiǎntáo	21
欠	qiàn	10
腔调	qiāngdiào	19
强大	qiángdà	2
强烈	qiángliè	9
强迫	qiángpò	13
抢种	qiǎngzhòng	15
呛	qiàng	16
桥	qiáo	7
瞧	qiáo	19
切磋	qiēcuō	2
且	qiě	19
切	qiè	18
窃贼	qièzéi	15
侵犯	qīnfàn	15
侵权	qīnquán	21
亲自	qīnzì	1
勤	qín	6
青春	qīngchūn	19
清澈	qīngchè	10
清脆	qīngcuì	6
清淡	qīngdàn	16
清理	qīnglǐ	4
清神醒脑	qīngshén xǐngnǎo	10
清一色	qīngyísè	15
轻纱	qīngshā	12
轻信	qīngxìn	4

倾泻	qīngxiè	12
情节	qíngjié	21
情景	qíngjǐng	4
情绪化	qíngxùhuà	22
情义	qíngyì	3
请教	qǐngjiào	21
庆祝	qìngzhù	18
球迷	qiúmí	20
球星	qiúxīng	20
区别	qūbié	13
区分	qūfēn	18
屈居	qūjū	20
趋势	qūshì	5
渠道	qúdào	9
取	qǔ	20
娶	qǔ	2
娶亲	qǔqīn	3
祛	qù	6
全活人	quánhuorén	24
全面	quánmiàn	18
全体	quántǐ	17
权衡	quánhéng	14
权力	quánlì	24
权威	quánwēi	17
泉水	quánshuǐ	12
劝	quàn	4
缺乏	quēfá	8
缺憾	quēhàn	2

283

群口相声	qúnkǒuxiàngsheng	19
群众	qúnzhòng	19

R

染	rǎn	5
嚷嚷	rāngrang	8
绕	rào	11
惹	rě	8
热	rè	13
热点	rèdiǎn	15
热乎乎	rèhūhū	17
热量	rèliàng	16
热情	rèqíng	5
人均	rénjūn	9
人类	rénlèi	1
人情	rénqíng	3
人士	rénshì	9
人世间	rénshìjiān	11
人体	réntǐ	6
人文景观	rénwén jǐngguān	12
人心惶惶	rénxīn huānghuāng	7
人造	rénzào	4
忍心	rěnxīn	24
任性	rènxìng	14
认准	rènzhǔn	6
日常	rìcháng	5

日照	rìzhào	15
溶洞	róngdòng	12
融化	rónghuà	23
融洽	róngqià	22
肉干	ròugān	16
如愿	rúyuàn	24
如愿以偿	rúyuànyǐcháng	2
入不敷出	rùbùfūchū	3
入春	rùchūn	15
入迷	rùmí	6
入赘	rùzhuì	3
软垫	ruǎndiàn	8
弱点	ruòdiǎn	1

S

撒	sǎ	24
洒	sǎ	17
赛季	sàijì	20
散场	sànchǎng	5
散发	sànfā	23
嗓门	sǎngmén	8
嗓子	sǎngzi	2
丧葬	sāngzàng	3
丧偶	sàng'ǒu	2
丧气	sàngqì	4
丧生	sàngshēng	7

森林	sēnlín	9
沙	shā	16
沙漠	shāmò	23
沙石	shāshí	7
傻	shǎ	1
霎时	shàshí	17
晒	shài	11
晒盐	shàiyán	16
山顶	shāndǐng	12
山峰	shānfēng	12
闪	shǎn	4
闪失	shǎnshī	14
膳食	shànshí	16
善于	shànyú	22
商业	shāngyè	7
上半时	shàng bànshí	20
上帝	shàngdì	3
上钩	shànggōu	1
上户口	shàng hùkǒu	13
上空	shàngkōng	11
上升	shàngshēng	7
上市量	shàngshìliàng	15
上席	shàngxí	18
上游	shàngyóu	23
烧	shāo	7
稍	shāo	10
稍微	shāowēi	16
少量	shǎoliàng	21

少数民族	shǎoshùmínzú	4
少	shào	19
少女	shàonǚ	4
设	shè	9
设计	shèjì	7
射门	shèmén	20
摄取	shèqǔ	18
摄像机	shèxiàngjī	21
摄影	shèyǐng	11
身份	shēnfèn	21
身心	shēnxīn	2
深刻	shēnkè	6
深信不疑	shēnxìnbùyí	4
神经	shénjīng	24
神圣	shénshèng	14
神态	shéntài	19
肾	shèn	17
慎重	shènzhòng	14
生产力	shēngchǎnlì	18
生活	shēnghuó	12
生态	shēngtài	23
生态平衡	shēngtài pínghéng	23
生性	shēngxìng	17
生长	shēngzhǎng	23
生猪	shēngzhū	15
牲口	shēngkou	13
声量	shēngliàng	8
剩	shèng	12

胜利	shènglì	20
盛情难却	shèngqíng nánquè	17
盛装	shèngzhuāng	17
施加	shījiā	14
失利	shīlì	20
失落	shīluò	2
时常	shícháng	22
石灰	shíhuī	12
石崖	shíyá	12
食品	shípǐn	16
实地	shídì	12
实况转播	shíkuàng zhuǎnbō	7
实在	shízài	4
实质	shízhì	6
十有八九	shíyǒubājiǔ	8
使	shǐ	6
使劲	shǐjìn	19
适当	shìdàng	13
嗜好	shìhào	10
市区	shìqū	9
势头	shìtóu	15
试验	shìyàn	16
收购	shōugòu	15
收获	shōuhuò	1
收效	shōuxiào	16
首次	shǒucì	20
首航	shǒuháng	9
手段	shǒuduàn	21

手枪	shǒuqiāng	5
寿礼	shòulǐ	3
寿命	shòumìng	18
受骗	shòupiàn	1
书法	shūfǎ	2
舒筋活血	shūjīn huóxuě	17
舒适	shūshì	23
数	shǔ	12
束	shù	4
束缚	shùfù	2
数额	shù'é	21
数据	shùjù	7
摔	shuāi	4
甩卖	shuǎimài	15
双	shuāng	13
双管齐下	shuāngguǎn qíxià	16
双人	shuāngrén	9
水晶	shuǐjīng	12
水库	shuǐkù	1
水龙头	shuǐlóngtóu	8
水落石出	shuǐluò shíchū	9
顺	shùn	1
顺眼	shùnyǎn	22
说法	shuōfǎ	1
说明	shuōmíng	16
硕士	shuòshì	20
撕	sī	24
思考	sīkǎo	22

私自	sīzì	21
死到临头	sǐdàolíndóu	24
死心眼儿	sǐxīnyǎnr	19
死亡	sǐwáng	9
四害	sìhài	19
松	sōng	13
耸立	sǒnglì	12
艘	sōu	9
素	sù	17
素质	sùzhì	18
速滑	sùhuá	20
塑造	sùzào	5
随	suí	11
随处可见	suíchùkějiàn	10
随即	suíjí	17
随礼	suílǐ	3
损坏	sǔnhuài	23
损失	sǔnshī	7
所谓	suǒwèi	11

T

踏	tà	22
台风	táifēng	7
太空	tàikōng	11
摊儿	tānr	21
痰	tán	6

碳水化合物	tànshuǐhuàhéwù	16
探险	tànxiǎn	9
堂弟	tángdì	3
糖浆	tángjiāng	6
糖尿病	tángniàobìng	18
掏	tāo	4
逃	táo	4
淘汰	táotài	7
陶醉	táozuì	10
讨价还价	tǎojiàhuánjià	4
讨厌	tǎoyàn	6
套间	tàojiān	9
特等	tèděng	9
特色	tèsè	18
特务	tèwu	24
特征	tèzhēng	12
特意	tèyì	10
特有	tèyǒu	12
疼爱	téng'ài	5
提醒	tíxǐng	5
提议	tíyì	13
体会	tǐhuì	6
体力	tǐlì	16
体现	tǐxiàn	5
天地	tiāndì	2
天地之别	tiāndì zhī bié	4
天然	tiānrán	10
天使	tiānshǐ	4

天文台	tiān wén tái	9
天文学	tiān wén xué	9
天灾人祸	tiānzāi rénhuò	2
天资	tiānzī	14
甜美	tiánměi	6
挑	tiāo	24
调节	tiáojié	2
贴切	tiēqiè	1
贴心人	tiēxīnrén	24
铁	tiě	16
铁路	tiělù	7
铁杉	tiěshān	12
听觉	tīngjué	14
听众	tīngzhòng	22
亭子	tíngzi	24
通	tōng	19
通常	tōngcháng	22
通讯	tōngxùn	9
同伴	tóngbàn	17
同感	tónggǎn	6
同期	tóngqī	15
统计	tǒngjì	9
痛苦	tòngkǔ	24
偷	tōu	21
头儿	tóur	21
头发	tóufa	1
头脑	tóunǎo	14
头头是道	tóutóushìdào	15

投入	tóurù	5
投资	tóuzī	5
透明度	tòumíngdù	23
突出	tūchū	6
突发奇想	tūfāqíxiǎng	11
突破	tūpò	20
图	tú	10
图案	tú'àn	12
徒刑	túxíng	21
土壤	tǔrǎng	23
土堆	tǔduī	11
土话	tǔhuà	4
推	tuī	3
推行	tuīxíng	15
推演	tuīyǎn	13
退还	tuìhuán	4
托	tuō	21

W

哇哩哇啦	wā li wā lā	8
外电	wàidiàn	9
外行	wàiháng	11
外号	wàihào	19
外加	wàijiā	17
弯路	wānlù	22
弯腰	wānyāo	8

玩具	wánjù	3
玩心眼儿	wán xīnyǎnr	4
晚餐	wǎncān	18
万一	wànyī	12
旺季	wàngjì	15
忘却	wàngquè	11
望远镜	wàngyuǎnjìng	11
望子成龙	wàngzǐchénglóng	14
威风	wēifēng	24
威胁	wēixié	23
微波	wēibō	15
微量	wēiliàng	6
微生物	wēishēngwù	23
维生素	wéishēngsù	16
唯一	wéiyī	20
伟大	wěidà	13
违法	wéifǎ	21
违章	wéizhāng	24
胃	wèi	17
胃病	wèibìng	18
胃口	wèikǒu	17
未婚妻	wèihūnqī	19
未经	wèijīng	21
卫冕	wèimiǎn	20
卫生局	wèishēngjú	9
位于	wèiyú	18
温床	wēnchuáng	5
文化人	wénhuàrén	24

文明	wénmíng	6
文人	wénrén	18
窝	wō	24
窝囊	wōnang	4
污水	wūshuǐ	23
污物	wūwù	23
无名指	wúmíngzhǐ	17
无奈	wúnài	4
无能为力	wúnéngwéilì	13
无期	wúqī	21
无穷	wúqióng	10
无所事事	wúsuǒshìshì	2
无邪	wúxié	4
无疑	wúyí	23
无垠	wúyín	22
舞台	wǔtái	19
雾	wù	23
误	wù	11
误会	wùhuì	13
物质	wùzhì	5

X

吸收	xīshōu	23
吸水	xīshuǐ	16
溪水	xīshuǐ	12
希望	xīwàng	12

牺牲	xīshēng	10
膝	xī	8
习气	xíqì	5
洗涤灵	xǐdílíng	6
戏	xì	19
系列	xìliè	6
细菌	xìjūn	6
细细	xìxì	10
系统	xìtǒng	7
虾	xiā	15
狭窄	xiázhǎi	24
下功夫	xiàgōngfu	15
下游	xiàyóu	7
吓	xià	1
吓唬	xiàhu	24
吓一跳	xiàyítiào	9
纤维	xiānwéi	16
闲	xián	14
弦	xián	7
咸	xián	16
嫌	xián	8
显	xiǎn	3
显得	xiǎndé	22
显然	xiǎnrán	11
显示	xiǎnshì	3
险峡	xiǎnxiá	12
现代派	xiàndàipài	12
现实	xiànshí	20

现象	xiànxiàng	9
限量	xiànliàng	17
线条	xiàntiáo	11
献	xiàn	6
香烟	xiāngyān	21
香果树	xiāngguǒshù	12
相	xiāng	9
相伴终生	xiāngbàn zhōngshēng	2
相处	xiāngchǔ	22
相传	xiāngchuán	19
相对	xiāngduì	22
相反	xiāngfǎn	6
相敬如宾	xiāngjìngrúbīn	24
相距	xiāngjù	7
相似	xiāngsì	18
相信	xiāngxìn	12
项	xiàng	11
项目	xiàngmù	3
相声	xiàngsheng	19
像回事儿	xiànghuíshìr	12
象征	xiàngzhēng	6
橡皮垫	xiàngpídiàn	8
消	xiāo	17
消除	xiāochú	10
消毒	xiāodú	16
消费	xiāofèi	5
消化	xiāohuà	10
消极	xiāojí	20

消灭	xiāomiè	19
消息	xiāoxi	9
硝酸盐	xiāosuānyán	23
萧条	xiāotiáo	9
小吃	xiǎochī	15
小利	xiǎolì	4
小名	xiǎomíng	13
小提琴	xiǎotíqín	14
小偷	xiǎotōu	4
晓得	xiǎodé	22
效果	xiàoguǒ	6
邪火	xiéhuǒ	24
邪路	xiélù	5
心甘情愿	xīngān qíngyuàn	1
心灵手巧	xīnlíng shǒuqiǎo	14
心愿	xīnyuàn	12
辛苦	xīnkǔ	24
锌	xīn	16
新版	xīnbǎn	12
新陈代谢	xīnchéndàixiè	16
新生儿	xīnshēng'ér	9
新式	xīnshì	15
新型	xīnxíng	9
新手	xīnshǒu	1
兴奋	xīngfèn	20
星星	xīngxing	9
行不通	xíngbutōng	13
行程	xíngchéng	11

行星	xíngxīng	9
行为	xíngwéi	21
形式	xíngshì	19
形势	xíngshì	2
形象	xíngxiàng	12
形状	xíngzhuàng	11
杏儿	xìngr	4
性别	xìngbié	2
性格	xìnggé	8
性急	xìngjí	1
幸福	xìngfú	12
雄伟	xióngwěi	12
休闲	xiūxián	22
修养	xiūyǎng	8
宿	xiǔ	8
绣	xiù	4
需要	xūyào	12
虚荣心	xūróngxīn	5
喧闹	xuānnào	8
悬乎	xuánhu	8
选手	xuǎnshǒu	20
选择	xuǎnzé	5
炫耀	xuànyào	5
削	xuē	12
学术界	xuéshùjiè	17
血脉	xuèmài	7
寻找	xúnzhǎo	2、9
循环	xúnhuán	6

训练	xùnliàn	14
迅猛	xùnměng	23

Y

压力	yālì	22
压岁钱	yāsuìqián	3
牙周	yázhōu	6
雅兴	yǎxìng	11
雅座	yǎzuò	7
压根儿	yàgēnr	24
亚军	yàjūn	9
淹没	yānmò	7
严	yán	13
严格	yángé	18
严重	yánzhòng	21
沿途	yántú	11
沿线	yánxiàn	11
延长	yáncháng	18
演出	yǎnchū	7
眼红	yǎnhóng	1
眼看	yǎnkàn	1
眼神	yǎnshén	14
眼下	yǎnxià	14
演奏	yǎnzòu	14
宴席	yànxí	18
氧	yǎng	23

养成	yǎngchéng	8
咬牙	yǎoyá	22
要领	yàolǐng	1
药丸	yàowán	6
野生	yěshēng	18
也许	yéxǔ	5
液	yè	6
业务	yèwù	20
夜校	yèxiào	5
叶芽	yèyá	10
衣襟	yījīn	4
衣食住行	yī shí zhù xíng	18
一带	yídài	8
一个劲儿	yígèjìnr	4
一律	yílù	14
一路平安	yílù píng'ān	17
一塌糊涂	yītāhútú	7
一模一样	yìmó yíyàng	6
一清二楚	yìqīng'èrchǔ	8
一统天下	yìtǒng tiānxià	5
一早	yìzǎo	12
遗憾	yíhàn	11
已	yǐ	20
以便	yǐbiàn	14
以及	yǐjí	18
以来	yǐlái	9
以…为荣	yǐ…wéiróng	5
以…为主	yǐ…wéizhǔ	19

以致	yǐzhì	7
翼	yì	20
易发	yìfā	6
意识	yìshi	1、7
义演	yìyǎn	7
抑制	yìzhì	6
音调	yīndiào	17
音像	yīnxiàng	21
因素	yīnsù	5
银牌	yínpái	1
饮	yǐn	10
饮料	yǐnliào	5
饮食	yǐnshí	18
引	yǐn	20
引起	yǐnqǐ	9
引入	yǐnrù	23
隐隐	yǐnyǐn	10
印	yìn	21
英尺	yīngchǐ	9
英寸	yīngcùn	9
英里	yīnglǐ	11
迎合	yínghé	18
营养	yíngyǎng	16
影响	yǐngxiǎng	2
影响力	yǐngxiǎnglì	20
勇气	yǒngqì	17
泳装	yǒngzhuāng	16
用功	yònggōng	14

优厚	yōuhòu	5
优良	yōuliáng	15
优势	yōushì	24
幽默	yōumò	19
由	yóu	7
由不得	yóubudé	12
游轮	yóulún	9
游戏机	yóuxìjī	14
油炸	yóuzhá	16
邮政	yóuzhèng	7
有备无患	yǒubèi wúhuàn	24
有害	yǒuhài	6
有期	yǒuqī	21
有情人难成眷属	yǒuqíngrén nán chéng juànshǔ	24
有失体面	yǒushītǐmiàn	2
有效	yǒuxiào	6
有心人	yǒuxīnrén	1
诱惑	yòuhuò	1
鱼漂	yúpiāo	1
愉悦	yúyuè	5
宇航员	yǔhángyuán	11
羽绒服	yǔróngfú	23
语文	yǔwén	9
与众不同	yǔzhòngbùtóng	6
宇宙	yǔzhòu	11
…欲	…yù	5
预测	yùcè	7
预防	yùfáng	6

预计	yùjì	23
预言	yùyán	23
寓意	yùyì	22
原料	yuánliào	18
原始森林	yuánshǐ sēnlín	7
元素	yuánsù	6
约	yuē	9、19
越剧	yuèjù	19
乐器	yuèqì	22
晕头转向	yūntóu zhuànxiàng	4
云豹	yúnbào	12
云雾	yúnwù	12
运河	yùnhé	11
运气	yùnqì	15
运输	yùnshū	7
允许	yǔnxǔ	13

Z

杂谈	zátán	19
杂志社	zázhìshè	18
灾害	zāihài	7
灾难	zāinàn	9
灾情	zāiqíng	7
灾区	zāiqū	9
载	zài	9
再婚	zàihūn	2

再者	zàizhě	17
早餐	zǎocān	18
早期	zǎoqī	15
造成	zàochéng	9
诈骗罪	zhàpiànzuì	21
摘要	zhāiyào	18
债	zhài	3
沾	zhān	17
展厅	zhǎntīng	18
站立不稳	zhànlì bù wěn	19
占便宜	zhàn piányi	1
占为己有	zhànwéijǐyǒu	21
占有	zhànyǒu	21
战胜	zhànshèng	20
张	zhāng	8
章法	zhāngfǎ	20
涨	zhǎng	3
障碍	zhàng'ài	2
丈母娘	zhàngmǔniáng	17
丈人	zhàngren	17
招	zhāo	24
招儿	zhāor	16
招待	zhāodài	10
着迷	zháomí	16
找	zhǎo	19
照顾	zhàogù	19
增进	zēngjìn	16
遮盖	zhēgài	12

305

折腾	zhēteng	8
真诚	zhēnchéng	4
真伪	zhēnwěi	4
针对	zhēnduì	15
阵	zhèn	8
震级	zhènjí	9
震中	zhènzhōng	9
镇咳	zhènké	6
赈灾	zhènzāi	7
征服	zhēngfú	10
整个	zhěnggè	11
整理	zhěnglǐ	12
整天	zhěngtiān	12
正规	zhèngguī	17
正经	zhèngjǐng	2
正面	zhèngmiàn	12
正式	zhèngshì	20
正宗	zhèngzōng	18
郑重其事	zhèngzhòngqíshì	20
支持	zhīchí	2
脂肪	zhīfáng	16
芝麻	zhīma	6
知识	zhīshí	9
知足	zhīzú	12
…之一	…zhīyī	19
…之余	…zhīyú	2
直不起腰	zhíbùqǐyāo	19
直接	zhíjiē	7

直径	zhíjìng	18
植物	zhíwù	16
职称	zhíchēng	14
职业化	zhíyèhuà	20
执法	zhífǎ	24
执勤	zhíqín	24
指出	zhǐchū	8
指导	zhǐdǎo	14
指望	zhǐwàng	14
趾高气扬	zhǐgāo qìyáng	5
只顾	zhǐgù	10
至	zhì	9
至今	zhìjīn	9
至少	zhìshǎo	5
至于	zhìyú	24
致病	zhìbìng	6
质地	zhìdì	10
智力	zhìlì	1
治理	zhìlǐ	13
制品	zhìpǐn	16
置身	zhìshēn	11
置…于不顾	zhì…yú búgù	5
盅	zhōng	17
钟表	zhōngbiǎo	18
中场	zhōngchǎng	20
中断	zhōngduàn	7
中年	zhōngnián	9
中旬	zhōngxún	15

中药	zhōngyào	6
忠实	zhōngshí	17
终究	zhōngjiū	23
终于	zhōngyú	1
重	zhòng	5
重金	zhòngjīn	5
重视	zhòngshì	9
重心	zhòngxīn	22
周	zhōu	11
周到	zhōudào	5
周年	zhōunián	18
周围	zhōuwéi	15
周旋	zhōuxuán	1
州府	zhōufǔ	4
猪油	zhūyóu	18
竹竿	zhúgān	1
竹笋	zhúsǔn	15
逐渐	zhújiàn	23
主次	zhǔcì	19
主场	zhǔchǎng	20
主观	zhǔguān	11
著名	zhùmíng	20
专家	zhuānjiā	16
专门	zhuānmén	18
专线	zhuānxiàn	16
转	zhuǎn	12
转弯	zhuǎnwān	8
转眼	zhuǎnyǎn	11

赚	zhuàn	22
装	zhuāng	8
装修	zhuāngxiū	5
装置	zhuāngzhì	15
幢	zhuàng	9
撞	zhuàng	9
状况	zhuàngkuàng	17
追	zhuī	4
准	zhǔn	22
准时	zhǔnshí	19
捉大头	zhuō dàtóu	4
滋润	zīrùn	6
滋味	zīwèi	12
姿势	zīshì	8
字	zì	13
自打	zìdǎ	6
自发	zìfā	2
自豪	zìháo	14
自私	zìsī	14
自信	zìxìn	1
自由自在	zìyóu zìzài	12
自愿	zìyuàn	13
自治区	zìzhìqū	12
综合	zōnghé	18
综合性	zōnghéxìng	9
总	zǒng	15
总统	zǒngtǒng	9
总值	zǒngzhí	7

走后门	zǒu hòumén	4
足（有）	zú（yǒu）	1
足够	zúgòu	18
阻挡	zǔdǎng	11
阻拦	zǔlán	2
阻止	zǔzhǐ	23
嘴皮子	zuǐpízi	19
醉汉	zuìhàn	19
罪魁祸首	zuìkuí huòshǒu	6
最终	zuìzhōng	23
尊贵	zūnguì	17
琢磨	zuómo	2
作案	zuò'àn	15
作战	zuòzhàn	20
坐班	zuòbān	12
坐失良机	zuòshī liángjī	11

专　名

A

阿尔贝维尔	Ā'ěrbèiwéi'ěr	20
埃非博格	Āifēibógé	20
安徽	Ānhuī	7
安卡拉	Ānkǎlā	9
奥运会	Àoyùnhuì	20

B

巴赫文辛队	Bāhèwénxīn Duì	20
巴塞罗那	Bāsàiluónà	20
巴西	Bāxī	20
白帝城	Báidì Chéng	12
拜仁慕尼黑队	Bàirénmùníhēi Duì	20
北戴河	Běidài Hé	16
碧螺春	Bìluóchūn	10
布莱尔	Bùlái'ěr	20

C

长安大戏院	Cháng'ān Dàxìyuàn	19
长安街	Cháng'ān Jiē	19
长江	Cháng Jiāng	23
陈志坚	Chén Zhìjiān	13
成昆铁路	Chéngkūn Tiělù	7
重庆	Chóngqìng	9

D

大渡河	Dàdù Hé	7
大红袍	Dàhóngpáo	10
大华电影院	Dàhuá Diànyǐngyuàn	19

大兴安岭	Dàxīng'ān Lǐng	7
丹麦	Dānmài	20
滇	Diān	10
滇绿	Diānlǜ	10
杜康	Dùkāng	17

E

二次大战	Èrcìdàzhàn	18

F

方明	Fāng Míng	11
丰田	Fēngtián	6

G

甘肃	Gānsù	11
格勃里特克	Gébólǐtèkè	20
格林威治	Gélínwēizhì	9
广东	Guǎngdōng	8
广西	Guǎngxī	6
郭启儒	Guō Qǐrú	19
国奥队	Guó'ào Duì	20

（中国）国家统计局	(Zhōngguó) Guójiā Tǒngjìjú	15

H

海南省	Hǎinán Shěng	12
韩国	Hánguó	20
河北	Héběi	12
侯宝林	Hóu Bǎolín	19
壶口瀑布	Húkǒu Pùbù	12
华山	Huá Shān	12
黄金海岸	Huángjīn Hǎi'àn	16
黄山	Huáng Shān	12

J

江西省	Jiāngxī Shěng	12
井冈山	Jǐnggāng Shān	12
景洪	Jǐnghóng	4

K

卡尔·赫尼兹	Kǎ'ěr · Hènízī	11
开江县	Kāijiāng Xiàn	3
凯特斯劳城队	Kǎitèsīláochéng Duì	20

L

老蔡	Lǎo Cài	1
老何	Lǎo Hé	21
老胡	Lǎo Hú	19
老龙头	Lǎolóngtóu	11
《老年之友》	Lǎonián Zhī Yǒu	17
老钱	Lǎo Qián	1
理查德·安德伍德	Lǐchádé · Āndéwǔdé	11
里氏	Lǐ shì	9
利物浦队	Lìwùpǔ Duì	20
利兹联队	Lìzī Liánduì	20
两面针	Liǎngmiànzhēn	6
临洮	Líntáo	11
《刘三姐》	《Liú Sānjiě》	19
柳州	Liǔ Zhōu	6
庐山	Lú Shān	12
泸州老窖	Lúzhōu Lǎojiào	17
鲁迅文学院	Lǔxùn Wénxuéyuàn	10
伦敦	Lúndūn	9

M

马季	Mǎ Jì	19
马西奥	Mǎxī'ào	20

满汉全席	Mǎn-Hàn Quánxí	18
曼彻斯特联队	Mànchèsītè Liánduì	20
牡丹	Mǔdān	6

N

那斯图	Nàsītú	17
南天一柱	Nántiānyīzhù	12
内蒙古	Nèiměnggǔ	12
尼泊尔	Níbó'ěr	9
宁夏	Níngxià	12

Q

齐秦	Qí Qín	22
齐豫	Qí Yù	22
秦代	Qín Dài	11
秦皇岛	Qínhuáng Dǎo	16
清代	Qīng Dài	18
全英羽毛球公开赛	Quányīng Yǔmáoqiú Gōngkāi sài	20

S

三亚市	Sānyà Shì	12

沙特阿拉伯	Shātè Ālābó	9
山西省	Shānxī Shěng	12
陕西省	Shǎnxī Shěng	12
（中国）商业部	(Zhōngguó) Shāngyèbù	15
沈阳	Shěnyáng	9
石林	Shílín	4
石燕洞	Shíyàn Dòng	12
水晶宫队	Shuǐjīnggōng Duì	20
斯里兰卡	Sīlǐlánkǎ	9
宋代	Sòng Dài	2
苏杭	Sū Háng	10
苏尼特右旗	Sūnítèyòu Qí	17
苏永舜	Sū Yǒngshùn	20

T

唐山	Tángshān	7
天津	Tiānjīn	13
天涯海角	Tiānyá Hǎijiǎo	12
甜甜	Tiántian	6
土耳其	Tǔ'ěrqí	9
屯绿	Túnlǜ	10

W

王静	Wáng Jìng	22

王平	Wáng Píng	11
王其富	Wáng Qífù	21
王玉兰	Wáng Yùlán	13
威力	Wēilì	6
威廉·博格	Wēilián·Bógé	11
乌龙茶	Wūlóng Chá	10
巫峡	Wū Xiá	12
吴文凯	Wú Wénkǎi	20
武汉	Wǔhàn	9
武夷山	Wǔyí Shān	10
武夷岩茶	Wǔyíyán Chá	10

X

西湖	Xī Hú	10
西双版纳	Xīshuāngbǎnnà	4
西藏	Xīzàng	12
息斯敏	Xīsīmǐn	6
喜玛拉雅山	Xǐmǎlāyǎ Shān	9
霞飞	Xiáfēi	6
小谢	Xiǎo Xiè	21
新华社	Xīnhuá Shè	9
新加坡	Xīnjiāpō	23
徐根宝	Xú Gēnbǎo	20

Y

亚马逊	Yàmǎxùn	23
亚洲	Yà Zhōu	9
杨森	Yáng Sēn	6
叶乔波	Yè Qiáobō	20
伊斯坦布尔	Yīsītǎnbù'ěr	9
宜兴	Yíxīng	10
印度	Yìndù	9
印尼	Yìnní	23
玉渊潭公园	Yùyuāntán Gōngyuán	2
约翰·布拉	Yuēhàn Bùlā	
什弗斯内尔	Shífūsīnèi'ěr	9
云南	Yúnnán	4
运河	Yùn Hé	11

Z

张家界	Zhāngjiājiè	12
张力	Zhāng Lì	13
张颖	Zhāng Yǐng	13
浙江	Zhéjiāng	10
《中东报》	Zhōngdōng Bào	9
《中国食品》	Zhōngguó Shípǐn	18
周代	Zhōu Dài	18
《醉酒》	Zuìjiǔ	19
珠穆朗玛峰	Zhūmùlǎngmǎ Fēng	12

北京大学出版社对外汉语书目

书　　名	定价
*汉语初级教程（1—4册）	120.00元
*汉语中级教程（1—2册）	48.00元
*汉语高级教程（1—2册）	50.00元
*汉语情景会话	26.00元
*趣味汉语	12.50元
*趣味汉语阅读	9.50元
*新汉语教程（1—3）	85.00元
*新编汉语教程	12.00元
*读报刊　看中国（初级本）	20.00元
*读报刊　看中国（中级本）	25.00元
*读报刊　看中国（高级本）	25.00元
中高级对外汉语教学等级大纲（词汇・语法）	29.00元
*对外汉语教学中高级课程习题集	30.00元
中国家常	12.50元
中国风俗概观	16.80元
外国留学生汉语写作指导	26.00元
*现代千字文	25.00元
*商用汉语会话	10.00元
*汉语交际手册	15.00元
*初级汉语口语（上）	40.00元
*初级汉语口语（下）	50.00元
*中级汉语口语（上）	28.00元
*中级汉语口语（下）	28.00元

＊高级汉语口语(上)	30.00元
＊速成汉语	25.00元
＊短期汉语教材・走进中国(初级本)	25.00元
＊短期汉语教材・走进中国(中级本)	25.00元
＊短期汉语教材・走进中国(高级本)	25.00元
汉语词汇与文化	8.80元
＊标准汉语教程(上册1—4)	100.00元
＊标准汉语教程(下册1—2)	60.00元
＊英汉对照韵译毛泽东诗词	18.00元
老子道德经(汉英对照)	15.00元
＊唐宋诗一百五十首(汉英对照)	15.00元
唐宋词一百五十首(汉英对照)	15.00元
汉魏六朝诗一百五十首(汉英对照)	15.00元
元明清诗一百五十首(汉英对照)	15.00元
＊中国古代诗歌选读	15.00元
汉语常用词用法词典	58.00元
常用汉字图解	85.00元
汉字书写入门	28.00元
实用汉语修辞	16.00元

标＊号者均配有磁带,磁带每盘8.00元。